泰山金融论丛

TAISHAN JINRONG CONGSHU

金融支持农民收入增长研究

JINRONG ZHICHI NONGMIN SHOURU
ZENGZHANG YANJIU

李德荃 著

人民出版社

前　言

　　"三农"问题是制约我国经济社会可持续发展的主要障碍。农民问题是"三农"问题的核心问题。农村问题和农业问题的解决，最终都要具体落实到农民问题的解决上。而实现农民收入的可持续增长则是彻底解决农民问题的关键性标志。

　　促成农民收入的可持续增长，绝非一个部门或行业独力所能完成的任务。需要各级政府乃至于全社会的协力配合，着眼于长远，采取综合配套的制度、政策与措施，循序渐进，方能最终达成目标。但可以肯定地说，金融支持体系的建立与完善不可或缺。

　　本书的结构主要包括四大部分。首先，主要采用动态最优化等经典经济学方法从宏观经济与微观经济两个层面论证了金融支持农民收入可持续增长的机理。从宏观层面来看，金融发展可以促进科技进步与人均资本设备拥有量的提高，从而促进国民经济增长，进而主要经由四个途径提高农民的收入水平；从微观层面来看，丰富多样的金融产品或服务，有助于农户拓展投资、合理配置资产，从而增加收入，最终提高其福利水平。

　　其次，本书主要以山东省为例，实证分析金融发展对于农民收入水平提高的效应。证明山东省各地市的金融发展与农民增收之间所呈现出来的并非线性关系，而是非线性关系，门槛效应显著。这说明山东省金融发展与农村经济增长之间的关系经历了由负相关到正相关的一个转变过程。且目前山东省农村资金供给不足的情况很严重，今后几年的农村融资缺口不低于500亿元。而全国的缺口则接近1万亿元。

　　为探究农村金融供给不足的成因，本书基于效用函数理论以及随机优势策略理论证明金融机构的信贷投放与利率之间并不直接存在函数关系。信贷配给理论关于"向后弯曲的信贷供给曲线"的内在逻辑与金融机构的现实决策思维方式并不一致。由于相较于一般的投资者，存款性金融机构的风险偏好更为保守，因此即便信息对称，信贷资金的供给也极易不足。进一步地，本书又运用经典博弈理论和演化博弈理论，分别从信贷供求双方具有理性和不具有理性两个层面论证了信贷配给现象得以产生的原因，证明足额担保以及建立持久稳定的借贷博弈关系是克服信贷配给的充分条件。

最后，基于农村资金供给不足的成因分析，本书给出了金融支持农民收入可持续增长的几个具体政策建议。主要包括建立多层次的金融市场体系、完善农村信用担保制度与体系、积极培育地方金融机构与地方金融市场、充分发挥农村集体经济组织的引导作用等。

关于本书的创新，主要体现在三个方面：一是本书首次较为系统且深入地阐述了金融发展与农民收入增长之间的逻辑关系；二是本书首次提出我国存款性金融机构从未把信贷供给视作利率的函数，因此目前国内普遍接受的信贷配给理论无法解释信贷供给不足的问题；三是本书首次清晰给出了缓解信贷供给不足的思路，明确了政府、金融机构与投资者的具体责任与分工。

具体地，在论证金融发展促进农民收入可持续增长的机理部分，本书基于历史经验归纳法与经济理论逻辑演绎推理的经典方法，较为全面系统地归纳出了促成经济增长的软环境与硬条件，指出了金融在其中不可替代的关键性作用，并给出了经济增长促进农民收入水平提高的四个具体途径。较为系统、清晰、简练地论述金融发展促进农民收入增长的机理，是本书的一个特色。

在金融供给不足的成因分析部分，本书基于效用函数理论与随机优势策略理论，认为只有在极其严格的假设下才可以将存款性金融机构的信贷供给视作利率的函数。一般来说，利率较高既非存款性金融机构发放贷款的充分条件，也非必要条件。并认为存款性金融机构的效用函数很可能不具有三次导数大于零的特点，因此存款性金融机构的信贷决策不适用第三等随机优势判定定理。由于存款性金融机构的风险偏好低于一般投资者，因此即便在金融机构信息对称且拥有充足资金来源的情况下，也极易出现信贷资金供给不足的状况。这就意味着建立与完善多层次（从而资金供求双方风险相匹配）的金融市场体系是解决金融供给不足问题最为关键的举措。

　　只要存款性金融机构不能准确地判断申请贷款客户拟投资项目的真实情况，它就只能基于经验判断。最终这种信息的不对称会造成逆向选择乃至于道德风险等问题。这对商业银行来说相当于风险水平的提高，其对贷款项目的效用评价就会降低，从而造成信贷配给减少。提高利率可以提高商业银行对贷款项目的效用评价，但只要不能抵消信息不对称对效用评价的损害，商业银行就不可能同意发放贷款。对方不惜代价获取贷款的意图甚或会吓坏金融机构，从而减少信贷投放的规模。由此造成信贷供给与利率负相关的局面。尽管这一结论与经典信贷配给理论相同，但本书的逻辑论证过程迥异于后者。

　　本书将金融供给不足的成因锁定于金融市场体系不完备、信用担保制度不健全、未能在资金供求双方间建立起持久稳定的信贷合作关系三个因素上。相应地，只要能建立起完备多层次的金融市场体系、只要能健全信用担保制度、只要能在资金供求双方间建立起持久稳定的信贷合作关系，便能满足有效融资需求，从而化解融资难的问题。其中本书首次将我国金融市场体系划分为地方金融市场和全国性金融市场两个层次，并尤为重视地方金融市场不可或缺的作用。

　　设若上述三个造成金融供给不足的因素均已得到完美解决，却仍存在严重的融资难问题，则通常都是存款性金融机构的经营低效、惜贷或者中央银行的银根过于紧缩的结果。进一步地，设若中央银行确认货币政策已经优化到位，无须再行调整，则融资难的问题就只能依靠投资者自行调整优化投资规划或资产组合的方式来化解了。

　　不过，从投资者的融资心态来看，希望可用资金多多益善是其本能。这就意味着融资难的心理感受不可能消失。其差异仅在于经济繁荣时期因亟须大展宏图而融资难，经济衰退时期因亟须摆脱财务困境而融资难而已。基于此，中央银行货币政策的制定以及商业银行的信贷决策都应基于自己的理性判断，而不应被困惑于资金需求者的呼吁。同理，也不能仅仅基于调查数据来判断信贷配给的严重程度。

　　上述结论及其相关论证可视作本书的主要创新之处。

目　录

导　论

第一节　金融支持农民收入增长研究的背景与意义

"农民真苦，农村真穷，农业真危险。"2000 年时任湖北省荆州市监利县棋盘乡党委书记的李昌平用扎实的数据、翔实的材料，向时任总理朱镕基反映农民、农村与农业的真实情况，震动朝野。我国政府随即全面启动农村税费改革、农村综合配套改革以及社会主义新农村建设。尤其自 2006 年 1 月 1 日起我国全面取消农业税，农民的处境获得了极大改善。但毋庸讳言，我国农民阶级迄今仍是相对弱势群体，农业经济依然很脆弱，农村社会正历史性地处于大变革中。我国的农业经济与农村社会仍存在衰败的可能。可以预期，农村问题、农业问题以及农民问题仍将是三个长期困扰我国经济与社会可持续均衡发展的顽症。而"三农"问题不解决，我国力争在 21 世纪中叶实现"两个一百年"的奋斗目标就不可能达成。正是基于这一认识，党和政府历来高度重视"三农"问题的解决。在 21 世纪初以来的 19 年中有 15 个年度的"中央一号文件"都聚焦于"三农"问题。根据《中国农村扶贫开发纲要（2011—2020 年）》、《中共中央　国务院关于打赢脱贫攻坚战的决定》和《中华人民共和国国民经济和社会发展第十三个五年规划纲要》，2016 年 11 月国务院发布《"十三五"脱贫攻坚规划》，承诺到 2020 年稳定实现现行标准下农村贫困人口不愁吃、不愁穿，义务教育、基本医疗和住房安全有保障，贫困地区农民人均可支配收入比 2010 年翻一番以上，增长幅度高于全国平均水平，基本公共服务主要领域指标接近全国平均水平。确保我国现行标准下农村贫困人口全面实现脱贫，贫困县全部摘帽，基本解决区域性整体贫困问题。

农民问题是"三农"问题的核心问题。农村问题和农业问题的解决，最终都要具体落实到农民问题的解决上。正如李克强总理在十二届全国人大第四次会议闭幕后的总理记者会上所表示的，中国问题的最终解决关键在于农民问题的根本性解决。而实现农民收入的可持续增长则是彻底解决农民问题的关键性标志。党的十八大报告指出全面建成小康社会的基础在农业，难点在农村，关键在农民。要实现国民收入倍增计划，关键是持续增加农民收入。习近平总书记在党的十九大报告中更指出"三农"问题是关系国计民生的根本性问题，因此要坚持农业农村优先发展，加快推进农业农村现代化。其主旨显然意在为农民收入的可持续增长夯实技术、经济与社会的基础。

由此可见，解决农民收入的可持续增长问题攸关国民经济与社会发展的全局，对于保持国民经济平稳可持续的发展、促进和谐社会的建设，都具有至关重要的作用。2018 年的"中央一号文件"首次全面系统地确定了我国乡村振兴战略的目标和任务：到 2020 年我国的乡村振兴要取得重要进展，制度框架和政策体系基本形成；到 2035 年我国的乡村振兴要取得决定性进展，农业农村现代化基本实现；到 2050 年要实现乡村全面振兴，最终实现农业强、农村美、农民富的战略目标。这是一个宏大的战略规划，任务极其艰巨。但其核心很明确，就是必须找到一条农民收入可持续增长之路。这就要求我们把增加农民收入，保证农民收入可持续增长，作为农村、农业与农民工作的重中之重。

为促成农民收入的可持续增长，绝非一个部门或行业的独力所能完成的任务。需要各级政府乃至于全社会的协力配合，着眼于长远，采取综合配套的制度、政策与措施。但可以肯定地说，金融支持体系的建立与完善不可或缺。这是因为总体来说经济增长与金融发展之间呈相辅相成、相得益彰的关系。其中金融发展是经济增长的前提，而实体经济的可持续增长反过来又会进一步促进金融事业的发展。具体到"三农"问题，就是农村地区金融资源的充分调动与高效配置是促成农村经济发展与农民收入稳步提高的前提；反过来，农村经济的发展与农民收入的稳步提高又会进一步地推进农村地区金融产业的可持续发展。除此之外，农村地区完善高效的金融市场体系、金融机构体系与金融服务体系也是吸引城市资本流入农村地区，补血于农村经济的重要前提条件。

正是基于这种考虑，2018 年的"中央一号文件"指出要充分发挥财政资金的引导作用，撬动金融和社会资本更多投向乡村振兴事业；要拓宽资金筹集渠道，坚持农村金融改革发展的正确方向，健全适合农业农村特点的农村金融体系，推动农村金融机构回归本源，把更多金融资源配置到农村经济社会发展的重点领域和薄弱环节，更好满足乡村振兴多样化金融需求。2019年的"中央一号文件"又进一步要求打通金融服务"三农"的各个环节，建立县域银行业金融机构服务"三农"的激励约束机制，实现普惠性涉农贷款增速总体高于各项贷款平均增速；要继续着力推动农村商业银行、农村合作银行、农村信用社逐步回归本源，为本地"三农"服务；要研究制定商业银行"三农"事业部绩效考核和激励的具体办法；要用好差别化准备金率和差异化监管等政策；要切实降低"三农"信贷担保服务门槛；要鼓励银行业金融机构加大对乡村振兴和脱贫攻坚中长期信贷支持力度；要支持重点领域特色农产品期货期权品种上市等。

山东省是我国的经济大省，同时也是全国最大的农业经济省区之一。山东省内的农村人口占到总人口的56.95%左右。目前山东省内农村地区经济与社会的发展相对滞后，金融发育水平总体较低，农村社会资金外流严重，农村经济始终处于严重的失血状态。因此，以山东省为主要样本，科学论证金融发展与农民增收之间的内在逻辑关系，准确把握农村金融供给不足的成因，以寻求金融发展支持农民收入可持续增长的思路与途径，将极具理论意义与实践价值。

第二节　金融支持农民收入增长研究范围的限定

本节的目的就在于界定相关概念，以限定或规范本书的研究范围。

一、关于农民收入的界定

严格说来，农民的收入既包括来自其组织或参与特定生产经营活动、提供劳务服务所获得的报酬，也包括财产性收入（例如股息、利息、租金、资本利得等），还包括转移性收入（例如救济、补助、减免税、接受捐赠等）。进一步地，农民组织或参与特定生产经营活动、提供劳务服务所获得的报酬，既包括生产经营性收入，也包括工资薪酬性收入。所参与的生产经营活动既可能属于第一产业，也可能属于第二或第三产业。农民的当期收入扣除用于消费的部分，就构成其新增财产。财产存量的滋生收益便是所谓的财产性收入。农民的转移性收入一部分来自于政府财政收入的再分配，另有一部分来自于国内其他民事行为主体乃至于国外的捐赠等。

考虑到农民组织或参与特定生产经营活动、提供劳务服务所获得的报酬日益成为其最为主要的收入来源；再考虑到农民财产的增加其实也是其收入不断提高与结余的结果；而且伴随着农民收入水平的不断提高，其转移性收入的占比将会呈现出不断下降的趋势；因此就研究农民收入可持续增长这个问题而言，农民生产经营性收入与工资薪酬性收入的可持续增长本应该是研究的重点。此外，尽可能地降低第一产业的劳动力占比，将第一产业的剩余劳动力转化为第二、第三产业的增量劳动要素投入，从而尽可能地提高农户工资薪酬性收入的占比，有利于农村社会人口分享其他产业发展的成果，这也应该是促成农民收入可持续增长的重要途径。

但限于篇幅，本书的研究将仅局限于金融业如何支持农户生产经营性收入的可持续增长问题。并将农户的生产经营事业进一步地限定于亲自从事第一产业（农林牧渔）经营活动的范畴之内。

二、关于金融支持体系的界定

所谓金融支持体系，是对服务于实体经济的金融市场、金融机构以及金融产品或服务的统称。相较于金融市场、金融机构、金融产品或服务等概念，金融支持体系这一说法突出了金融经济作为一个整体应该以支持实体经济发展为己任的理念或要求。

从金融机构的角度来说，金融支持体系应该既包括传统的银行业、保险业、证券业、基金业、担保业、支付清算业等相关机构，也包括近年来新兴的民间金融机构以及提供互联网资金融通业务的机构。根据2012年3月山东省人民政府办公厅下发的《关于促进民间融资规范发展的意见》，所谓民间融资，是指在依法批准设立的金融机构以外的自然人、法人及其他经济主体之间开展的资金借贷活动。而根据山东省人民政府办公厅2013年10月发布的《关于进一步规范发展民间融资机构的意见》，目前所谓新型的民间融资形式主要有两类：一类为民间资本管理公司（包括民间融资服务公司）所提供的服务；另一类为民间融资登记服务公司（包括民间借贷登记服务中心）所提供的服务。限于篇幅，并考虑到农村金融以借贷融资为主体的现实，本书所研究的金融支持将主要限定于借贷融资。主要涉及（传统正规）银行业（存款类）金融机构。当然，本书所阐述的基本逻辑也适用于民间金融机构与互联网金融机构所提供的借贷资金融通服务。而且在相当程度上也适用于对资本市场、保险市场以及担保市场相关问题的理解。

从金融市场的角度来看，金融支持体系既包括传统正规的借贷市场、保险市场、股权（资本）市场、担保市场等，也包括各种类型的乡土区域融资（民间借贷）市场以及风投市场等。基于我国农村金融市场主要为借贷市场的现实，本书的研究将主要局限于借贷市场，并且主要限定于传统正规的借贷市场。当然，本书所阐述的基本逻辑也适用于民间借贷市场。而且在本书的最后，作为进一步完善农村金融市场体系具体建议的一部分，本书也探讨了建立农村资本市场的必要性。并在探讨保险、担保、增信对增加农村金融供给的作用时，也涉及了一些完善担保市场、保险市场以及征信市场等金融及其中介市场的内容。

总而言之，基于我国农户寻求金融支持的现实状况，本书的研究将主要着眼于农户从事农林渔果菜业经营的信贷金融支持问题。仅在探讨如何进一步强化涉农金融支持问题时触及诸如保险市场及其机构、资本市场及其机构、担保市场及其机构等的配套支持或服务等内容。

第三节　国内外相关研究述评

一、国外相关研究述评

（一）关于金融发展与经济增长之间的关系问题

金融发展与经济增长之间的关系是国际经济学界的重要研究课题。早在20世纪初，经济学家熊彼特（Schumpeter，1911）就曾提出过一个著名的论断：金融中介提供的服务（储蓄、管理风险、监督管理者及便利交易等）是技术创新和经济增长所必需的。也就是说，金融发展可以推动经济增长。

自 20 世纪 60 年代以来，越来越多的经济学家开始关注金融发展与经济增长之间的关系。总体来说，相关研究成果可归纳成经济增长和金融发展相互促进论（McKinnon，1973；Shaw，1973；Miller，1988；Bencivenga 和 Smith，1991；King 和 Levine，1993；Odedokun，1996；Luintel 和 Khan，1999；Christo-poulos，2004）以及金融发展和经济增长无关论（Meier 和 Seers，1984；Lucas，1988）两种观点。但前者显然是主流观点。例如希克斯（Hicks，1969）的研究发现，金融创新对英国工业革命的作用与技术创新同样重要。金和莱文（King 和 Levine，1993）考察 80 个国家 1960—1989 年的数据，发现金融发展与经济增长之间不仅存在正相关关系，而且总体来说金融发展是因，经济增长是果。因此，金融发展对未来经济的增长具有前兆性。

1973 年，肖（Shaw）和麦金农（McKinnon）分别出版了《经济发展中的金融深化》和《经济发展中的货币与资本》，共同提出了金融深化理论。麦金农在阐述了金融抑制的表现、产生的原因及其对经济的发展影响之后，指出了金融深化含义、测量指标和最终效果。他认为金融制度的发展与经济增长之间存在着相互刺激、相互影响的关系。但在经济落后的发展中国家金融体系落后，其金融部门受到严重抑制，而且普遍存在利率和汇率控制、金融业垄断、信贷与外汇的硬性配给、特权待遇等金融抑制现象，金融制度和经济发展处于恶性循环的状态，因此必须摒弃金融抑制而采取金融深化。为此必须放开被压制的金融体系，特别是放开利率，使金融体系吸收更多存款，增加投资和提高效益，从而使得货币金融体系在提高资本形成的数量和质量方面更好地发挥作用。相关观点得到了诸如格林伍德（Greenwood，1990）、本茨维加（Bencivenga，1991）、鲁比尼（Roubini，1991）和阿瑞提斯（Aretis，1997）等学者实证研究的证实。

麦金农和肖都提出了货币与实质资产"互补"的理论。由于资本市场的不完善，落后经济外源融资比较困难，非货币金融资产也不发达，所以生产者要进行实物投资，就必须先行积累一定量的货币资金。这就使得落后经济体的货币资产与实物资本间在很大程度上呈互补关系，因此新古典学派和凯恩斯学派关于货币与实物资本相互竞争、相互替代的假设并不适合落后经济体。基于这种互补性假说，他们都主张以高利率诱发储蓄与投资，从而与凯恩斯主义者所主张的低利率政策迥然不同。

不过，也有学者认为金融发展与经济增长之间的关系十分复杂，长期看也许呈非线性的关系。例如德伊达和法图（Deidda 和 Fattou，2002）对多国面板时间序列数据的研究发现，在将初始人均收入作为门槛变量时，高水平的金融发展往往和高速的经济增长率相关。斯滕戈斯和梁（Stengos 和 Liang，2005）对 66 个国家 1961—1995 年面板数据的研究也发现金融发展对经济增长呈非线性关系，但这种关系对金融发展的测度方式非常敏感。

格林伍德（1990）等人则认为，通过金融市场来融资需要发生一些（固定）成本费用，但并非所有的人都能支付得起这部分成本费用，因此针对经济增长、金融发展和收入分配之间关系的动态分析表明，金融发展与收入分配服从的是库兹涅茨效应"倒 U 型"的关系。具体地，在早期阶段由于穷人支付不起融资所需要的相关成本费用，从而造成金融发展不利于穷人收入水平的提高，贫富差距因此会逐步拉大；而当经济与金融的发展度过某个拐点之后，金融发展开始有利于穷人积累更多的财富，贫富间的差距呈逐步缩小的态势。

此外，也有一些学者从相对微观的视角来研究金融发展与经济增长之间的关系。例如马克西莫维奇（Maksimovic，1998）认为发行股票的企业发展得更快。

总体来说，金融发展对农村经济增长的正向作用也获得了越来越多实证研究的支持。例如科斯特·乌尔里希（Koester Ulrich，2000）通过研究发展中国家农村金融体系资金的配置效率，发现当农村金融市场不完善时农村资金的配置效率较低。伯吉斯（Burgess，2003）对印度农村银行与农业关系之间的研究也发现其金融发展对农村经济的确具有促进作用。

不过，并非所有的国外学者都对金融发展与农民收入水平提高之间的关系表示乐观。例如，麦金农（1973）和肖（1973）认为，农村要素市场的分割和金融压抑是制约农业经济发展的主要因素，过度控制利率会减少储蓄，降低资金使用效率，导致资金外流，引起农业经济恶化。蒂瓦里和沙赫巴兹（Tiwari 和 Shahbaz，2010）等人利用印度 1965—2008 年的数据实证分析了金融发展对城乡收入差距的影响，发现从长期来看印度的金融发展、经济增长和消费价格的上涨加剧了城乡收入的不平等。

（二）关于信贷配给问题

早在 18 世纪亚当·斯密就曾探讨过信贷配给问题。他认为法定利率低于市场最低利率的后果无异于禁止放贷取利。20 世纪 30 年代，凯恩斯在其《货币论》中也提及信贷配给现象。他认为，银行可以通过压缩或扩大信贷资金数量来影响社会投资规模。此后陆续有学者研究信贷配给的形成机理。但直到 20 世纪 80 年代前后在贾菲（Jaffee，1976）、拉塞尔（Russel，1976）、斯蒂格利茨（Stiglitz，1981）和韦斯（Weiss，1981）等人将信贷配给现象引入信息经济学的研究范畴之后，才形成迄今影响深远的信贷配给理论。

不过，信贷配给这个概念的内涵迄今尚未统一。例如根据斯蒂格利茨和韦斯的定义，所谓信贷配给指的是如下两种情景：一是贷款申请人的贷款需求只能得到部分满足；二是在一个贷款申请人群体中只有一部分人得到贷款，其他人即使愿意付出更高的利率价格等条件也不能得到贷款。相对而言，巴尔滕斯珀格（Baltensperger，1976）的概念更精练些。他认为信贷配给意指即便借款人愿意履行合同规定的所有价格和非价格要件，其贷款需求依然无法得到满足的情形。由于该定义强调了诸如担保条款等非价格合同要件，因此那些缺乏足够抵押担保的借款人的贷款需求无法得到满足的情景不能称作信贷配给。也就是说，信贷配给指的应是信贷有效需求（亦即借款人愿意且能够按期还本付息的信贷需求）无法满足的现象。本书倾向于采用这一信贷配给的定义。

关于信贷配给的成因，鲁萨、罗伯特和斯科特（Roosa、Robert 和 Scott，1957）认为某些制度上的制约（例如政府规定利率上限以及对商业银行资产的流动性要求等）抑制了信贷供给，从而造成信贷供求的长期非均衡。霍奇曼（Hodgman，1960）则认为贷款项目存在失败的风险，这种风险概率越高，商业银行的预期损失就越大，从而信贷投放的愿望就越低，由此产生信贷供给不足的结果。而且银行所预期的风险与其信贷投放量有关，信贷投放的数量越多，银行所认定的风险就越高。这就意味着无论利率的水平有多高，商业银行的贷款额总是存在一个上限。因此，所有的借款者都可以获得贷款，但贷款额小于他们在此利率下所期望得到的数量。这就是所谓的第一种信贷配给。贾菲和莫迪利亚尼（Jaffee 和 Modigliani，1969）则认为垄断型商业银行所面对的借款申请者的类型一般会多于其贷款的利率价格组合。在这种情况下商业银行更倾向于拒绝一部分贷款申请者，而不会针对不同的贷款申请者量身设计不同的利率等贷款条件。这就形成了所谓的第二种信贷配给。

乔尔·弗兰德和彼得·霍维特（Joel Fried 和 Peter Howitt，1980）基于信贷合同关系的视角，认为信贷合同的达成体现了借贷双方不仅就现实的信贷收益与风险等因素达成了具有约束力的妥协，而且也就未来的信贷关系达成了某种默契。实际上银行完全可以经由提高利率等手段满足尚未获得贷款的客户的资金需求，商业银行也会凭此获得更多的收益。但这样做的结果势必要求重新修订已签署的信贷合同。由此所带来的后果就是：如果初始的信贷合同是最优的，则意味着修订后的信贷合同将是次优的，因而损害其与既有信贷客户间的长远关系。

从20世纪70年代末开始，许多经济学者从信息理论的视角来研究信贷配给问题。例如贾菲和罗素（Jaffee 和 Russel，1976）认为贷款客户有"诚实"与"不诚实"之分，但商业银行无法精确分辨。斯蒂格利茨和韦斯（1981）则认为商业银行的收益既取决于贷款利率，也取决于按期收回本息的概率。但由于信息的非对称性，商业银行只能收取平均利率。这就使得低风险客户丧失了贷款意愿，而高风险客户的贷款意愿却提高了，从而造成信贷市场的逆向选择现象。结果利率的提高最终可能降低（而不是增加）银行的收益。对这种局面的预期促使银行不采取高利率（或平均利率）的信贷政策，而是在维持一种较低利率的情况下拒绝一部分贷款客户的申请。

此外，相较于斯蒂格利茨和韦斯着眼于信贷行为事前的信息不对称，斯蒂芬·D. 威廉姆森（Stephen D. Williamson，1986）等人则将研究的着眼点放在信贷行为事后的信息不对称性上，认为当银行预期到监控借款客户的履约行为成本过高时便会产生信贷配给。

关于信贷配给的实证检验，自20世纪六七十年代起经济学者主要通过跨部门分析法、调查法和虚拟变量法来验证信贷配给。其中跨部门分析法对银行的贷款数据进行分析，研究货币紧缩时期不同部门信贷可获得性的变化，以验证是否存在歧视现象。调查法则对银行和企业开展问卷调查，分析信贷的需求和供给情况，进而判断是否存在信贷配给。虚拟变量法把与信贷配给有较高相关度的变量作为虚拟变量进行回归分析，以研究信贷配给的存在性。

此外也有一些经济学者使用"非均衡计量经济模型"来直接估计银行信贷的需求和供给,进而验证信贷配给的存在。这些实证研究获得了一些有价值的结果。例如哈希和托奇(Hashi 和 Toci,2010)发现中小企业比大企业的信贷配给现象更明显。科尔(Cole,1998)、哈霍夫和科廷(Harhoff 和 Korting,1998)、贝克(Beck,2005)、弗里尔(Freel,2007)等人认为公司经营期限的增加会减弱银行和公司之间的信息不对称,并且公司既往经营期的长短是体现公司声望的一个重要指标。伯杰(Berger,2004)、莱纳特(Lehnert,2005)、贝切蒂(Becchetti,2010)等人发现大部分遭受信贷配给的公司都具有较低的信用评分,而且随着公司经营期的增加,信贷配给程度将趋于下降。这说明公司规模、公司的经营期限以及公司的信用等级是信贷配给的决定因素。

关于信贷配给问题的解决方法,多数学者都将视线聚焦于健全金融市场体系与完善其运行机制上。例如莱纳特(1998)指出金融中介的逐步完善有助于减少信贷配给现象,从而通过扩大投资来促进经济增长。

金融排斥是一个与信贷配给理论相关联的概念。关于金融排斥的定义,帕尼基拉基斯(Panigy - rakis,2002)的观点比较简洁明了,亦即某些群体无法通过适当的渠道获取必需的金融产品和服务。凯普森和惠莉(Kempson 和 Whyley,1999)认为金融排斥不仅与金融服务的地理排斥(Physical Access Exclusion)有关,而且还是评估排斥(Assessing Exclusion)、条件排斥(Condition Exclusion)、价格排斥(Price Exclusion)、营销排斥(Marketing Exclusion)和自我排斥(Self - Exclusion)的结果。

莱松和施莱夫特(Leyshon 和 Thrift,1993、1994、1995)较早研究了农村金融排斥的问题。他们认为伴随着管制放松、信息技术发展以及全球化,银行业开始注重价值最大化目标,越来越重视公司经营资产的质量。各金融机构出于控制风险、降低成本和增加利润的考虑,在扩大机构种类与服务范围的同时关闭了一些农村及边远地区的分支机构,并排斥对低收入人群的服务,造成这些相对落后地区缺少金融机构、贫困人群缺少金融服务,从而产生金融排斥现象。

二、国内相关研究述评

（一）关于我国金融发展与经济增长之间的关系

国内学者关于我国金融发展与经济增长之间关系的实证研究结果基本一致。例如邵汉华（2018）基于2001—2015年我国省际面板数据，利用面板门槛回归模型研究发现金融结构市场导向的增强对经济增长的影响显著，并且存在基于经济发展水平、金融发展水平、市场化水平以及法治环境的双门槛效应。只有地区发展水平跨越了一定门槛值之后，金融结构市场导向的增强才能显著促进经济增长。

谢美琳（2018）基于2001—2015年我国31个省（自治区、直辖市）的面板数据，在构建省级金融发展水平评价体系的基础上采用面板门槛模型对我国金融发展与实体经济增长之间的关系进行实证分析。其研究结果认为我国的金融发展与实体经济增长之间并非呈线性关系，而是呈类似于"倒S型"的非线性关系。这就意味着不能认为金融发展一定能促进实体经济增长，金融过快或过慢的发展均不利于实体经济增长，只有当金融发展与实体经济处于较为协调的一定区间时金融才会对实体经济起促进作用。

罗超平、张梓榆和王志章（2016）利用我国1978—2014年间产业结构升级和金融发展的时间序列数据建立VAR模型，并通过Johansen检验、脉冲响应和方差分解就我国金融发展对产业结构升级的影响及作用机制进行实证分析，认为我国金融经营效率、金融规模、金融产出率、金融结构比率和产业结构升级率存在长期均衡关系。总体来说，金融的发展促进了产业结构的升级。其中金融规模、金融经营效率以及金融结构比率是促进产业结构升级的因素，但金融产出率对产业结构升级起的作用相对较小。

（二）关于我国农村金融发展与农村经济增长之间的关系

国内学者的主流观点也认为我国农村金融发展对农村经济增长具有促进作用。例如姚辉军和丕禅（2004）认为我国农业信贷和农业GDP存在着均衡关系。林强（2008）通过协整分析和误差修正模型实证检验我国改革开放以来农业信贷资金投放与农业经济增长之间的关系，认定农业信贷投放是促进农业经济增长的重要因素，而农业经济增长则不是农业贷款增长的格兰杰原因。娄永跃（2010）的实证研究也发现农村金融发展与农民收入增长之间存在着正向关系。类似地，江美芳等（2011）认为农村经济增长与农村金融发展之间存在较高的依存度和关联度。田杰和陶建平（2012）认为农村金融密度对农村经济增长有着显著的促进作用，农村金融密度通过增加贷款数量和提高信贷配置效率两种途径促进农村经济的增长。刘玉春（2014）、张丽娜和王静（2013）认为我国农村金融发展与经济增长保持着长期稳定关系，农村金融发展促进农村经济的增长。

王劲屹（2018）通过对1980—2014年的统计数据构建VEC模型，并特别针对小样本作了Bootstrap - Chow检验，认为发展农村金融可以显著促进农村经济增长，农户储蓄存款是农村金融发展之源。但农村金融发展与经济增长受宏观政策面影响很大，因此一方面国家应鼓励农村金融机构多元化，邮政储蓄银行要回归"三农"业务，尽量抑制农村资金的流失；另一方面还要让农村金融利率需要逐步市场化。

近年来一些学者陆续实证分析研究了各省（自治区、直辖市）地方农村金融发展对农村经济增长的影响，得出的结论多为正面。例如薛晨和袁永智（2018）认为河南省农村金融发展对区域农村经济发展具有较强的促进作用，其中农村金融发展规模、金融发展结构等金融相关率指标与农村经济发展显著正向相关。龙荣、彭珊和张佳丽（2018）基于江西省的统计数据，采用不同的模型分析方法，但也得出了类似的结论。

不过也有相反的研究结果。例如温涛、冉光和等（2005）的研究发现，我国农村金融发展对农民收入增长具有显著的负效应，因为农村金融发展不仅没有成为促进农民收入增长的重要因素，反而造成了农村资金的大量转移和流失，抑制了农民收入增长。许崇正和高希武（2005）的研究也认为我国金融机构的信贷投放对农户人均收入的影响不显著。裴辉儒（2010）实证分析了我国31个省（自治区、直辖市）1978—2007年农业信贷投放与农业经济增长之间的关系，结果显示我国农业信贷投放对促进经济增长的作用力不强，农村信贷与农村经济增长的长期均衡效果不明显。类似地，余新平、熊皛白等（2010）的研究发现，我国农村金融发展不仅没有促进农民收入增长，反而起到了抑制作用。周一鹿、冉光和等（2010）的研究结果表明，农村金融短期没有促进农民收入增长，长期则具有显著的负面效应。杜兴端、杨少垒

（2011）认为在 1978—2008 年间我国农民收入增长、农民金融发展规模和农村金融发展效率之间存在长期稳定的均衡关系，但农村金融发展规模和效率都对农民收入增长有明显的负向影响。赵洪丹（2011）也认为农村金融规模对农村经济发展有显著负面效应，农村金融效率对农村经济发展有明显滞后性，农村存款外生于农村经济。李富有、郭小叶（2016）则认为总体来看我国农村贷款资金投放对农村经济增长的作用效果不显著。

王志军（2007）、何德旭等（2008）、许圣道等（2008）、徐少君等（2009）、隋艳颖等（2011）研究表明，我国农村广泛存在的金融排斥现象妨碍了农户和企业利用当地的金融资源，严重的地区甚至形成金融空洞，进而经由马太效应，造成金融发展水平低的农村地区陷入资金外逃以及经济与金融发展双落后的恶性循环。

除了上述两种观点之外，目前国内也存在相对折中的第三种观点。这种观点认为我国金融事业的发展与农民收入水平的提高之间所呈现出来的实质上是一种非线性的关系。例如孙玉奎（2013）通过建立用于反映农村金融发展与农民收入水平提高之间关系的面板向量自回归模型，发现我国农村金融发展对农民收入的影响存在着显著的地区差异。具体地，在农村金融发展相对落后的西部地区，金融发展与农民收入增长之间呈正相关的关系；在发展适中的中部地区，二者之间的关系不显著；而在最为发达的东部地区，二者之间则呈现出负相关的关系。可以说这是一个很特别的研究结果。张兵等（2014）利用面板回归分析方法考察了我国农村金融发展对消除农民贫困的影响，研究表明随着我国经济发展水平的提高，农村金融发展对于消除农村贫困工作的边际效益呈现出递增的态势。

贾立和王红明（2010）认为对于农村金融发展是否促进农民收入增长这个问题不能一概而论，从长期来看西部地区农村金融发展规模、结构对农民收入增长具有正向促进作用，而农村金融发展效率对农民收入增长具有显著的负效应；但在短期内西部地区农村金融发展水平对农民收入增长的作用有限。而张煜、陈捷和潘宏晶（2014）则认为长期信贷与完善的融资渠道能够促进农业经济增长，但中国农业经济增长不能内生吸引信贷资金。

（三）关于我国农村金融的信贷配给问题

一般认为，相较于其他国家，我国信贷配给的发生存在经济体制上的诱因。其中宋亚敏和黄绪江（2003）的论述很具有代表性。这两位学者认为我国银行信贷的投放长期受行政权力的支配，并存在优惠过多的情况。但随着银行经营管理体制改革的深入，政府行政干预信贷投放的难度加大，企业获得过度优惠贷款的可能性逐步丧失，于是相关方面便出现了贷款难的呼声。因此贷款难在一定程度上是无效需求被剔除出信贷市场的结果，而不是有效需求无法得到满足的结果。与此同时，这两位学者认为项目风险并不构成银行拒绝贷款的主要原因。并且银行真正关心的是企业的还款动机与能力，对企业是否按合同规定使用资金固然关心，但关心程度显然不如前者。因此在贷款难问题上逆向选择是主因。

宋亚敏和黄绪江这两位学者还认为我国信贷配给问题的出现与金融机构风险管理水平有关。例如商业银行难以断定某家具体企业是否具备贷款偿还能力，因而习惯以行业或所有制性质来区分企业的偿债能力，由此造成一些行业内企业的普遍贷款难。此外，由于利率的风险定价作用（即对高风险企业或项目实行高利率）无效，银行的高贷款利率政策只会把资产质量较高且诚实的企业挤出信贷市场，最后愿意承担高利率的企业往往不愿意还款。由此银行宁愿选择数量管制、审批权限管制等非价格壁垒对信贷市场准入进行限制。这种非价格壁垒体现在两个方面：一是银行内部资金管理权上收；二是信贷服务烦琐化。由此造成一些企业贷款难。

尽管上述逻辑描述的是我国银行与企业间的普遍关系，但也基本适用于理解我国农村金融机构的信贷配给问题。例如张启文、郑欣然（2012）认为信息不对称是农村正规金融机构对农户信贷配给的重要原因。金融机构根本无法对农户的信用状况作出全面客观评价。并且相较于城镇金融，农村信贷的审查和监督成本更高。为解决此问题，正规金融机构会要求借款农户提供抵押保证，但我国农户的可抵押财产却普遍较少。信息不对称、交易成本高、无良好抵押品等因素增大了信贷风险，降低了金融机构的贷款意愿，进而造成农户贷款难的问题。梁爽等（2014）也认为抵押担保等非价格条件是造成信贷配给现象的重要原因。

目前多数实证研究结果基本证实了上述逻辑分析。例如韩俊等（2007）的调研发现我国农户融资首选亲友借贷，其次才是正规金融，最后是非制度性金融（民间金融）。朱熹、李子奈（2006、2007）的研究也表明一半以上具有有效需求的农户由于信贷配给而无法获得农村正规金融机构的贷款，农户金融抑制的程度为 70.92%。程郁、罗丹（2010）的研究则认为有借贷需求的农户比重超过 70%，平均信贷缺口 4420 元。

此外，也有学者认为农村金融抑制与我国长期实行经济发展赶超战略，将有限的资源集中于城市和重点项目有关（林毅夫，2002；谢平等，2006）。而由政府垄断的农村金融系统自然也就成为从农村向城市和工业部门输送金融资源的渠道（林毅夫，2000；温涛等，2005）。我国农村金融并非内生于农村经济（张杰，1998），其发展是一个由政府主导的强制性制度变迁过程（何广文，2001）。因此外生于农村的农村金融体系自然无法满足农村经济增长对于金融的需求，并造成了农村资金的大量外流。而且依照谢玉梅、胡基红（2013）的研究，我国农村地区资金外流的现象会越来越严重，农村经济发展的资金缺口趋于越来越大。

关于我国农村信贷配给问题的化解，一些学者分别从农村土地制度改革以及金融产品服务创新等视角提出了一些论述与建议。例如米运生、石晓敏和廖祥乐（2018）认为农地确权可因降低信息成本而缓解价格配给。董晓林、冯韵和管煜茹（2018）认为贷款保证保险的实施可显著缓解农户受到的完全数量配给。彭澎、吴承尧和肖斌卿（2018）利用 4 省 1014 户农户样本数据，采用 Probit 和 Tobit 等方法考察了银保互联贷款模式对中国农村正规信贷市场中信贷配给的影响，认为银保互联可以缓解农户面临的需求方配给和来自于供给方的数量配给。彭澎、张龙耀和李心丹（2018）则认为政银保可以通过提高银行发放单位贷款的期望利润来增加信贷市场的供给水平，从而缩小供需缺口，改善农村正规信贷配给。

三、本书研究的引出

综上所述，关于金融发展与经济增长之间的关系问题，目前的研究结论迥异，莫衷一是。归纳起来看，一种观点认为"金融发展是因，经济增长是果"。这一观点也被许多相关研究所证实，因此是关于金融发展与经济增长之间关系问题的主流观点。不过此外还有其他的观点，例如认为"经济增长是因，金融增长是果"的观点；认为"金融发展与经济增长互为因果"的观点；认为"金融发展与经济增长之间关系不确定"的观点；甚至认为"金融发展对经济增长不利"的观点等。

本书认为之所以会出现如此众多相互矛盾的结论，主要原因有两个：一是在实证研究中，由于变量的选定、统计数据的质量以及样本选取上的差异，造成了相互矛盾的结论；二是由于表述不当，造成了误解。应该说，"金融发展与经济增长互为因果"的观点较为全面综括。不过这种说法也容易令人忽略"以金融发展促进经济增长"的核心逻辑或者主逻辑。此外，现有的一些相关文献与其说是在研究金融发展与经济增长之间的关系问题，毋宁说是在研究"金融抑制"或"金融过度"对于经济增长的影响问题。显然，虚拟经济与实体经济应保持良性的互动关系，无论是金融市场发育不良，抑或金融市场发育过度，都不利于国民经济的可持续增长。但不能把这些研究与论证金融发展与经济增长之间存在着怎样的本质关系这一问题相混淆。基于此，本书将把研究的视角聚焦于金融发展与经济增长之间的本质关系问题上，进而探讨经由经济发展促进农民收入增长的具体途径。

此外，现有探讨金融发展与农民收入增长之间关系的文献，多数采用实证模型分析的方法，鲜少采用纯理论逻辑演绎的研究方法。不过当下的实证统计建模技术仍局限于相关关系分析的范畴，尚未达到直接辨析变量间因果关系的技术水准。以目前流行的 Granger 因果检验分析方法为例，它其实只能用于验证序列数据间的波动是否存在着时间上的先后发生关系。然而很明显，在发生顺序上存在着先后关系的两个因素间不一定就在本质上存在着因果关系。与此同时，存在相关关系的两个变量间也不一定就存在因果关系。况且在变量的选定、统计数据的质量以及样本选取上的差异也会影响实证模型分析结论的可信度与可比性。由此，采用纯理论逻辑推理演绎的方式来论证两个因素之间是否存在因果关系，仍应为现代经济理论分析与研究的基本方法，通常也应该是实施统计建模实证分析的前提或依据。

与此同时，在关于金融供给不足的成因分析部分，目前的研究在利率和信息不对称这两个因素与信贷投放不足之间的因果关系上也存在一些逻辑模糊不清或与事实不相符的地方，从而值得进一步地厘清。笔者认为，现有文献高估了利率变量在商业银行信贷决策中的作用。而且现有文献对于金融供给不足成因的归纳也颇为失焦，表现为所归咎的原因数目过多，关于这些因素与金融供给不足之间内在逻辑关系的论证也很不充分。

　　由此可见，在既有研究的基础上，既拾遗补阙，又拓展创新，以理论演绎分析为主，较为系统地阐述金融发展对于促进经济增长、进而促进农民收入水平提高的作用，并深入剖析农村金融供给不足的内在原因，最终就金融产业如何支持农民收入的可持续增长问题提出一些颇具可操作性的政策建议，应该仍具有一定的理论研究价值与现实政策指导意义。就此，本书将提供一些有益的工作。

第一章　金融发展影响农民收入的机理：
理论与实证

本章的内容分为两大部分：一是就金融发展促进农民收入增长的内在机理做出纯理论性的分析、演绎和探讨；二是实证检验理论演绎推理的主要结论。

第一节　金融发展促进农民收入增长的机理：纯理论演绎

如图1.1所示，关于金融促进农民收入水平提高的逻辑或内在机理，须从宏观与微观两个层面来论证。首先在宏观经济的层面上，我们将论证金融发展促进经济增长，进而提高农民的收入水平；其次在微观经济的层面上，我们将论证金融机构与金融市场所提供的诸金融产品或服务有助于农户拓展投资、合理配置资产，从而增加收入，最终提高其福利水平。

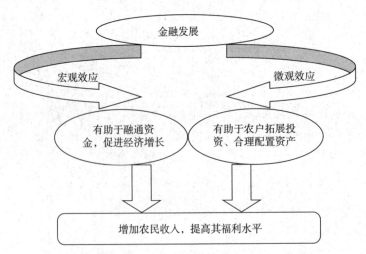

图1.1　关于金融发展促进农民收入可持续增长的逻辑框架图

一、基于宏观经济视角的分析

如图 1.2 所示，基于宏观经济的视角，关于金融发展如何促进农民收入增长的问题又可进一步地分解成两个层次来理解：一是金融发展可以促进经济增长；二是经济增长可以增加农民收入，从而提高农户的福利水平。

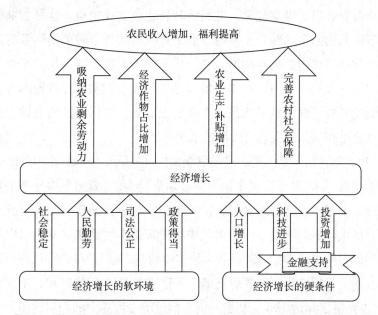

图 1.2 关于金融发展促进农民收入可持续增长的宏观效应逻辑框架图

（一）金融发展促进经济增长：对中外经济发展史的简要总结

总的来说，金融经济与实体经济的发展之间存在着互为前提、相互制约、相互促进的关系。一方面，健全的金融市场体系可以有效地吸纳社会闲置资金，并将其高效地转化成实业投资，从而促进实体经济的增长；另一方面，实体经济的繁荣与民众收入水平的持续提高反过来又会激发社会各界对于金融产品与服务的需求，从而刺激金融业的扩张以及新型金融产品乃至于新型金融市场的创新。因此金融发展与实体经济增长之间本质上呈互为因果的关系。

不过，设若我们放长眼界历史地观察，则这样来表述金融与经济之间的关系可能要更为恰当些：首先，金融市场的充分发育是促进经济增长的基本前提或基础之一；而当国民经济发展到一定水平之后，实体经济的增长反过来又会促进金融业的繁荣与扩张；自此，虚拟经济与实体经济之间的关系就进入了一个互为前提、相互制约、相互促进的永续阶段。当然了，虚拟经济与实体经济之间的这种良性互动并非必然达成。实际上，由于金融资产的流动性较高，实物资产的流动性较差，因此市场机制存在虚拟经济畸形发育的倾向。基于此，政府有必要适时干预，以确保虚拟经济的发展始终服务于实体经济发展的需要，防止出现实体经济空洞化、虚拟经济过分膨胀的结局。

将闲散资金吸纳聚集起来，进而将其转化成实业投资。这是金融机构与金融市场体系的基本功能。正是基于此，金融机构与金融市场体系的发展与完善对实体经济的增长具有战略意义，从而成为促进经济增长的必要前提之一。可以说，没有一个完善与高效的金融市场体系，实体经济便不可能繁荣与可持续地增长。纵观世界经济与金融的发展史，实体经济的突破性发展无不建立在金融市场体系完善与发展的基础之上。

从 1954 年开始，英国著名汉学家李约瑟（Joseph Needham，1900—1995）陆续编著出版了 15 卷本的《中国科学技术史》。在这套丛书中他基于翔实的史料充分论证了中华文明在世界科学技术史中的重要地位。相关研究成果轰动了西方的汉学界。不过，对于当代中国人来说李约瑟在这套丛书中所提出的一个疑问最值得思考。这就是著名的"李约瑟之谜"：尽管古代的中国对人类科学技术的发展作出了重要的贡献，尽管早在 1750 年的时候，中国在全球的 GDP 占比便已高达 32%，犹胜今天美国经济在世界中的相对地位，实际上即便到了 1830 年鸦片战争前夕中国的 GDP 总量仍然相当于英法德俄意五国之和，但为什么科学和工业的革命并没有发生在近代的中国？我们都知道工业革命首先发生于英国。因此与"李约瑟之谜"相关联的另一个类似问题是：为什么工业革命首先发生于英国，而不是诸如葡萄牙、西班牙这样最先受益于发现新大陆的欧洲国家？

这当然是诸多因素综合作用的结果。但现代金融制度的建立、发展与完善在其中起着至为关键的作用。可以说，没有英国的金融革命也就不会有英国的产业革命。正如英国著名经济学家约翰·希克斯（John Hicks，1969）在其《经济史理论》中所阐述的观点，产业革命并非大规模技术创新的结果，而是金融业革命性变革的结果。其道理很简单：技术创新的应用需要大量的资金铺垫，没有金融体系提供资本，技术创新的成果就不可能实现产业化。因此金融革命一定先于工业革命发生。

在英国产业革命之前，欧亚大陆东西方之间的贸易模式很单一：香料、茶叶、瓷器、丝绸等实物商品自东方流向西方；白银和黄金金属货币则从西方流向东方。与此同时，在欧洲内部伴随着人口的增长以及商业的发展，其自身对货币的需求也在逐渐增加。14 世纪中叶欧洲暴发黑死病，沉重地打击了它的银矿业。到 15 世纪欧洲货币的短缺达到了"银荒"的程度，严重制约了欧洲经济。可以说，对于黄金与白银的渴望是促成 15 世纪末 16 世纪初欧洲人地理大发现的主要因素之一。

16 世纪初欧洲殖民者在美洲大陆发现了大量的白银矿。自此欧洲获得了充沛的货币来源，从而开启了社会变革的大门。一方面，货币的泛滥引发通货膨胀，导致社会财富的再分配，欧洲社会内部各阶级间的相对力量发生了根本性的变化，商人阶级崛起；另一方面，封建王室贵族的特权受到约束，产权制度趋于完善，信贷关系发育，现代金融市场体系逐步建立和完善，从而逐步呈现日益强大的资金筹措能力和高效的资金配置能力，实体经济开始获得前所未有的资金支持。

从表面上看技术创新是产业革命的导火索。但实际上至少产业革命初期的所谓技术创新大多数早已有之。例如早在英国人詹姆斯·瓦特（James Watt，1736—1819）于 1776 年制造出世界上第一台蒸汽机之前的 100 年里，人类就已经掌握了热与压力之间的物理关系。但在这一段并不算短暂的时期里这一新知识的掌握并没有给人类带来经济效益，更没有触发人类社会产业组织形式与生产方式的革命性变化。其中的道理很简单：重大技术创新的应用通常都需要巨额的资本投入。而在现代金融体系建立之前人类社会不可能筹措到足以推动技术创新广泛应用的资金。

归根结蒂，拉动经济增长的核心因素只有两个：一是科技进步；二是人均资本设备拥有量的提高。而这两个因素的积极变化都离不开持续的资金投入。由此可见，金融业是国民经济的基础性产业。正如奥地利经济学家约瑟夫·熊彼特（Joseph Alois Schumpeter，1912）在其《经济发展理论》中的观点，经济发展的核心问题就是满足新兴产业的资金需求问题，银行家的兴趣对新兴产业的兴衰以及新技术的选择起着至关重要的作用。美国斯坦福大学教授约翰·G. 格利和爱德华·S. 肖（1960）在其《金融理论中的货币》一书中也高度肯定了金融对经济发展的重要作用，并且认为不仅中央银行和商业银行，非货币体系的金融中介也同样能起到与货币金融中介类似的作用，亦即将储蓄转化为投资，从而增加全社会的投资水平，最终刺激经济增长。

蒸汽机之所以产生于英国，而不是产生于其他国家，其中最为根本的原因就是由于英国最早建立起完备高效的现代金融市场体系，从而能够最大限度地将分散于全社会各个角落的资金资源动员起来，服务于实体经济。也正是由于英国的金融业率先拥有了这种空前强大的资金融通能力，才最终使得英国最早完成了由作坊手工业向工场生产方式（工业）的飞跃。因为最早发现新大陆而暴发的葡萄牙和西班牙都没有做到这一点，因此这两个国家都坐吃山空，最终衰落了。同样地，金融市场的缺失或者不完善也是我国迟至20世纪90年代之前未能完成工业化的重要原因之一。

由此可见，技术创新不足以促成经济增长，高效的金融体系才是新技术得以产生强大经济效能的前提。正如美国经济学家戈德史密斯（R. W. Goldsmith, 1969）在其《金融结构与金融发展》中的观点，金融市场为资金转入最佳使用者的手中提供了便利，从而改善了经济运行的效率，加速了实体经济的增长。

如果说新技术与创新是拉动经济增长的引擎，那么金融业就是维持该引擎正常发挥效能的燃料供应系统。这就意味着金融业有能力令实体经济"加速"或"窒息"。套用美国经济学家皮特·罗素（Peter L. Rousseau, 2001）的话说，就是金融业对实体经济存在着"金融引导"的作用。

例如，20世纪80年代日本传统制造业的增长达到了顶峰，但很快便失去了发展的方向与动力。自此日本经济陷入第二次世界大战后最为漫长的经济衰退，至今未能爬出泥沼。与之形成鲜明对照的是，自20世纪90年代起美国引领知识经济的潮流，开创了第二次世界大战后最为持久的一次经济增长周期。美国之所以能开创知识经济的新时代，顺利地实现产业结构从传统工业经济向信息经济的转换与升级，依靠的就是以人力资本投入为特征的新型企业与风险资本的结合。而美国风险资本的产生与壮大绝对离不开其独具特色的金融体系，特别是与其完善的公开资本市场与私募资本市场制度密切相关。

在我国，金融体系对国民经济的引领作用也很明显。自20世纪80年代初开始我国经济便进入了长达三十多年的高速增长期，创造了中国经济腾飞的奇迹。举世公认这一奇迹的创造仰赖党的改革开放好政策。不难理解"改革"与"开放"互为依托、同等重要。而在对外开放的诸多政策中引进外资政策是点睛之笔。不过，关于这一政策的理解，许多人尚未认识到它的金融政策属性。

邓小平同志准确地把握了世界经济发展规律，从加快我国经济发展的现实需要出发，指出"利用外资是一个很大的政策"①，并对这项"大政策"进行了全面的阐释。具体包括加快经济发展必须利用外资；引进外资促进我国产业结构的调整；注重引进外资的规模和投资方向；掌握利用外资的主动权；外资企业是社会主义经济的有益补充等观念。从理论上阐述了我国利用外资的必要性以及如何利用外资、怎样利用外资等一系列问题，最终形成了一整套关于引进外资、利用外资发展我国社会主义市场经济的理论。在 1991 年视察上海时的谈话中，邓小平同志高度评价浦东新区在开发中实施"金融先行"的做法。并指出"金融很重要，是现代经济的核心。金融搞好了，一着棋活，全盘皆活"②。邓小平同志的这一论断精辟说明了金融在现代经济生活中的基础性作用，深刻揭示了金融在我国改革开放和现代化建设全局中的核心地位。也正是基于上述理念，在 2017 年 7 月中旬召开的全国金融工作会议上，习近平总书记强调金融是国家重要的核心竞争力，金融制度是我国经济社会发展中重要的基础性制度，金融工作必须回归本源，切实服务于实体经济。党的十九大报告又进一步强调要深化金融体制改革，增强金融服务实体经济的能力，提高直接融资比重，促进多层次资本市场的健康发展。

人类社会的历史实践一再证明，金融发展与实体经济增长之间存在着互为前提、相互制约、相互促进的辩证关系。这一逻辑尽管着眼于整个国民经济系统，但同样适用于我们理解金融发展与农业经济增长之间的逻辑关系。1973 年美国经济学家格利、肖和麦金农分别从发展经济学的角度，提出了"金融抑制"理论和"金融深化"理论。他们一致认为造成发展中地区经济窘困的原因不仅在于资本的稀缺，而且还在于金融市场的缺憾与扭曲所造成的资本使用效率的低下。因此只有深化金融体制改革，实行金

---

① 《邓小平文选》第二卷，人民出版社 1994 年版，第 198 页。
② 《邓小平文选》第三卷，人民出版社 1993 年版，第 366 页。

融自由化战略，才有可能充分地发掘金融产业的效能，促进实体经济的发展。本书认为这一理论同样有助于我们深刻认识农村地区金融发展对于农业经济增长、农民收入水平提高以及农村社会发展的战略意义。

(二) 金融发展促进经济增长的动态经济学分析

就如何才能实现国民经济可持续增长的问题，关键是辩证地把握好如下两个层次的逻辑。

首先，整个社会的总供求必须相匹配，产能不能长期过剩，需求的拉动力必须强劲。可以说这是国民经济得以持续增长最为基本的前提。近年来我国政府极其重视社会保障体系的建立与完善，并有计划有步骤地适度提高社会大多数阶层的基本收入水平。与此同时积极实施西部大开发战略，并面向世界提出了"一带一路"倡议。这些举措的推出自有其综合性与战略性的考虑，但仅就培育内需和拓展外需来说，也无疑都极具战略意义。

其次，假若需求不成问题，则国民经济的可持续增长就主要是一个供给侧的问题了。从这个角度来看，国民经济可持续增长的达成必须具备一定的软环境以及一些硬条件。具体地，促成国民经济可持续增长的软环境主要有七个方面的内容，具体包括司法相对公正、政治相对清明、社会相对稳定、人民相对勤劳、政策相对得当、创业环境相对优越、土地等大宗固定资产的所有制度相对优越等；而促成国民经济可持续增长的硬条件主要有三个，亦即投资要持续增加、科学技术要进步、劳动人口要增长等。

具体地，国民收入的多少 (用 Y 表示) 取决于资本 (用 K 表示) 和劳动 (用 L 表示) 的投入数量以及相应的技术水平 (用 A 表示)，因此可建立宏观经济系统的投入产出函数 $Y = Af(K, L)$，从而有：

$$dY = \frac{\partial f}{\partial L}dL + \frac{\partial f}{\partial K}dK + \frac{\partial f}{\partial A}dA$$

$$\frac{dY}{Y} = \frac{\partial f/\partial L}{Y}dL + \frac{\partial f/\partial K}{Y}dK + \frac{\partial f/\partial A}{Y}dA$$

$$\frac{dY}{Y} = \frac{\partial f/\partial L}{Y}\frac{L}{L}dL + \frac{\partial f/\partial K}{Y}\frac{K}{K}dK + \frac{dA}{A} \qquad (式1.1)$$

由此可见，经济增长率 = 劳动投入增长率 × 工资占增加值的比例 + 资本投入增长率 × 利润占增加值的比例 + 科学技术的进步率。

由于人均增加值等于增加值总量与人口数量的比例，人均资本占有量等于资本总量与人口数量的比例，因此人均增加值的变动率等于经济增长率减人口增长率的差，人均资本占有量的变动率等于资本增长率减人口增长率的差。若将这两个结果代入上面这个公式，则有：

人均增加值的变动率 = 人均资本占有量的变动率 × 利润占增加值的比例 + 科学技术的进步率

基于这一表达式不难看出，促成人均增加值增长的关键因素有两个：一是科技进步；二是人均资本设备拥有量的提高。人均资本设备拥有量的提高当然依赖于持续的投资。但科技进步与劳动人口素质的提高又何尝能离得开投资的强力支撑。实际上最可能的逻辑是：投资的增加在提高人均资本设备拥有量的同时还促进了科技进步；或者投资的增加在促进科技进步的同时还提高了人均资本设备拥有量。因此除了软环境的塑造，拉动经济增长的关键说到底其实只有一个，这就是要尽可能地增加投资。这里的投资既包括政府投资，也包括社会投资；既包括国内投资，也包括外资的引入。当然，投资要有效率，否则便会异化成经济增长的拖累。

而满足投融资的供求以及提高投资效率正是金融市场的本职。由此可见，完善高效的金融市场体系是促成经济增长的必要条件。

为简便后续分析起见，这里忽略技术水平 A 这个因素，从而将整个国民经济系统的生产函数写为：

$$Y_t = Y\ (K_t,\ L_t) \qquad\qquad (式1.2)$$

进一步地，假设该生产函数具有一次齐次性，于是有：

$$\frac{Y_t}{L_t} = Y\left(\frac{K_t}{L_t},\ \frac{L_t}{L_t}\right) \Rightarrow y_t = y\ (k_t) \qquad\qquad (式1.3)$$

其中，y_t 为第 t 期的人均国民收入；k_t 为第 t 期的人均资本存量，且满足 $\frac{dy}{dk} > 0$，$\frac{d^2 y}{dk^2} < 0$。

再假设资本的折旧率为0；第 t 期的投资额为 I_t；i_t 为第 t 期的人均投资，则有 $k_t' = \frac{dk}{dt} = i_t$。

当市场信息完全且对称，并且投融资活动不存在交易成本时，资金供求双方可直接达成交易，从而不会出现中介性质的金融机构。这时金融市场的均衡条件为：

$$Y_t - C_t = I_t \Rightarrow y_t - c_t = i_t \qquad (\text{式} 1.4)$$

其中，C_t 为第 t 期的消费量；c_t 为第 t 期的人均消费量。

不过，当资金供求的信息不对称或者投融资活动存在交易成本时，便出现金融机构。这时，金融市场的均衡条件为：

$$(1-\theta)\,(Y_t - C_t) = I_t \Rightarrow (1-\theta)\,(y_t - c_t) = i_t \Rightarrow c_t = y_t - \frac{i_t}{1-\theta} \quad (\text{式} 1.5)$$

其中，$1-\theta$ 为金融机构将社会储蓄 $Y_t - C_t$ 转化成投资的占比，体现了金融机构的效率（或存在价值）。因此这里的 $1-\theta$ 等同于帕加诺模型中的 ϖ。一般地，金融机构所提供的金融产品与服务越丰富多彩，金融市场的自由竞争程度就越高，θ 的取值就越小，从而储蓄成功转换成投资的比率就越高。因此 θ 的取值越小，表示金融市场的效率越高。显然有：

$$\frac{\partial c_t}{\partial k_t} = \frac{\partial y_t}{\partial k_t}, \; \frac{dc_t}{dk'} = -\frac{1}{1-\theta} \qquad (\text{式} 1.6)$$

在上述推导中，我们隐含地假设金融市场的存在不会能动地影响居民的消费量。亦即金融市场的作用仅在于将居民的储蓄转化成投资。这一假设基本符合现实。现在假设社会福利泛函为：

$$U = \int_0^\infty e^{-\beta t} u(c_t)\,dt = \int_0^\infty e^{-\beta t} u\left(y_t - \frac{i_t}{1-\theta}\right) dt \qquad (\text{式} 1.7)$$

其中，β 为社会福利评价折现因子，$0 < \beta < 1$；$u(c_t)$ 为效用函数，且当 $c_t < c_B$ 时，$\dfrac{du(c_t)}{d}c_t > 0$；当 $c_t > c_B$ 时，$\dfrac{du(c_t)}{d}c_t < 0$。这说明存在一个消费饱和点 c_B，且 $\dfrac{d^2 u(c_t)}{d}c_t^2 < 0$，从而 $u(c_t)$ 有界。进而该广义积分收敛。于是建立如下形式的跨期社会福利最大化模型：

$$\max \int_0^\infty e^{-\beta t} u\left[y_t(k_t) - \frac{k_t'}{1-\theta}\right] dt \qquad (\text{式} 1.8)$$

$$s.t. \; k_t\big|_{t=0} = k_0$$

其中，k_0 为 k 的给定初始值。记该广义积分当中的被积函数为 F，亦即：

$$F = e^{-\beta t} u\left[y_t(k_t) - \frac{k_t'}{1-\theta}\right] \qquad (\text{式} 1.9)$$

并记 $\dfrac{du}{dc_t}=u'\ (c_t)\ =\mu$，$\dfrac{\partial y_t}{\partial k_t}=y_k$，$\dfrac{\partial F}{\partial k}=F_k$，$\dfrac{\partial F}{\partial k'}=F_{k'}$，$\dfrac{\partial \mu}{\partial t}=\mu'$。于是有：

$$F_k=e^{-\beta t}\frac{\partial u_t dy_t}{\partial c_t dk_t}=e^{-\beta t}\mu y_k,\ \ F_{kk}=e^{-\beta t}\mu y_{kk}$$

$$F_{k'}=e^{-\beta t}\frac{\partial u_t dc_t}{\partial c_t dk'}=-\frac{e^{-\beta t}\mu}{1-\theta},\ \ F_{k'k'}=\frac{e^{-\beta t}}{(1-\theta)^2}\frac{d\mu}{dc}$$

$$F_{k'k}=0,\ \ F_{k't}=-\frac{1}{1-\theta}\ (e^{-\beta t}\frac{d\mu}{dt}-\beta e^{-\beta t}\mu)\qquad（式1.10）$$

进而该模型的欧拉方程为：

$$\frac{1}{1-\theta}\mu'+\left(y_k-\frac{\beta}{1-\theta}\right)\mu=0,\ \forall t\in[0,\infty)\qquad（式1.11）$$

这是一个关于变量 μ 的一阶微分方程。其规范形式为：

$$\mu'+[(1-\theta)\ y_k-\beta]\ \mu=0\to\frac{\mu'}{\mu}=\beta-(1-\theta)\ y_k,\ 对所有的\ t\geq0$$

$$（式1.12）$$

其中的 y_k 含有变量 k。它的通解为：

$$\mu_t=\mu_0\exp[\beta-(1-\theta)\ y_k]\qquad（式1.13）$$

其中，μ_0 为参数。

现在考虑下面这个式子的性质：

$$F-k'F_{k'}=e^{-\beta t}\left\{u\left[y_t\ (k_t)\ -\frac{k'_t}{1-\theta}\right]+\frac{\mu}{1-\theta}k'_t\right\}\qquad（式1.14）$$

显然当 $t\to\infty$ 时，$e^{-\beta t}\to0$；并且由于存在饱和消费点，因此 $u[y_t\ (k_t)\ -\dfrac{k'_t}{1-\theta}]$ 有界；而 $\mu\to0$。这说明 $u[y_t\ (k_t)\ -\dfrac{k'_t}{1-\theta}]+\dfrac{\mu}{1-\theta}k'_t$ 有限。由此可见，上述通解满足无限水平横截条件：

$$\lim_{t\to\infty}\left\{e^{-\beta t}u\left[y_t\ (k_t)\ -\frac{k'_t}{1-\theta}\right]+\frac{e^{-\beta t}\mu}{1-\theta}k'_t\right\}=0\qquad（式1.15）$$

类似地，不难得出：

$$F_{k'}=-\frac{e^{-\beta t}\mu}{1-\theta}\to0\qquad（式1.16）$$

因此上述通解也满足自由终结状态的横截条件。

考虑到在消费尚未到饱和点之前消费的边际效用函数是单调递减函数，

因此其反函数存在，并且也是单调递减函数。亦即 $\dfrac{d\mu}{dc}<0$。再结合此前所得到的结论，我们有：

$$|D_1|=F_{k'k'}=\frac{e^{-\beta t}}{(1-\theta)^2}\frac{d\mu}{dc}<0$$

$$|D_2|=\begin{vmatrix}F_{k'k'}, & F_{k'k}\\ F_{kk'}, & F_{kk}\end{vmatrix}=\frac{e^{-2\beta t}\mu y_{kk}}{(1-\theta)^2}\frac{d\mu}{dc}>0 \qquad（式1.17）$$

可见，被积函数 F 为凹函数。因而上述通解确是 μ 的最优路径的解析式。

不过，我们更感兴趣的是资本存量以及投资的最优路径。由于被积函数中不包含显性自变量 t，因此其欧拉方程可写作：

$$F-k'F_{k'}=A\rightarrow e^{-\beta t}\left\{u\left[y_t\left(k_t\right)-\frac{k_t'}{1-\theta}\right]+\frac{\mu}{1-\theta}k_t'\right\}=A，\text{对所有的 } t\geqslant 0$$

$$（式1.18）$$

其中，A 是某个常数。

考虑到当 $t\rightarrow\infty$ 时，$F-k'F_k\rightarrow 0$，因此 A 等于零。于是有：

$$e^{-\beta t}\left\{u\left(c\right)+\frac{\mu}{1-\theta}k_t'\right\}=0\rightarrow k_t'=\frac{u\left(c\right)\left(1-\theta\right)}{\mu}，\text{对所有的 } t\geqslant 0$$

$$（式1.19）$$

下面我们做相图分析，以便更为清晰地展示经济增长的最优路径以及金融业在其中所发挥的作用。为此构造方程组：

$$\mu'=\left[\beta-\left(1-\theta\right)y_k\right]\mu$$

$$k_t'=\left(1-\theta\right)\left(y_t-c_t\right) \qquad（式1.20）$$

在这个方程组中需要把 c_t 理解成边际效用 μ 的函数，亦即边际效用函数 $\mu\left(c\right)$ 的反函数。于是取 $\mu'=0$，有：

$$\left[\beta-\left(1-\theta\right)y_k\right]\mu=0\rightarrow\mu=0 \qquad（式1.21）$$

再取 $k_t'=0$，有：

$$\left(1-\theta\right)\left(y_t-c_t\right)=0\Rightarrow y_t-c_t=0 \qquad（式1.22）$$

$k_t'=0$ 的几何形态如图1.3所示。其中在设定消费轴与国民收入轴之间的对应关系时，我们简单地假设储蓄为零，因而 $y_t=c_t$。于是在一个以 k 为横轴，以 μ 为纵轴的直角坐标系中，分界线 $k_t'=0$ 是一个减函数。

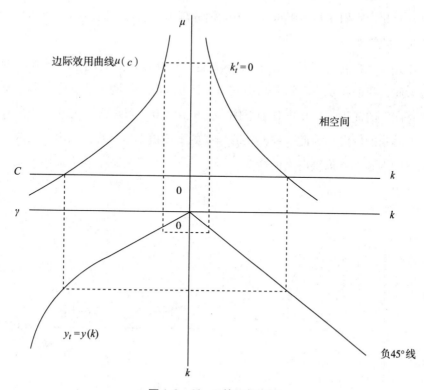

图 1.3 $k_t'=0$ 的几何形态

分界线 $k_t'=0$ 的减函数属性也可经由解析的方式推得。具体地，对 $y_t - c_t = 0$ 求全微分，有：

$$y_k dk - c_\mu d\mu = 0 \rightarrow \frac{d\mu}{dk} = \frac{y_k}{c_\mu} < 0 \qquad （式 1.23）$$

在 $\mu - k$ 直角坐标系中，分界线 $\mu'=0$ 与横轴 k 重合。于是这两条分界线的对应关系如图 1.4 所示。又由于：

$$\frac{d\mu'}{d\mu} = \beta - (1-\theta) y_k < 0, \quad \frac{dk_t'}{dk} = (1-\theta) \frac{dy_t}{dk} > 0 \qquad （式 1.24）$$

因此应在 $k_t'=0$ 的左侧标注 " - "，在 $k_t'=0$ 的右侧标注 " + "；在 $\mu_t'=0$ 的上侧标注 " - "，在 $\mu_t'=0$ 的下侧标注 " + "。

在 $k_t'=0$ 的左侧，由于 $k_t'<0$，因此这一区域里的点有水平左移的倾向。为此，我们在 $k_t'=0$ 的左侧被横轴分割出来的两个区域中，分别画一条水平向左的箭头。在 $k'_t=0$ 的右侧，由于 $k'_t>0$，因此这一区域里的点有水平右移的倾向。为此，我们在 $k_t' = 0$ 的右侧被横轴分割出来的两个区域中，分别画一条水平向右的箭头。

在 $\mu_t' = 0$ 的上侧，由于 $\mu_t' < 0$，因此这一区域里的点有垂直向下移动的倾向。为此，我们在 $\mu_t' = 0$ 的上侧被 $k_t' = 0$ 所分割出来的两个区域中，分别画一条垂直向下的箭头。在 $\mu_t' = 0$ 的下侧，由于 $\mu_t' > 0$，因此这一区域里的点有垂直向上移动的倾向。为此，我们在 $\mu_t' = 0$ 的下侧被 $k_t' = 0$ 所分割出来的两个区域中，分别画一条垂直向上的箭头。

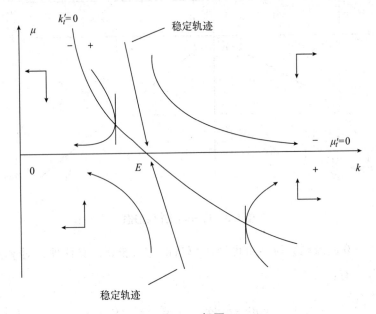

图 1.4　相图

于是，每给定一个初始点，我们都可以基于上述运动规则确定出资本存量与边际效用的移动轨迹。不难看出，只有自左上方往右下方以及自右下方往左上方的一些路径才可稳定达到鞍点均衡点 E。从而可推得人均国民收入的极值路径 y_t 为：

$$y_k = \frac{1}{1-\theta}\left(\beta - \ln\frac{\mu_t}{\mu_0}\right)$$

$$y_t = \int \frac{1}{1-\theta}\left(\beta - \ln\frac{\mu_t}{\mu_0}\right)dk = \frac{1}{1-\theta}\left(\beta - \ln\frac{\mu_t}{\mu_0}\right)k \qquad （式1.25）$$

从这个结果可以看出，金融市场的效率对于人均国民收入极值路径的形成有着重大的影响。

（三）金融发展与实体经济增长之间互为前提、相互制约、相互促进

金融发展与实体经济增长之间其实互为前提、互为因果，不可偏颇。正如美国经济学家休·T.帕特里克在其《欠发达国家的金融发展和经济增长》（发表于 1966 年 1 月的《经济发展和文化变迁》）一文中所指出的，在经济发展初期金融要素的供给方会先于需求主动提供金融中介服务，以此支撑经济的发展；而伴随着经济的逐步发展，一些企业的发展相对成熟，于是为进一步扩大投资规模、完善资产组合、提高经营效益，这些企业会越来越主动地产生对金融中介服务的需求。

当然了，在经济发展的初期到底是金融供给刺激了金融需求，还是金融需求刺激了金融供给，其实单纯依靠理论推理分析很难分辨得出确定的结论。这实质上是一个需要经由实证来解决的问题。不过，若完全依靠市场机制的自由发挥，则金融需求刺激金融供给这一逻辑相对更顺畅些；而当引入政府的鼓励政策或者金融机构的主动开拓精神及其创新性等因素之后，金融供给刺激金融需求的可能性便会大增。但当经济繁荣、人民收入水平提高到一定程度之后，金融发展与实体经济增长之间相互促进的特征应该会更加明显，从而更难以在逻辑上辨析出因果先后关系来。

笔者认为我国农村地区的金融机构与金融市场体系之所以不完善以及发育缓慢，农业经济之所以发展相对滞缓，既有金融主动供给动能不足的原因，也有金融需求不足的原因，并且后者的权重要更大些。但不管怎样，金融发展与农村经济增长确实相互作用，但这种相互作用既可能呈正向相互促进的关系，也可能呈负向恶性循环的关系。

关于如何实证分析金融发展与实体经济增长之间的互动关系。费德（Feder，1983）曾在估计出口对经济增长的作用时把所有与生产活动有关的部门划分为出口部门和非出口部门，从而提出了一个两部门模型。奥德多库姆（Odedokun，1996）借鉴了这一思路，进而将整个国民经济划分成实际部门与金融部门，凭以构建模型，用于研究金融发展对经济增长的影响。李汉东（2003）以及阳小晓、包群和赖明勇（2004）则进一步地引申这一思路，进而分析我国金融发展与经济增长之间的互动关系。不过上述文献的逻辑阐述都

不是很具体连贯。基于此，本书尝试进一步细化金融发展与实体经济增长之间互动关系的逻辑阐述，进而提出一个可用于实证检验的模型构造。

假设实体经济的产出为 Y_R，实体经济的资本存量为 K_R，劳动使用量为 L_R。再假设虚拟经济对于实体经济的影响因子为 F_R。于是可将实体经济的生产函数写作：

$$Y_R = Y_R\ (K_R,\ L_R,\ F_R) \tag{式1.26}$$

对这个函数关于时间 t 求导数，有：

$$\frac{dY_R}{dt} = \frac{\partial Y_R}{\partial K_R}\frac{dK_R}{dt} + \frac{\partial Y_R}{\partial L_R}\frac{dL_R}{dt} + \frac{\partial Y_R}{\partial F_R}\frac{dF_R}{dt} \tag{式1.27}$$

类似地，假设虚拟经济的产出为 Y_F，虚拟经济的资本存量为 K_F，劳动使用量为 L_F。再假设实体经济对于虚拟经济的影响因子为 R_F。于是可将虚拟经济的生产函数写作：

$$Y_F = Y_F\ (K_F,\ L_F,\ R_F) \tag{式1.28}$$

对这个函数关于时间 t 求导数，有：

$$\frac{dY_F}{dt} = \frac{\partial Y_F}{\partial K_F}\frac{dK_F}{dt} + \frac{\partial Y_F}{\partial L_F}\frac{dL_F}{dt} + \frac{\partial Y_F}{\partial R_F}\frac{dR_F}{dt} \tag{式1.29}$$

再假设整个国民经济系统的产出为 Y，资本存量为 K，劳动使用量为 L，于是有：

$$Y = Y_R + Y_F,\ K = K_R + K_F,\ L = L_R + L_F \tag{式1.30}$$

进而有：

$$\frac{dY}{dt} = \frac{dY_R}{dt} + \frac{dY_F}{dt},\ \frac{dK}{dt} = \frac{dK_R}{dt} + \frac{dK_F}{dt},\ \frac{dL}{dt} = \frac{dL_R}{dt} + \frac{dL_F}{dt} \tag{式1.31}$$

若令：

$$\frac{K_R}{Y}\frac{\partial Y_R}{\partial K_R} = \alpha_R,\ \frac{L_R}{Y}\frac{\partial Y_R}{\partial L_R} = \beta_R;$$

$$\frac{K_F}{Y}\frac{\partial Y_F}{\partial K_F} = \alpha_F,\ \frac{L_F}{Y}\frac{\partial Y_F}{\partial L_F} = \beta_F;$$

$$\frac{\partial Y_R}{\partial F_R}\frac{F_R}{Y_R} = \varphi_{F_R},\ \frac{\partial Y_F}{\partial R_F}\frac{R_F}{Y_F} = \varphi_{R_F} \tag{式1.32}$$

则有：

$$\frac{dY}{dt} = \frac{dY_R}{dt} + \frac{dY_F}{dt}$$

$$= \frac{\partial Y_R}{\partial K_R}\frac{dK_R}{dt} + \frac{\partial Y_R}{\partial L_R}\frac{dL_R}{dt} + \frac{\partial Y_R}{\partial F_R}\frac{dF_R}{dt} + \frac{\partial Y_F}{\partial K_F}\frac{dK_F}{dt} + \frac{\partial Y_F}{\partial L_F}\frac{dL_F}{dt} + \frac{\partial Y_F}{\partial R_F}\frac{dR_F}{dt} \quad （式1.33）$$

从而有：

$$\frac{dY}{dt} = \frac{K_R \partial Y_R}{Y \partial K_R}\frac{\frac{dK_R}{dt}}{K_R} + \frac{L_R \partial Y_R}{Y \partial L_R}\frac{\frac{dL_R}{dt}}{L_R} + \frac{F_R \partial Y_R}{Y \partial F_R}\frac{\frac{dF_R}{dt}}{F_R} + \frac{K_F \partial Y_F}{Y \partial K_F}\frac{\frac{dK_F}{dt}}{K_F} + \frac{L_F \partial Y_F}{Y \partial L_F}\frac{\frac{dL_F}{dt}}{L_F} + \frac{R_F \partial Y_F}{Y \partial R_F}\frac{\frac{dR_F}{dt}}{R_F}$$

$$= \alpha_R \frac{\frac{dK_R}{dt}}{K_R} + \beta_R \frac{\frac{dL_R}{dt}}{L_R} + \varphi_{F_R}\frac{\frac{dF_R}{dt}}{F_R} + \alpha_F \frac{\frac{dK_F}{dt}}{K_F} + \beta_F \frac{\frac{dL_F}{dt}}{L_F} + \varphi_{R_F}\frac{\frac{dR_F}{dt}}{R_F}$$

$$= \alpha_R \frac{\frac{dK_R}{dt}}{K_R} + \beta_R \frac{\frac{dL_R}{dt}}{L_R} + \alpha_F \frac{\frac{dK_F}{dt}}{K_F} + \beta_F \frac{\frac{dL_F}{dt}}{L_F} + \varphi_{F_R}\frac{\frac{dF_R}{dt}}{F_R} + \varphi_{R_F}\frac{\frac{dR_F}{dt}}{R_F}$$

$$= \frac{\alpha_R}{\alpha_F}\left(\frac{\frac{dK_R}{dt}}{K_R} + \frac{\frac{dK_F}{dt}}{K_F} \right) + \frac{\beta_R}{\beta_F}\left(\frac{\frac{dL_R}{dt}}{L_R} + \frac{\frac{dL_F}{dt}}{L_F} \right) + \varphi_{F_R}\frac{\frac{dF_R}{dt}}{F_R} + \varphi_{R_F}\frac{\frac{dR_F}{dt}}{R_F} \quad （式1.34）$$

设若用虚拟经济的产出 Y_F 表示其对实体经济的影响因子，用实体经济的产出 Y_R 表示其对虚拟经济的影响因子，则实体经济部门与虚拟经济部门的生产函数分别写作：

$$Y_R = Y_R（K_R，L_R，Y_F），\quad Y_F = Y_F（K_F，L_F，Y_R） \quad （式1.35）$$

再假设这两个生产函数都具有一次齐次性。于是有：

$$Y_R = \frac{\partial Y_R}{\partial K_R}K_R + \frac{\partial Y_R}{\partial L_R}L_R + \frac{\partial Y_R}{\partial Y_F}Y_F，\quad Y_F = \frac{\partial Y_F}{\partial K_F}K_F + \frac{\partial Y_F}{\partial L_F}L_F + \frac{\partial Y_F}{\partial Y_R}Y_R \quad （式1.36）$$

实体经济与虚拟经济的产出效率不会相同。设若两个部门边际要素投入的产出之比是一个给定的常数，亦即：

$$\frac{\frac{\partial Y_R}{\partial K_R}}{\frac{\partial Y_F}{\partial K_F}} = \frac{\frac{\partial Y_R}{\partial L_R}}{\frac{\partial Y_F}{\partial L_F}} = 1 + \upsilon，\quad \upsilon \in （-1，1）$$

则有：

$$\frac{\alpha_R}{\alpha_F} = \frac{K_R \partial Y_R}{Y \partial K_R}\frac{Y \partial K_F}{K_F \partial Y_F} = \frac{K_R \partial Y_R \partial K_F}{K_F \partial K_R \partial Y_F} = \frac{K_R}{K_F}（1+\upsilon）\frac{\partial Y_F \partial K_F}{\partial K_F \partial Y_F} = \frac{K_R}{K_F}（1+\upsilon）$$

$$\frac{\beta_R}{\beta_F} = \frac{L_R \partial Y_R}{Y \partial L_R}\frac{Y \partial L_F}{L_F \partial Y_F} = \frac{L_R}{L_F}（1+\upsilon）$$

$$\quad （式1.37）$$

进而有：

$$Y = Y_R + Y_F$$

$$= \frac{\partial Y_R}{\partial K_R}K_R + \frac{\partial Y_R}{\partial L_R}L_R + \frac{\partial Y_R}{\partial Y_F}Y_F + \frac{\partial Y_F}{\partial K_F}K_F + \frac{\partial Y_F}{\partial L_F}L_F + \frac{\partial Y_F}{\partial Y_R}Y_R$$

$$= \frac{\partial Y_R}{\partial K_R}K_R + \frac{\partial Y_R}{\partial L_R}L_R + \frac{1}{1+v}\frac{\partial Y_R}{\partial K_R}K_F + \frac{1}{1+v}\frac{\partial Y_R}{\partial L_R}L_F + \frac{\partial Y_R}{\partial Y_F}Y_F + \frac{\partial Y_F}{\partial Y_R}Y_R$$

$$= \frac{\partial Y_R}{\partial K_R}\left(K_R + \frac{1}{1+v}K_F\right) + \frac{\partial Y_R}{\partial L_R}\left(L_R + \frac{1}{1+v}L_F\right) + \frac{\partial Y_R}{\partial Y_F}Y_F + \frac{\partial Y_F}{\partial Y_R}Y_R$$

$$= \frac{\frac{\partial Y_R}{\partial K_R}}{1+v}K + \frac{\frac{\partial Y_R}{\partial L_R}}{1+v}L + \frac{vL_R}{1+v}\frac{\partial Y_R}{\partial L_R} + \frac{\partial Y_R}{\partial K_R}\frac{vK_R}{1+v} + \frac{\partial Y_R}{\partial Y_F}Y_F + \frac{\partial Y_F}{\partial Y_R}Y_R$$

$$= \frac{\frac{\partial Y_R}{\partial K_R}}{1+v}K + \frac{\frac{\partial Y_R}{\partial L_R}}{1+v}L + \frac{v}{1+v}\left(\frac{\partial Y_R}{\partial L_R}L_R + \frac{\partial Y_R}{\partial K_R}K_R\right) + \frac{\partial Y_R}{\partial Y_F}Y_F + \frac{\partial Y_F}{\partial Y_R}Y_R$$

$$= \frac{\frac{\partial Y_R}{\partial K_R}}{1+v}K + \frac{\frac{\partial Y_R}{\partial L_R}}{1+v}L + \frac{v}{1+v}\left(Y_R - \frac{\partial Y_R}{\partial Y_F}Y_F\right) + \frac{\partial Y_R}{\partial Y_F}Y_F + \frac{\partial Y_F}{\partial Y_R}Y_R$$

$$= \frac{\frac{\partial Y_R}{\partial K_R}}{1+v}K + \frac{\frac{\partial Y_R}{\partial L_R}}{1+v}L + \left(\frac{v}{1+v} + \frac{\partial Y_F}{\partial Y_R}\right)Y_R + \frac{1}{1+v}\frac{\partial Y_R}{\partial Y_F}Y_F \qquad （式1.38）$$

对上式关于时间因素 t 求全导数，有：

$$\frac{dY}{dt} = \frac{\frac{\partial Y_R}{\partial K_R}}{1+v}\frac{dK}{dt} + \frac{\frac{\partial Y_R}{\partial L_R}}{1+v}\frac{dL}{dt} + \left(\frac{v}{1+v} + \frac{\partial Y_F}{\partial Y_R}\right)\frac{dY_R}{dt} + \frac{1}{1+v}\frac{\partial Y_R}{\partial Y_F}\frac{dY_F}{dt} \quad （式1.39）$$

再在上式等号两边同除以 Y，有：

$$\frac{\frac{dY}{dt}}{Y} = \frac{K}{Y}\frac{\frac{\partial Y_R}{\partial K_R}}{1+v}\frac{\frac{dK}{dt}}{K} + \frac{L}{Y}\frac{\frac{\partial Y_R}{\partial L_R}}{1+v}\frac{\frac{dL}{dt}}{L} + \left(\frac{v}{1+v} + \frac{\partial Y_F}{\partial Y_R}\right)\frac{\frac{dY_R}{dt}}{Y} + \frac{1}{1+v}\frac{\partial Y_R}{\partial Y_F}\frac{\frac{dY_F}{dt}}{Y} \quad （式1.40）$$

令：

$$\frac{K}{Y}\frac{\frac{\partial Y_R}{\partial K_R}}{1+v} = a,\quad \frac{L}{Y}\frac{\frac{\partial Y_R}{\partial L_R}}{1+v} = b,\quad \frac{v}{1+v} + \frac{\partial Y_F}{\partial Y_R} = c,\quad \frac{1}{1+v}\frac{\partial Y_R}{\partial Y_F} = e \quad （式1.41）$$

最终有：

$$\frac{\frac{dY}{dt}}{Y} = a\frac{\frac{dK}{dt}}{K} + b\frac{\frac{dL}{dt}}{L} + c\frac{\frac{dY_R}{dt}}{Y} + e\frac{\frac{dY_F}{dt}}{Y} \qquad (式1.42)$$

显然，$a>0$，$b>0$。而当实体经济增长促进虚拟经济发展时，应有 $c>0$；当虚拟经济促进经济增长时，应有 $e>0$。于是可使用实际数据来验证实体经济增长与虚拟经济发展之间是否确实呈良性互动关系。

不过如前所述，所谓金融经济与实体经济之间存在着互为前提、相互制约、相互促进的关系，只是一种理论逻辑演绎的结果，这种关系的现实生成并不具有必然性。设若实证研究的结果表明二者之间并未形成上述这种良性互动的关系，则只是提示政府应立即采取行动重塑二者之间的关系。该实证研究结果并不能构成对二者之间存在良性互动关系的否定。

（四）经济增长促进农民收入提高的具体途径

金融发展与农民收入水平提高之间的逻辑关系是：金融发展促进经济增长；经济增长促成农民收入水平提高。此前我们已论证金融发展促进经济增长的内在机理，在本节我们将分析经济增长促成农民收入增加的机制。

具体地，经济增长主要经由四个途径增加农民的收入，从而提高农民的福利水平。

第一，经济增长以科技进步、资本与人口的相对聚集以及社会分工的精细化为前提。这就在地理空间上呈现出城镇化的趋势，进而改变国民经济的产业部门结构，提高第二产业与第三产业的占比，从而吸纳第一产业的剩余劳动力（将农业人口转化成非农业人口），最终增加农村人口的工资收入、土地使用权转让收入以及资本报酬收入（经营收入）的占比。

相较于第一产业，第二产业与第三产业的规模经济效应尤为突出，并且迄今为止这两个产业的科技进步率也相对较高。由此，历史地观察，世界各主要经济体的第二产业与第三产业在其整个国民经济当中的相对占比均有逐步提高的趋势。目前世界各发达国家或地区的第三产业占比普遍超过70%，第一产业的占比则普遍在10%以下。自改革开放以来我国产业结构的相对比例变化也与这一规律高度相符。例如1990年我国第一产业的增加值占比尚有26.6%，第二产业的增加值占比为41.0%，第三产业的增加值占比为32.4%；但到2015年第一产业的占比下降到8.8%，第二和第三产业的占比则分别提高到 40.9% 和 50.3%。与之相应，在 20 世纪 80 年代中期我国农村尚有大约 30%—40% 的剩余劳动力，绝对人数高达 1 亿—1.5 亿人；而到 2015 年我国实际务农的劳动力比重便已下降到 18.3%。劳动力从农业向非农产业的转移显著提高了资源配置的效率，估计对我国经济增长的贡献率达 8.2%。

在这一背景下，我国农村居民的收入水平稳步提高。并且在其收入的内在结构中工资收入、土地使用权转让收入以及资本报酬收入的占比显著增加。例如，在 2013 年的第三季度我国农村居民人均可支配收入累计值为 6775.3 元，其中工资收入的累计值为 2926.7 元，可支配经营净收入的累计值为 2427.0 元；而到 4 年后的 2017 年第三季度农村居民人均可支配收入累计值便提高到 9777.7 元，其中工资收入的累计值为 4380.1 元，可支配经营净收入的累计值为 3194.1 元。在我国各地方的城乡接合部区域农村居民收入增长的幅度尤为显著。

第二，伴随着经济的增长，我国社会各阶层民众的收入水平普遍提高，对经济作物以及禽蛋、牛奶、猪肉、牛羊肉等畜牧产品的需求相应增加，造成农牧林业的内在产出结构发生重大变化，经济作物以及禽蛋、牛奶、猪肉、牛羊肉等畜牧产品的产量占比逐步提高。农业单位产出的附加值增加。

2006 年的《中华人民共和国国民经济和社会发展第十一个五年规划纲要》明确提出我国要确保耕地面积不低于 18 亿亩。2008 年 8 月 13 日，国务院审议并通过了《全国土地利用总体规划纲要（2006—2020 年）》，重申要坚守 18 亿亩耕地的红线，并提出到 2010 年和 2020 年，全国耕地应分别保持在 18.18 亿亩和 18.05 亿亩。由于这一法律约束的设立，近年来我国粮食作物的绝对种植面积相对稳定。例如，在 1985 年我国粮食作物的绝对种植面积为 16.32 亿亩，占总种植面积的 75.8%；经济作物的种植面积为 3.48 亿亩，占总种植面积的 24.2%。而在 2009 年粮食作物的绝对种植面积为 16.35 亿亩，占总种植面积的 68.7%；经济作物的种植面积为 7.45 亿亩，占总种植面积的 31.3%。2013 年我国经济作物种植面积约占农作物总面积的比例则为 25.4%。

相较于基本粮食作物，经济作物以及禽蛋、牛奶、猪肉、牛羊肉等畜牧产品的附加值较高，因此经济作物以及禽蛋、牛奶、猪肉、牛羊肉等畜牧产品产量的相对增加显著提高了农民的收入水平。

第三，伴随着经济增长，国家的财力相对丰沛，国家对基本粮食作物的种植采取补贴政策，从而确保了农民的收入水平不下降。此外，伴随着财政涉农投资支出的不断增加，农村社会生活与农业生产的基础设施逐步得到改善，农业经济增长与农民收入增加的基础条件越来越坚实。

改革开放以来我国粮食流通体制逐步实现了从计划经济体制下的统购统销到实行以市场机制为主导的转变。1992 年我国完全放开了粮食消费市场，居民购买粮食不再依赖国有粮店，粮票退出了历史舞台。但基于粮食的敏感性，我国的粮食收购市场迄今尚未全面放开。在党的十六大提出健全社会主义市场经济体制的改革目标之后我国于 2004 年开启粮食收购的市场化改革，并逐步建立起粮食市场的价格支持制度。具体内容主要包括稻谷和小麦的最低收购价政策以及玉米和大豆的临时收储政策。但在 2014 年和 2016 年国家又先后放弃了玉米和大豆的临时收储政策，转而在辽宁、吉林、黑龙江等东北三省和内蒙古自治区探索建立大豆目标价格制度，实行"市场化收购"加"补贴"的新机制。这一机制的实施有效地保证了农户的粮食种植收入，切实保护了农户种植粮食的积极性。

近年来，政府不断加大农村基础设施建设的力度。例如根据 2019 年 2 月《中共中央　国务院关于坚持农业农村优先发展做好"三农"工作的若干意见》，我国将继续实施区域化整体建设，推进田水林路电综合配套，进一步加强农田水利建设，到 2020 年确保建成 8 亿亩高标准农田。与此同时将全面推开以农村垃圾污水治理、厕所革命和村容村貌提升为重点的农村人居环境整治，确保到 2020 年实现农村人居环境阶段性明显改善。并且将全面实施乡村电气化提升工程，加快完成新一轮农村电网改造。完善县乡村物流基础设施网络。这些措施将逐步夯实农民收入可持续增长的基础条件。

第四，伴随着经济增长，国家的财力相对丰沛，从而有能力逐步建立与完善农村社会保障制度，从而提高农民的福利水平。

我国城乡社会保障体系主要由社会保险、社会救济、社会福利和特殊保障（社会优抚）四部分组成。而目前我国的农村社会保障体系则主要由三个部分组成：一是新型农村养老保险制度，二是新型农村医疗合作保险制度，三是最低生活保障制度。2003 年我国全面实施新型农村医疗合作保险制度，现已基本实现全国农村地区全覆盖。

党的十九大上习近平总书记指出要加强社会保障体系建设，尽早全面建成覆盖全民、城乡统筹、权责清晰、保障适度、可持续的多层次社会保障体系。可以预期，伴随着我国经济的可持续增长，农村社会保障制度将会逐步完善，农户的社会保障水平将稳步提高。农村社会保障制度的建立与完善将成为我国农民阶级共享经济增长成果的重要途径。

二、基于微观经济视角的分析

金融机构向农民提供诸多金融产品与服务。例如商业银行以及第三方支付平台向农民提供安全便捷的支付与清算服务，从而极大地便利了农民的生产经营与日常生活。总体来说，金融市场体系的发展与金融市场机制的完善使得越来越多的农民有机会利用种类繁多的金融资产构造资产组合，跨期优化自己的消费计划，从而显著提高了自己在整个人生期间的福利。但限于篇幅，这里不就此作出系统深入的阐述。

本节将仅以借贷和合伙投资为例，分析这两种投融资方式对农户的好处，探究这两种投融资方式得以提高农民收入的内在机理，凭以揭示农户相对偏好这两种资金融通方式的原因。

（一）负债经营有利于提高农户自有资本的投资收益率

长期以来，民间借贷行为非法。但正规金融根本不可能满足所有的正当融资需求。这就造成了两个后果：一是违法集资屡禁不止，民间借贷利率畸高，高利贷刑事案件频发；二是中小企业、民企和农户的融资需求难以满足，严重窒息了经济增长的活力。民间借贷阳光化势在必行。基于此，2012年3月国务院常务会议批准实施浙江省温州市金融综合改革试验区总体方案，确定了温州市实施金融综合改革、规范发展民间融资、加快发展新型金融组织、发展专业资产管理机构等12项主要任务。这被认为是我国民间金融合法化的重要标志。自此我国农村地区陆续出现了大量的小额贷款公司、担保公司、网上借贷、P2P平台等，农村借贷市场逐步形成正规金融与民间金融并存、网上借贷与网下借贷并举的多层次借贷市场体系。

农户融资偏爱借贷。借贷融资至少有两个好处：一是满足了融资需求，使得项目投资具备了可行性；二是借贷融资具有提高投资者自有资本收益率的功能。当然，借贷融资也有副作用：它增加了农户投资的风险。

例如，假设农户某项生产经营的息税前利润为 x，其中归农户所有的利润为 a，利息为 i，所得税率为 t，于是有：

$$x = a + i + (x - i) \, t \Rightarrow x \, (1 - t) = a + i \, (1 - t) \qquad (式 1.43)$$

关于上式两边求自然对数，有：

$$\ln \left[x \, (1 - t) \right] = \ln \left[a + i \, (1 - t) \right] \qquad (式 1.44)$$

然后，关于上式两边求导数，有：

$$\frac{dx}{x} = \frac{da}{a + a \, (1 - t)} \qquad (式 1.45)$$

进而有：

$$\frac{da}{a} > \frac{dx}{x} \qquad (式 1.46)$$

由此可见，由于无论投资项目赢利多少，债务利息都是固定不变的，因此当农户生产经营的息税前利润增加时，每单位盈余所负担的固定财务费用就会相对减少，从而给农户带来更多的利润，这就使得农户自有资本利润的增长率大于其所经营项目的收益增长率。不过，当息税前利润减少时，每单位盈余所负担的固定财务费用就会相应增加，从而大幅减少农户的盈余，使得农户自有资本利润的下降率大于其所经营项目收益的下降率。

显然，农户需要支付的利息越多，其自有资本利润的变动率与经营效益变动率的差距就越大。由此可见，借贷投资一方面可以提高农户自有资本的收益率，但另一方面也提高了农户生产经营的风险。

（二）合伙投资有利于降低农户投资的风险

我们在调研中有一个发现：农户融资最偏爱借贷，然后是偏爱合伙投资。合伙投资的经济性质类似于股权投资。实际上在当今所有发达市场经济体中股权市场和借贷市场都是两个最主要的金融市场类型。这说明农民的上述偏好并非特别，因而这种现象绝非偶然。我们已证明借贷可提高农户自有资金的投资收益率，现在再证明合伙（股权）投资可降低每一位农户的投资风险，从而刺激农户参与投资，最终提高农户的收入水平。

例如，假定有 n 个风险厌恶型农户合伙投资于一个随机收益为 x 的投资项目。假定这 n 个农户均分收益、共担风险，于是每个农户的收益将为 $\frac{x}{n}$。

再假定其中一个代表性农户的初始可用资源为 q，效用函数为 u（q），于是其最大投资额 I 必定满足：

$$E\left[u\left(q-I+\frac{x}{n}\right)\right]=u（q）\qquad\text{（式1.47）}$$

其中的 E（·）为求期望值的数学运算符号。记 $b=\dfrac{E（x）}{n}-I$，显然 b 是该代表性农户所要求的最低期望风险报酬，否则其将拒绝参与这项投资。若再记 $z=x-E（x）$，显然 $E（z）=0$，且有：

$$E\left[u\left(q+\frac{z}{n}+b\right)\right]=u（q）\qquad\text{（式1.48）}$$

假定 n 可连续变化，则对上式关于 n 和 b 求全微分，有：

$$-\frac{E（u'z）}{n^2}dn+E（u'）db=0\qquad\text{（式1.49）}$$

其中，u' 表示该代表性农户的效用函数 u 关于 $q+\dfrac{z}{n}+b$ 的一次导数。进而有：

$$\frac{db}{dn}=\frac{1}{n^2}\frac{E（u'z）}{E（u'）}=\frac{\text{cov}（u',z）+E（u'）E（z）}{n^2E（u'）}=\frac{\text{cov}（u',z）}{n^2E（u'）}$$

$$\text{（式1.50）}$$

由于该代表性农户是一个风险厌恶者，亦即其效用函数是一个严格单调递增的凹函数，从而 u' 严格单调递减，因此上式等号右边的分子小于零（u' 为 z 的减函数），分母大于零（$u'>0$），于是有 $\dfrac{db}{dn}<0$。

基于 b 的定义不难看出，b 的取值不可能小于零。因此由 $\dfrac{db}{dn}<0$，可知 $\lim\limits_{n\to\infty}b（n）\to0$。这就意味着随着参与合伙投资的农户数量越来越多，其中每一个农户对风险的敏感性越来越低，从而所要求的风险报酬越少。由于合伙农户的投资风险都不同程度地下降，因此投资意愿相应地增强，农户的期望收入水平自然就会相应提高。

三、金融会抑制经济增长吗？

本章的第一节和第二节分别从宏观经济和微观经济两个层面阐述了金融发展促进经济增长，进而提高农民收入水平的机理。简洁地说，我们认为一个地区或社会的经济增长必须具备一些软环境和硬条件。其中软环境主要包括社会稳定、司法公正、政策得当以及人民勤劳等；硬条件主要包括投资增加、科技进步以及劳动人口增长等。主要凭借其所独有的融通资金功能，金融机构与金融市场体系可满足投资增加与科技进步对资金的需求。因此金融体系的发展和金融机制的完善是促成经济增长的重要前提或条件。不过，从在整个因果逻辑链条上的相对位置来看，金融体系与金融机制的发展和完善实质上是上述硬条件的直接支撑条件与服务机制，从而只是促成经济增长的间接前提或间接条件。

（一）金融自由化不是解决金融抑制的充分条件

麦金农（1973）和肖（1973）分别出版的著作《经济发展中的金融深化》和《经济发展中的货币与资本》标志着金融发展理论研究框架的基本形成。麦金农和肖首次提出金融抑制与金融深化的概念。所谓金融抑制，意指由于政府对金融业实行严苛的管制（如利率管制），抑制了金融体系的发育，从而阻碍了经济的发展，最终陷入金融与实体经济双停滞的恶性循环状态。所谓金融深化，意指由于政府取消对金融活动的过多干预，实行金融自由化，从而使得实际利率能充分发挥其价格调控的功能，进而促使资金供求自动达成均衡，最终实现金融与经济发展的良性循环。可见依照麦金农和肖的观点，金融自由化是解决金融抑制的基本途径。

不过，金融体系的基本功能有两个：一是融通资金；二是管理风险。其中融通资金的功能类似于向人体输血。作为攸关生命能否存续的医疗手段之一，输血当然很重要。但从逻辑上讲，更重要的应该是病人是否需要输血这个问题，而不是输血本身。就经济增长而言，除非政府采取干预措施，最重要的是实体经济必须先行产生投资需求，进而产生融资需求，然后再配套以金融系统强有力的金融服务支持，最终才能达成经济增长的目标。也就是说，完备高效的金融服务与支持当然是促成经济增长的必要条件，但只是一个相对间接的必要条件。实体经济本身具有投资需求才是促成经济增长最关键且最直接的前提条件。

具体地，若令 Y_t 为第 t 期的产出；K_t 为第 t 期的资本存量；m_t 为第 t 期的资本边际产出率，并为简便起见，假设它为常数 m。于是可将产出与资本存量之间的关系近似表示为 $Y_t = mK_t$。再令 $I_t = K_{t+1} - (1-\delta)K_t$ 为第 t 期的投资，其中 δ 为资本的折损率（假定为常数）；g_t 为第 t 期的产出增长率。于是有：

$$g_{t+1} = \frac{Y_{t+1} - Y_t}{Y_t} = \frac{m(K_{t+1} - K_t)}{Y_t} = \frac{mI_t - \delta mK_t}{Y_t} = \frac{mI_t - \delta Y_t}{Y_t} \quad \text{（式 1.51）}$$

最后令 S_t 为第 t 期的储蓄；ϖ 为储蓄转化为投资的比率，亦即 $I_t = \varpi S_t$；并令 $s_t = \dfrac{S_t}{Y_t}$ 为第 t 期的储蓄率。于是有：

$$g_{t+1} = \frac{m\varpi S_t - \delta Y_t}{Y_t} = m\varpi s_t - \delta \quad \text{（式 1.52）}$$

这就是所谓的帕加诺模型。基于这个模型不难看出，经济是否增长以及增长率的高低主要取决于四个因素：储蓄率、储蓄转化为投资的比率、资本的边际产出率以及资本设备的损耗率。其中，金融机构以及金融市场的效率对储蓄转化为投资的比率有着很大的影响。

但储蓄转化为投资的高比率绝非金融机构独立所能达成。在实践中通常都是由实体经济中的企业或个人首先生成投资意向，并向金融机构提出融资需求，然后才谈得到金融机构提供融资服务的问题。这时我们才会说金融发展可以高效地满足实体经济的融资需求，从而可以促进经济增长。反过来，也只有在金融市场体系不能有效满足实体经济融资需求这个意义上，我们才可以说金融阻碍了实体经济的发展。

金融机构的主要任务就是将整个社会的储蓄资金尽可能地吸纳汇聚起来，然后以获取最高的资本边际产出率为目标，将所吸纳汇聚起来的储蓄资金尽可能地转化为投资资金。在这个过程中如果金融机构无法充分地吸纳储蓄、不能富有效率地投资甚或惜贷，则实体经济的投资资金来源就会匮乏，或者投资效率低下，经济终将衰退。从这个意义上说，金融发展对实体经济增长具有重要的促进作用。但如果实体经济本身的投资意愿低迷，则即便金融机构拥有再多的可贷资金，它也贷不出去，从而不能将储蓄资金转化成投资资金，经济照样会衰退。这时就不能说金融抑制了实体经济增长。因此从直接因果逻辑链条上看，决定实体经济能否增长最为关键且直接的因素是实体经济的投资需求是否旺盛，而不是金融的发展、深化与自由化。

在实体经济投资意愿低迷或者实体经济领域投资收益率相对偏低的情况下，金融自由化很可能会造成虚拟经济独大的局面，资金将在金融市场体系内部闭循环，以钱生钱，从而窒息实体经济。因此所谓经由金融自由化来解决金融抑制问题的论述是有前提条件的，那就是实体经济已经存在强烈的投资意愿。这时金融机构会因摆脱政策束缚而焕发主观能动性，积极迎合实体经济的融资需求，主动提供越来越丰富多彩的金融产品与服务。于是实体经济才会像久旱逢甘霖似的享受金融自由化以及金融市场体系与机制充分发育的好处。

（二）农村资金外流问题的缓解之道

不过农村经济有其特殊之处。在农村实体经济投资意愿低迷或者涉农实体经济领域投资收益率相对偏低的情况下，农村金融的自由化以及金融市场体系与机制的充分发育并不会导致资金在农村金融市场体系内部闭循环，以钱生钱，而会造成农村资金外流，亦即大量农村地区第一产业的资金流向城镇地区的第二、第三产业，追逐较高的投资收益率。

长期以来我国农村经济发展相对迟缓，整个国民经济呈现极不均衡的二元经济结构。主流论述把农村经济的相对衰落归咎于政府的工业化政策。但其实全球所有的发达经济体在完成其工业化的进程中都无一例外地会出现农村经济与社会的衰落。因此用政策失误来解释这一现象颇显苍白无力。实质上由于农业经济投入的边际生产率大大低于能源、制造和服务等第二和第三产业，再加上农产品需求的收入弹性与价格弹性都较低，农产品价格长期低迷，农业生产经营的风险较高（灾害年份因产量锐减而歉收，风调雨顺年份又因产量大增谷贱伤农而歉收），因此投资者对涉农投资项目的兴趣相对偏低。资本天然具有逐利性。第二、第三产业与第一产业之间在投资收益率上的巨大差距势必促使资金从农村地区流向城镇。进而造成农村地区实体经济增长乏力与农村金融市场窒息恶性循环的局面。

在农业经济增长乏力的地区普遍存在资金外流的情况。归纳现阶段我国农村地区资金外流的渠道，主要包括财政、金融、价格（农工产品价格剪刀差）、城镇化（农民工进城工作与消费以及农村人口在城镇购房置业）等渠道

（曹俊勇，2015）。其中农村资金流出的金融渠道主要表现为农村信用社、农业银行、邮政储蓄、保险公司等金融机构以存贷差或保费上缴等方式将资金转往非农产业部门和城镇。例如目前中国工商银行、建设银行、中国银行、交通银行的经营战略聚焦于大中城市，其在县及县级以下的营业网点形同上级行的储蓄所，在许多农村地区更是只存不贷。中国农业银行发放农业贷款的占比尽管相对较高，但拓展城市信贷业务仍是其经营的重心所在，致使其从农村地区所吸纳的资金也大量外流到城镇。农村信用合作社名义上主要服务于合作社内部成员，但早已名不副实，其所吸收的农村存款并未全部用于支持"三农"，实际上也经由各种方式（例如农村信用社将资金上存中国人民银行或者上存县联社，各基层社之间自主拆借，流入债券市场等）流向城镇。2006 年以前邮政储蓄的转存利率很高，因而从农村转移了大量资金。但 2006 年组建中国邮政储蓄银行之后，农村资金从邮储渠道流出的状况也只是有所缓解。此外，保险公司农村基层机构所吸纳的保险资金几乎都投资于非农领域，这也是我国目前农村资金外流的重要渠道。

近年来，为优化农村金融服务，支持农村经济发展，政府鼓励金融机构开拓农村金融市场。农村金融机构以及大型金融机构在农村地区的营业网点显著增加。根据中国人民银行及中国银保监会公布的数据，截至 2017 年年末我国农村商业银行从 2006 年的 13 家发展到 1262 家；农村地区的银行网点数量达到 12.61 万个，农村金融机构基本实现了农村全覆盖；农户贷款余额达 8.1 万亿元，同比增速 14%，农村贷款余额达 30.95 万亿元，增速超过 9%；农业保险实现保费收入 479.06 亿元，同比增长 14.69%。我国农村地区基本实现了金融服务全覆盖。据此，有观点认为农村金融抑制的问题已有极大的缓解（张晶、杨颖和崔小妹，2018）。

不过，关于农村金融机构的增加对农村经济增长的效应究竟如何这个问题颇有争议。例如谭燕芝、刘旋和赵迪（2018）的实证研究认为农村地区金融网点或金融机构的增加是造成资金外流的重要渠道，并且指出在样本地区每新增一个金融网点将使得人均资金外流增加 4.8—6.2 元，次年再增加 5.2—9.0 元，而且越是涉农程度较高的地区资金外流就越严重。但东、中、西部的资金外流差异非常明显，东部地区新增金融机构的资金外流并不显著，中西部新增金融机构则显著造成资金外流。赵洪丹和朱显平（2015）也认为农村金融规模对资金外流有显著正向影响，并与农村经济增长互为因果关系。

这些文献的实证结论之所以相互矛盾，都是由于忽略了本书所论证的结论：农村实体经济自身的投资需求才是促成农村经济增长的最关键且最直接的因素。如果农业经济缺乏投资意愿，则农村金融机构就会成为农村资金外流的渠道。并且农村金融机构及其营业网点越多，农村资金外流的程度将会越严重。反之，如果农业经济投资意愿旺盛，则农村金融机构的优良服务便会成为支撑农村经济增长的重要条件。并且农村金融机构及其营业网点越多，越有助于面向农村实体经济提供便捷高效的金融服务，对农业经济增长与农民收入水平的提高越有利。这时农村地区的资金存量不仅不会外流，农村金融机构甚至有可能成为吸纳城镇资金流入的主渠道。

总而言之，资本追逐的只是利润，它对农村或城镇并无天然的地域偏好，也无产业偏好。只要农业经济可以获得超额利润，资金就会自动汇聚到农业，任何人都挡不住。反过来，只要农业经济的利润相对于其他产业微薄，则资金外流到城镇便是其理性的选择，任何人也拦截不住。因此设法激活农村地区实体经济的投资意愿，实质上是有效缓解农村地区资金外流的唯一途径。

不过，对农村地区资金外流的问题也不必过分担忧。因为随着城镇化的发展，农业人口大量转移就业于第二、第三产业以及城乡一体化的推进，农村社会逐步也会分享到城镇经济（或第二、第三产业）发展的好处。因此相较于为如何缓解农村资金外流的问题而烦恼，我们更需要考虑的是如何激活农村地区实体经济的投资意愿问题以及怎样才能使得城乡人民共享经济发展实惠的问题。可以预期，在城乡经济与社会逐步一体化的大背景下，生产要素在我国全地域和所有产业间的自由流动（从而高效配置）将成为不可阻挡的趋势，从而农村地区资金外流现象作为一个问题终将逐步淡出人们的视野。

第二节　金融发展促进农民收入增长

实证分析：以山东省为例

一、山东省农村金融发展的现状

改革开放以来，山东省的金融事业快速发展。截至 2017 年年末，山东省的上市企业数量达 294 家。其中境内上市公司 196 家；"新三板"、齐鲁股权交易中心、蓝海股权交易中心挂牌企业则分别达到 636 家、2270 家和 1124 家。2017 年年末山东省内金融机构本外币存款余额 91018.7 亿元，本外币贷款余额 70873.9 亿元；其中涉农贷款余额 25819.4 亿元，增加 1690.4 亿元；县域贷款余额 20707.9 亿元，增加 1353.7 亿元；小微企业贷款余额 15330.7 亿元，增加 1426.9 亿元。省内 2017 年全年农业保费收入 23.6 亿元，增长 18.5%；并为 1729.2 万（户次）农户提供了 647.3 亿元的风险保障。

在 2017 年 7 月召开的第五次全国金融工作会议上，习近平总书记提出建立普惠金融体系的设想。而为贯彻落实《国务院关于印发推进普惠金融发展规划（2016—2020 年）的通知》，2017 年 7 月，山东省人民政府出台了《关于推进普惠金融发展的实施意见》，提出通过提升普惠金融服务的覆盖率、可得性和满意度，为全省实施新旧动能转换重大工程贡献金融新动能。

截至 2017 年年末，山东省共有 419 家小额贷款公司，注册资本 569.38 亿元，累计发放贷款 663.54 亿元。其中发放涉农贷款 248.83 亿元；1—12 个月的贷款 647.81 亿元，占全部贷款的 97.63%；12 个月以上的贷款 15.73 亿元，同比增加 137.61%。融资余额 42.29 亿元，资产总计 681.47 亿元，累计纳税 6.61 亿元，上缴地方税收 3.14 亿元。

截至 2017 年年末，山东省内村镇银行数量达到 127 家，居全国首位，基本实现县域全覆盖。2016 年年末，山东省村镇银行资产规模达到 838.40 亿元，负债总计 731.50 亿元，存款 664.80 亿元，贷款 482.50 亿元。

农村商业银行是在原农村信用社的基础上，由民营企业、股份公司、有限责任公司、自然人出资组成的地方股份制银行。作为服务于地方经济的一级法人地方性商业银行，截至 2019 年年末，山东省已组建农村商业银行 110 家。各项存款余额稳居全省各金融机构的首位。与此同时，城市商业银行的分支机构也实现了县域全覆盖。

早在 2014 年山东省政府工作报告中，省政府就明确提出要积极指导农民合作社内部的资金互助和信用合作，使之成为面向"三农"的最直接、最基础的金融服务机构。作为全国唯一在农村合作金融方面试点的省份，截至 2018 年 1 月末，山东省共有 117 个县（市、区）和 15 个开发区的 399 家农民专业合作社取得信用互助业务试点资格，参与社员（包括法人社员）达 2.78 万人。截至 2018 年 1 月末，山东省累计发生信用互助业务 3411 笔，互助金额 14042 万元。

二、山东省农民收入增长的基本状况

改革开放以来，山东省各级政府始终把增加农民收入作为本级政府的核心工作。在充分挖掘农业内部增收潜力的同时，大力拓展外部增收空间，有效地促进了山东省农民收入的持续增长。

2017 年度山东省实现地区生产总值 72678.2 亿元，同比增长 7.4%。其中第一产业增加值 4876.7 亿元，增长 3.5%。三次产业的构成为 6.7∶45.3∶48.0。省内常住人口的城镇化率达到 60.58%，同比提高 1.56 个百分点。280 万农业转移人口获得市民待遇。

2017 年度山东省内的县域经济实力不断壮大。地方一般公共预算收入过 30 亿元、50 亿元、70 亿元和 100 亿元的县（市、区）分别达到 55 个、29 个、20 个和 8 个。各类休闲农业经营主体超过 1.9 万家，年营业额突破 630 亿元。国家级休闲农业和乡村旅游示范县和示范点分别达到 20 个和 30 个。农村集体产权制度改革试点县（市、区）达到 42 个。

2017 年山东省的农业增加值 2802.3 亿元，同比增长 4.6%。粮食总产量 4723.2 万吨，增长 0.5%，达到了历史新高度。无公害农产品、绿色食品、有机农产品和农产品地理标志获证企业 3561 家，同比增加 122 家；产品 7508 个，增加 106 个；产地总面积 375.1 万公顷，增长 30.7%；林业增加值 116.0 亿元，比 2016 年增长 9.9%；牧业增加值 997.8 亿元，增长 3.7%；猪牛羊禽肉产量 772.4 万吨，增长 2.7%；禽蛋产量 449.3 万吨，增长 1.9%；牛奶产量 266.2 万吨，下降 0.8%。渔业增加值 960.6 亿元，下降 0.5%；水产品总产量（不含远洋渔业产量）881.4

万吨。其中海水产品产量731.9万吨,淡水产品产量149.5万吨。农林牧渔服务业增加值282.0亿元,增长12.9%。

2017年山东省共有83.2万省标以下贫困人口实现脱贫,60万黄河滩区居民脱贫迁建全面启动,18个村台、41个外迁安置社区开工建设,为242.4万建档立卡贫困人口购买"扶贫特惠保险",改造建档立卡贫困户危房4.85万户。当年度农村居民人均可支配收入15118元,增长8.3%;人均消费支出10342元,增长8.6%。乡村消费品零售额6834.5亿元,增长10.3%。农村居民人均现住房建筑面积42.5平方米。获得农村最低生活保障人口181.7万人,年人均保障标准4249元,同比提高435元。

2017年山东省村镇建设投资1773亿元。改造农村无害化卫生厕所449.1万户,86%的建制镇和全部建成入住的农村新型社区建有污水处理设施。17个试点县(镇)公共场所和农村新型社区实现冬季清洁供暖。

近20年来山东省农村居民人均收入的变化情况如图1.5所示。从整体上看,山东省农村居民人均纯收入呈稳定增长的趋势。并且伴随着农民人均纯收入的增加,农民收入的内在结构也逐步改善,农民的收入来源渠道呈现出多元化的格局。其中工资性收入的增长最为迅速,增幅最大。

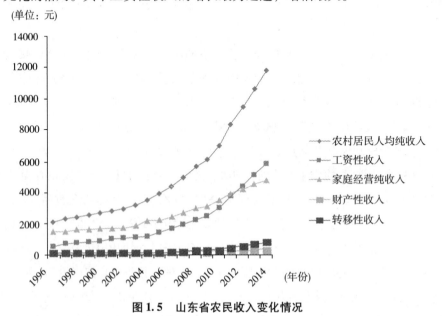

图1.5 山东省农民收入变化情况

三、山东省金融发展对农民收入增长门槛效应分析模型的构造

(一) 变量的选取

1. 解释变量的选定

准确地设定用于衡量金融发展水平的指标，是构建本模型的关键。任何一种单一指标充其量都只能反映事物的一个侧面。因此严格说来要想准确地衡量一个地区的金融发展水平，都必须设法构造一整套指标体系。但这势必会增加实证分析的难度，因此在实证分析的实践中一般仍采用单一指标的衡量方法。这就要求我们所选取的指标一定要与金融发展程度具有高度正相关性。

格洛德史密斯的金融相关率是迄今已知最早提出并广为沿用的金融发展程度指标。所谓一个地区的金融相关率，指的就是该地区在某一特定时间点上的金融资产存量与经济总量之间的比率。其中经济总量一般使用地区增加值（GDP）这个指标来描述；而这里所谓的金融资产通常包括现金、存款、股权、保险、信托等。当然了，就衡量金融发展程度的目的来说，在金融资产的基础上再增加本地区的贷款余额与引进外资的存量这两个指标，其效果会更好些。

不过考虑到数据的可得性，并考虑到存贷款余额是目前农村地区的主要金融发展指标，本书将用金融机构本外币的存贷款余额与 GDP 之比这个指标来衡量一个地区的金融发展水平。相关数据主要来自《山东统计年鉴》和《青岛统计年鉴》。

除了金融相关率这个指标（门槛变量，记作 fin）以外，本模型中的其他解释变量具体包括如下四个指标（为与门槛变量相区别，本书均称为控制指标）。

①经济发展水平（gdp）。本书用人均 GDP 来衡量经济发展水平。并为保证数据的平稳性，这里取人均 GDP 的自然对数（$lgdp$）。

②政府的支农支出（gov）。政府的财政支农政策显然有助于农民人均纯收入的增加。本书选取山东省各地市的农林水事务支出与财政总支出的比率来衡量政府的支农力度。

③城市化水平（*cit*）。城镇化是农民实现收入可持续增长的必由之路。为此，本书用各地市的非农人口与总人口的比值来表示山东省各地市的城镇化水平。由于2005年缺乏各地市非农人口的数据，所以我们把2004年和2006年的平均数权且作为2005年数据的模拟。

④经济开放程度（*open*）。对外开放的目的就是将地区经济与世界经济连接成有机的整体。理论与实践都证明积极参与全球大分工是提高地区劳动率的重要途径。所以本书引入对外贸易这一因素，以各地市的海关进出口总值与GDP总额的比值来反映其经济开放的程度。其中进出口总值的计算是按照当年人民币对美元的平均汇率计算出来的。

基于本章第一节我们关于经济发展促进农民收入水平提高的四个途径的论述，很容易理解选择第①②③三个指标的合理性。第④个指标的选择主要是考虑到山东省农村经济对外联系比较密切的特点。例如2018年山东省的农产品进出口2134.1亿元，较上年增长1.2%，规模继续列全国第一。其中出口1150.3亿元，略降0.2%，但是全国首个农产品出口规模超千亿的省市，连续20年领跑全国，占全国农产品出口比重达到20%以上；同时进口983.8亿元，增长3%。

当然了，也不难找到其他足以替代这四个指标的新指标。此外，指标数目也未必恰好。这主要是由于我们必须兼顾数据的可获得性。好在经由模型具体函数形式的设定以及对误差项的监控，我们能将变量选定的误差控制在可接受的范围之内。

2. 被解释变量的选取

本书使用各地市的农村居民人均纯收入指标（*income*）来具体刻画相应地区农民收入的水平。并且为尽量避免非平稳性和异方差等问题，本书将取农村居民人均纯收入的自然对数（*lincome*）。

（二）单一门槛回归模型的构建

使用面板数据构造线性回归模型，由于其待估参数较多，因此常遭遇可用自由度较低的困难。为解决这个问题，一般简化地假设解释变量的回归系数不受个体差异的影响。这就意味着个体差异仅有可能影响截距项。这时可使用F检验（协方差分析）来判断个体差异对截距项的影响是否存在。

　　设若检验的结果表明个体差异对截距项的影响显著，便可设立固定效应模型。当然了，如果横截面单位随机地抽取自一个大的总体，则个体差异对截距项的影响便具有了随机性。这时应构造随即效应模型。不过本节的研究对象为山东省各地市金融发展对农民收入的影响，我们所抽取的横截面单位涵盖了总体中的所有可抽取单位，因此可以预期构造固定效应模型较为合理。再考虑到山东省内各地级市间的幅员、人口与经济发展状况均存在显著的差异，因此可以肯定适用变截距模型。

　　基于上述思路，本章将借鉴 Hansen 的固定效应面板门槛回归模型理论，深入探讨山东省内各地市间金融发展程度的差异对农民增收的影响。这主要是考虑到 Hansen 的面板门槛回归模型根据门槛变量数据自身的特点内生地划分样本区间，从而可避免外生人为地确定门槛值所带来的偏误。

　　对于面板数据 $\{y_{it}, x_{it}, q_{it}; 1 \leqslant i \leqslant n, 1 \leqslant t \leqslant T\}$，面板数据门槛回归模型的基本结构为：

$$y_{it} = \mu_i + \theta' d_{it} + \beta'_1 x_{it} \cdot I\,(q_{it} \leqslant \gamma) + \beta'_2 x_{it} \cdot I\,(q_{it} > \gamma) + \varepsilon_{it}$$

（式1.53）

　　其中，i 表示各地市；t 表示抽样数据的获取年份；y_{it} 为被解释变量，在本例中就是农村居民的人均纯收入；x_{it} 为解释变量；q_{it} 为门槛变量；γ 为该门槛变量可能满足的一个条件（例如某个取值），称为门槛值；$I\,(\cdot)$ 是示性函数，当括号内的条件为真时，相应的函数取值为 1，否则取值为 0。显然，门槛值 γ 将解释变量与被解释变量的样本数据划分为两个区间；β_1 和 β_2 分别是待估系数参数；d_{it} 为控制变量；θ 为控制变量的系数向量；μ_i 代表个体效应，用于反映个体的可观测特征；ε_{it} 为随机扰动项，其标准的假设为相互独立，均服从正态分布，且均值为零，协方差为零，方差 σ^2 等同；记作 $\varepsilon_{it} \sim i.i.d N\,(0, \sigma^2)$。

　　对随机误差项的上述假设意味着解释变量中不能包含被解释变量的滞后项，因此这是一个静态模型。此外，为确保 β_1 和 β_2 这两个待估参数可识别，解释变量 x_{it} 中不得包含不随时间变化的变量（例如性别或国籍等）。但门槛变量 q_{it} 不能伴随着时间的变迁而变化。

　　严格地说，该模型中的所有待估参数均有可能既受到不同个体（各地市）

的影响，同时也受到时间因素的影响。换句话说，这些参数很可能不仅在不同个体间的取值不同，而且即使在同一个体的不同时间点间的取值也不相同。不过这样将导致自由度太低的问题，因此必须对模型予以简化。一般地，首先假设这些参数在同一个体的不同时间点间的取值相同；然后假设解释变量的回归系数在所有个体间的取值都相同（无差异）；最后再检验截距项在所有个体间的取值是否也相同。设若截距项在所有个体间的取值不相同，则称之为个体均值修正模型；设若截距项在所有个体间的取值也相同，则称之为混合数据模型。当然，如果解释变量的回归系数在所有个体间的取值差异太显著，则必须建立无约束模型了。本例忽略无约束模型的可能性。

借鉴 Hansen 的面板数据门槛效应模型，本章的单一门槛模型设定为：

$$lincome_{it} = \mu_i + \theta_1' lgdp_{it} + \theta_2' gov_{it} + \theta_3' cit_{it} + \theta_4' open_{it} +$$
$$\beta_1' fin_{it} \cdot I\ (fin_{it} \leqslant \gamma)\ + \beta_2' fin_{it} \cdot I\ (fin_{it} > \gamma)\ + \varepsilon_{it}$$

（式 1.54）

其中，$i = 1,\ 2,\ \cdots,\ 17$ 表示山东省内的 17 个地市；$t = 1,\ 2,\ \cdots,\ 18$ 表示 18 年的样本抽样数据。

出于简化的目的，记 $\beta = \begin{pmatrix} \beta_1 \\ \beta_2 \end{pmatrix}$，$fit_{it}\ (\gamma)\ = \begin{pmatrix} fit_{it} \cdot I\ (fit_{it} \leqslant \gamma) \\ fit_{it} \cdot I\ (fit_{it} > \gamma) \end{pmatrix}$，则上述模型可简化写成：

$$lincome_{it} = \mu_i + \theta_1' lgdp_{it} + \theta_2' gov_{it} + \theta_3' cit_{it} + \theta_4' open_{it} + \beta' fin_{it}\ (\gamma)\ + \varepsilon_{it}$$

（式 1.55）

1. 参数的估计

首先，对式 1.55 中的每一个变量，计算组内平均值，从而得到：

$$\overline{lincome_i} = \mu_i + \theta_1' \overline{lgdp_i} + \theta_2' \overline{gov_i} + \theta_3' \overline{cit_i} + \theta_4' \overline{open_i} + \beta' \overline{fin_i}\ (\gamma)\ + \overline{\varepsilon_i}$$

（式 1.56）

其中，$\overline{lincome_i} \equiv \dfrac{1}{T} \sum\limits_{t=1}^{T} lincome_{it}$，$\overline{fin_i}\ (\gamma) \equiv \dfrac{1}{T} \sum\limits_{t=1}^{T} fin_{it}\ (\gamma)$，$\overline{lgdp_i} \equiv \dfrac{1}{T} \sum\limits_{t=1}^{T} lgdp_{it}$，$T = 18$，其他控制变量及扰动项同理。

然后，用式 1.55 减去式 1.56，求得每个组的离差值，以消除其中的个体效应。具体地，记 $lincome_{it}^* \equiv lincome_{it} - \overline{lincome_i}$，其他变量同理，则可得到：

$$lincome_{it}^* = \theta_1' lgdp_{it}^* + \theta_2' gov_{it}^* + \theta_3' cit_{it}^* + \theta_4' open_{it}^* + \beta' fin_{it}^*（\gamma）+ \varepsilon_{it}^*$$

（式 1.57）

出于简便的考虑，令：

$$Y^* = \begin{pmatrix} lincome_{1t}^* \\ lincome_{2t}^* \\ \vdots \\ lincome_{17t}^* \end{pmatrix}, B = \begin{pmatrix} \theta_1 \\ \vdots \\ \theta_4 \\ \beta \end{pmatrix}, X_{it}^*（\gamma）= \begin{pmatrix} lgdp_{it}^* \\ gov_{it}^* \\ cit_{it}^* \\ open_{it}^* \\ fin_{it}^*（\gamma） \end{pmatrix},$$

$$X^*（\gamma）= \begin{pmatrix} X_{1t}^*（\gamma） \\ X_{2t}^*（\gamma） \\ \vdots \\ X_{17t}^*（\gamma） \end{pmatrix}, \varepsilon = \begin{pmatrix} \varepsilon_{1t}^* \\ \varepsilon_{2t}^* \\ \vdots \\ \varepsilon_{17t}^* \end{pmatrix}$$

于是式 1.57 可写为：

$$Y^* = B' \cdot X^*（\gamma）+ \varepsilon^*$$

（式 1.58）

每给定一个 γ 的取值，使用普通最小二乘法（OLS）便可求得式 1.58 各参数的一致估计值。亦即：

$$\hat{B}(\gamma) = \left[X^*（\gamma）' X^*（\gamma） \right]^{-1} X^*（\gamma）' Y^*$$

（式 1.59）

相应的残差平方和为：

$$SSR(\gamma) = \hat{e}^*（\gamma）' \hat{e}^*（\gamma）$$

其中 $\hat{e}^*（\gamma）= Y^* - \hat{B}(\gamma)' \cdot X^*（\gamma）$ 为残差向量。而那个能使得该残差平方和达到最小的 γ 就是我们要确定的门槛值。亦即：

$$\hat{\gamma} = \arg \min_{\gamma} SSR（\gamma）$$

基于门槛值的估计值 $\hat{\gamma}$，便可得到其他参数的估计值。亦即：

$$\hat{B} = \hat{B}（\hat{\gamma}）, \hat{e}^* = \hat{e}^*（\hat{\gamma}）, \hat{\sigma}^2 = \frac{1}{17 \times（18-1）} \hat{e}^{*'} \hat{e}^*$$

可以使用搜索法寻找满足残差平方和最小的门槛值。例如可先将门槛变量的观测值自大到小排序，并分别删掉其中某个比例的最大值和最小值；然后在剩下的观测值中寻找那个能使得残差平方和最小的观测值。把这个观测值作为门槛值的估计值。此外，汉森（Hansen，1996）提出也可以使用网格搜索法（Grid Search）来确定门槛值。

2. 门槛效应的检验

在得到了各参数及门槛值的估计值的情况下，下一步我们要进行门槛效应的显著性检验和门槛的估计值是否等于其真实值的两个方面的检验。

（1）门槛效应的显著性检验

就本模型而言，显著检验的原假设为 $H_0 : \beta_1 = \beta_2$；如果原假设成立，则说明不存在门槛效应。对应的备择假设为 $H_1 : \beta_1 \neq \beta_2$；如果该假设成立，则说明存在门槛效应。相应的检验统计量为：

$$F = \frac{SSR_0 - SSR(\hat{\gamma})}{\hat{\sigma}^2} \qquad （式1.60）$$

其中，$\hat{\sigma}^2 = \frac{SSR(\hat{\gamma})}{17(18-1)}$ 为存在门槛效应时扰动项方差的一致估计；SSR_0 为原假设成立（亦即不存在门槛效应）时的残差平方和；$SSR(\hat{\gamma})$ 为备择假设成立（亦即存在门槛效应）时的残差平方和。

汉森（1996）建议使用自体抽样法（Bootstrap）来确定检验统计量 F 的渐进 P 值。如果所得到的 P 值小于规定的临界值（例如5%），则抛弃原假设，接受存在门槛效应的备择假设；否则，就接受不存在门槛效应的原假设。

（2）门槛估计值的置信区间

在上述门槛效应的显著性检验中，如果检验结果拒绝原假设 $H_0 : \beta_1 = \beta_2$，则说明本模型存在门槛效应，于是应进一步对门槛值进行检验。

汉森（1996）认为 $\hat{\gamma}$ 是真值 γ 的一致估计值。而且利用似然比统计量 $LR(\gamma)$，可以构造出 γ 的"非拒绝域"（γ 的置信区间）。

具体地，假定原假设为 $H_0 : \hat{\gamma} = \gamma$；备择假设为 $H_1 : \hat{\gamma} \neq \gamma$ 其中，γ 为门槛值的真值。相应的似然比检验统计量为：

$$LR(\gamma) = \frac{SSR(\gamma) - SSR(\hat{\gamma})}{\hat{\sigma}^2} \qquad （式1.61）$$

其中，$SSR(\gamma)$ 为门槛真实值下的残差平方和；$SSR(\hat{\gamma})$ 为基于门槛估计值所计算出来的残差平方和。

汉森（2000）认为 $LR(\gamma)$ 所服从的渐进分布的拒绝域临界值为 $-2\ln$

$(1 - \sqrt{1-\alpha})$，其中 α 为给定的置信度。这样，如果 $LR(\gamma) \leqslant -2\ln(1-\sqrt{1-\alpha})$，则不能拒绝门槛值的估计值等于其真值的原假设。换句话说，在 $1-\alpha$ 的置信水平上的非拒绝域就是满足下列条件的 γ 值的集合：$LR(\gamma) \leqslant -2\ln(1-\sqrt{1-\alpha})$。

在假设 $\hat{\gamma} = \gamma$ 的前提下，系数向量的估计 $\hat{B} = \hat{B}(\hat{\gamma})$ 渐进服从正态分布。

（三）多门槛回归模型的构建

模型中也有可能存在多个门槛值。为检验这种可能性，我们可在第一个门槛值确定下来之后，以其为已知条件，再重复第一个门槛值的上述确认过程，判断是否存在第二个门槛值。

依此类推，可以确定更多个门槛值，直到门槛值的显著性检验不再能否认原假设（亦即检验不显著）为止。

例如，就本模型而言，两个门槛（$\gamma_1 < \gamma_2$）的模型结构为：

$$y_{it} = \mu_i + \theta' d_{it} + \beta_1' x_{it} \cdot I(q_{it} \leqslant \gamma_1) + \beta_2' x_{it} \cdot I(\gamma_1 < q_{it} \leqslant \gamma_2) +$$
$$\beta_3' x_{it} \cdot I(q_{it} > \gamma_2) + \varepsilon_{it} \qquad \text{（式1.62）}$$

对于给定的双门槛值，上式将是一个线性函数式，因此仍可使用 OLS 方法来估计其中的参数，并相应地得到一个残差平方和。与单门槛模型类似，我们应将双门槛的估计值设定在那两个能使得残差平方和最小的给定值上。不过，计算量较大是这种方法的需要缺点。

为减少计算量，可使用循环法来确定双门槛。亦即首先使用单门槛方法估计第一个门槛 $\hat{\gamma}_1$；然后固定门槛 $\hat{\gamma}_1$，转而估计门槛 γ_2。其估计方法仍与单门槛方法类似。不过由于 γ_2 既可能大于 $\hat{\gamma}_1$，也可能小于 $\hat{\gamma}_1$，因此应分别计算这两种情况下的残差平方和，并取其中残差平方和较小者所对应的 $\hat{\gamma}_2$，作为 γ_2 的估计。最后，再以门槛值 $\hat{\gamma}_2$ 为基准，采用第二步相同的方法，回过头来重新估计 $\hat{\gamma}_1$。使用上述循环方法所估计出来的门槛值具有渐进有效的优点。

多门槛的显著性检验方法与单门槛模型类似。也就是在循环法下首先确定第一个门槛，并检验显著；然后确定第二个门槛，并使用相同的原理检验显著。依此类推，便可确定门槛的数目。

关于多门槛值的置信区间，其基本原理与单门槛类似，因此可套用上述循环确定双门槛估计值的思路。

四、实证分析

(一) 单位根检验

本节所使用的样本数据包含山东省 17 个地市近 18 年的面板数据，时间跨度较大。为避免伪回归，需实施平稳性检验。

本例将采用 LLC 方法对面板数据的平稳性进行检验，滞后阶数根据 AIC 准则选定。

表 1.1　LLC 检验结果

	T 值	P 值
lincome	− 11. 3565	0. 0000
fin	− 2. 3959	0. 0083
lgdp	− 10. 3004	0. 0000
gov	− 1. 6139	0. 0533
cit	− 3. 3990	0. 0003
open	− 1. 9843	0. 0236

LLC 检验的基本思路是：首先对每一个纵剖面时间序列实施 ADF 回归；然后构造两组正交的残差序列；接着利用正交残差序列的合并回归系数的 t 统计量得到修正 t 统计量；最后利用该统计量检验面板数据是否存在单位根。

本例的 LLC 检验结果如表 1.1 所示。其中 *lincome*、*fin*、*lgdp* 和 *cit* 在 1% 的水平上拒绝了原假设；*gov* 和 *open* 则分别在 10% 和 5% 的水平上拒绝了原假设，因此可以判定所有序列均平稳。

不过，LLC 属于同质单位根检验。至于异质单位根检验，惯用的是 Fisher – ADF 检验方法。在这里所谓同质单位根是指各个截面单元序列具有相同的单位根过程；所谓异质单位根是指各个截面单元序列具有不同的单位根过程。一般地说，只有当两种检验都拒绝存在单位根的原假设时，才有较大把握确认面板数据平稳。本例实施 Fisher – ADF 检验的结果拒绝原假设，但限于篇幅这里不再罗列检验结果。

(二) 门槛回归模型具体形式的构造

基于平稳面板数据，既可以构造固定效应模型，也可以构造随机效应模型。因此需实施 Hausman 检验，以便从中选定一种模型结构。

Hausman 检验的原假设为：H_0：个体效应与解释变量无关；对应的备择假设为：H_1：个体效应与解释变量有关。

基于 Hausman 检验的基本原理，当个体效应（即截距项）与其他解释变量不相关时（即原假设成立的情况下），我们采用离差变换 OLS 估计固定效应模型与采用可行 GLS 估计随机效应模型得到的估计量均为无偏且一致的，只是前者不具有有效性。当原假设不成立时，固定效应模型的 OLS 估计量仍具有一致性，但随机效应模型的估计量已丧失这个性质。这就意味着在原假设下二者所估计出来的参数应该没有显著的差异。因此可以基于两者估计参数的差异构造检验统计量。

对本书而言，Hausman 检验的统计量为：

$$H = (b - B)'[Var(b) - Var(B)]^{-1}(b - B) \qquad （式1.63）$$

其中，统计量 H 服从自由度为零假设中约束条件个数（解释变量参数的个数）的 χ^2 分布；b 和 B 分别为固定效应模型参数的 OLS 估计和随机效应模型参数的 GLS 估计。

在给定的显著水平下，设若检验统计量 H 的值大于临界值，则应拒绝原假设，表明个体效应和解释变量相关，因此应采用固定效应模型。否则，应采用随机效应模型。

本例由 STATA 得出的结果如表 1.2 所示。由于：

$$\chi^2(5) = (b - B)'[Var(b) - Var(B)]^{-1}(b - B) = 151.36$$

相应的 P 值为 0，说明随机效应模型的假设无法满足，因此本案例应采用固定效应模型。

表1.2 Hausman 检验结果

	(b) fe	(B) re	(b−B) 离差	sqrt [diag (V_ b−V_ B)] S. E.
fin	0.1105457	0.1018254	0.0087203	0.0126519
lgdp	0.5764553	0.4980329	0.0784224	0.0077755
gov	1.554474	3.34846	− 1.793986	0.2420314
cit	1.003136	0.8687831	0.134353	0.0281406
open	− 0.3234367	− 0.2497763	− 0.0736604	0.0333915

（三）门槛面板模型的检验与估计

1. 门槛值的选定

本例基于所选定的个体固定效应门槛回归模型，使用 STATA 13.1 软件估计其中的参数，并实施门槛效应检验。

进行门槛效应分析的目的就是要检验山东省各地市的金融发展对农民收入的影响是否显著存在区间效应。为此，本例依次在单一门槛、双重门槛和三重门槛下分别实施 100 次自助抽样 Bootstrap。具体的检验结果如表 1.3 所示。

表 1.3　门槛效应检验结果

模型	F 值	P 值	BS 次数	1% 临界值	5% 临界值	10% 临界值
单一门槛	9.908 **	0.020	100	11.504	6.048	5.017
双重门槛	19.609 **	0.020	100	24.613	15.636	14.379
三重门槛	4.156	0.110	100	9.093	6.310	4.300

注：** 表示在 5% 的统计水平上显著。

从表 1.3 可以看出，在单一门槛和双重门槛模型下以金融发展水平为门槛变量实施的门槛效应检验都通过了 5% 的显著性水平；但三重门槛模型没有通过显著性检验。这就意味着山东省各地市金融发展水平对农民纯收入的影响显著存在双重门槛效应。

表 1.4 给出了双重门槛模型两个门槛的估计值及其置信率为 95% 的置信区间。两个门槛 γ_1 和 γ_2 的估计值分别为 1.031 和 1.367，相应似然比 LR 值均小于 5% 显著性水平下的临界值，说明仍处于原假设的非拒绝域内，因此我们有足够的把握将这两个门槛估计值视作真实的门槛值。

表 1.4　门槛估计值和置信区间

	门槛估计值	95% 置信区间
门槛值 $\hat{\gamma}_1$	1.031	[1.023，1.031]
门槛值 $\hat{\gamma}_2$	1.367	[1.343，1.386]

2. 双门槛回归模型参数的估计

本例双门槛面板数据回归模型的具体结构为：

$$lincome_{it} = \mu_i + \theta'_1 lgdp_{it} + \theta'_2 gov_{it} + \theta'_3 cit_{it} + \theta'_4 open_{it} + \beta'_1 fin_{it} \cdot I(fin_{it} \leq \gamma_1) +$$
$$\beta'_2 fin_{it} \cdot I(\gamma_1 < fin_{it} \leq \gamma_2) + \beta'_3 fin_{it} \cdot I(fin_{it} > \gamma_2) + \varepsilon_{it}$$

（式 1.64）

使用 STATA 软件估计上式中各参数的相关结果如表 1.5 所示。

表 1.5　模型的参数估计结果

变量	门槛模型	基本模型
$fin(fin < \gamma_1)$	− 0. 115 *** (0. 032)	0. 1105 *** (0. 255)
$fin(\gamma_1 < fin \leq \gamma_2)$	− 0. 00745 (0. 035)	
$fin(fin > \gamma_2)$	0. 0622 *** (0. 015)	
$lgdp$	0. 593 *** (0. 021)	0. 576 *** (0. 215)
gov	0. 964 ** (0. 416)	1. 554 *** (0. 416)
cit	1. 031 *** (0. 120)	1. 003 *** (0. 125)
$open$	− 0. 326 *** (0. 056)	− 0. 323 *** (0. 058)
_cons	2. 203 *** (0. 167)	2. 205 *** (0. 173)
R^2	0. 8282	0. 8202

注：***、**、* 分别表示在 1%、5%、10%的统计水平上显著，括号内数字为估计系数的标准误。

3. 模型的稳健性检验

可以采取两种方法来实施模型的稳健性检验。其一就是至少采取两种办法来估计模型中的参数；如果所得到的结果基本一致，则可认定模型是稳健的。其二是将两个相关的控制变量分别代入模型，然后估计其参数；如果结果基本一致，则可认定模型是稳健的。

本模型采用第一种方法来实施模型的稳健性检验。亦即分别基于 PLS（面板最小二乘法）和 FGLS（可行广义最小二乘法）估计参数，结果表明这两种方法所得到的参数估计值在属性上是一致的，因此本模型稳健。限于篇幅，这里不再赘述。

总而言之，实证分析结果表明山东省各地市的金融发展水平与农民增收之间呈现出显著的非线性关系，门槛效应明显。具体地，当衡量金融发展水平的指标低于第一个门槛值（即小于1.031）时，金融发展对农民人均纯收入的影响在1%的置信度下显著为负；但当金融发展水平处在两个门槛值之间（即大于1.031且小于1.367）时，山东省各地市的金融发展对农民纯收入增加的负效应有所减缓，但不显著；最后当金融发展水平高于第二个门槛值（即大于1.367）时，山东省各地市的金融发展对农民纯收入增加的影响在1%的置信度下显著转而为正。由此可见，可以将山东省各地市金融发展对农民收入的影响划分成三个阶段。

从表1.5还可以看出，现阶段山东省经济发展的总体水平对农民的增收存在着显著的正向影响。具体地，人均地区生产总值每增长一个百分点，就能带动农民人均纯收入增长0.593个百分点。其中的内在逻辑我们在本章已给出系统的论证。我们认为金融发展对于农民收入水平的提高在很大程度上是经由经济增长这个环节（具体经由四个渠道）最终影响农民收入的。本案例分析的结果可作为上述理论演绎的实证支撑。

此外，政府支农力度和城市化水平对农民纯收入的增加也具有显著的正向作用。具体地，政府支农力度和城市化水平分别每提高一个单位，农民人均纯收入便可分别提高0.964%和1.031%。这说明政府的财政政策是促进农民收入增长的有力工具；而城市化则是提高农民收入水平最为持久有效的途径。其中的道理很简单：伴随着城市化水平的提高，农户收入的来源结构将会发生显著的变化，非农就业收入和财产性转移收入将会显著增加。

需要特别指出的是，我们的实证分析结果也表明山东省的经济开放程度对农民纯收入的增加具有显著的负效应。具体地，经济开放水平每提高一个单位，将会使得山东省各地市农民的纯收入下降0.326%。不过造成这一结果的原因尚待进一步确认和论证。

总而言之，历史地考察金融发展与农民增收之间并非呈线性关系，而是呈非线性的关系，门槛效应鲜明。究其原因，主要是由于早期国家重视工业的发展，并且第二、第三产业的投资收益率远高于第一产业，所以造成资金从农村地区大量外流到城镇地区，从而抑制了农村经济增长，使得农民收入增长缓慢。这就形成了金融发展与农民增收负相关的局面。但随着国家对"三农"问题的重视，持续加大涉农投资，不断推出有利于"三农"问题解决的政策措施，再加上三个产业发展的联动效应，使得农村地区的投资机会增多，高附加值经济作物的市场需求相对增加，涉农投资项目的收益率显著提高，从而导致资金逐渐回流农村，农村经济持续增长。尤其随着整个国民经济的持续增长，农村劳动人口大量流向第二、第三产业，农村地区人口的社会保障制度也逐步完善，这些因素综合作用的结果最终使得农民收入水平持续提高。由此促成现今金融发展与农民增收趋于正相关的局面。

五、山东省各地市金融发展对农民收入影响的差异性分析

基于上述两门槛面板数据回归模型，我们进一步地分析比较山东省各地市间近两年来（2013年度和2014年度）金融发展对农民收入影响的差异性。具体结果如表1.6所示。

由表1.6可以看出，截至2014年年末，山东省大部分地市的金融发展水平都进入了第三阶段。而在这一阶段金融发展水平的提高对农民收入的增长有着显著的促进作用。

不过枣庄市和泰安市例外。其中枣庄市的金融发展对农民收入增长的抑制作用明显；但泰安市的情况相对好一些，由于其金融发展水平处于第二阶段，因此金融发展对农民收入增长的抑制作用较此前已经明显减弱。

表1.6　金融发展对农民收入影响的地区比较

门槛水平	不同门槛水平所对应的地区		
	2015 年	2014 年	2013 年
$fin < \gamma_1$		枣庄	枣庄
$\gamma_1 < fin \leqslant \gamma_2$	枣庄	泰安	德州、泰安
$fin > \gamma_2$	济南、青岛、日照、莱芜、潍坊、临沂、烟台、滨州、东营、菏泽、济宁、聊城、威海、淄博、德州、泰安	济南、青岛、日照、潍坊、莱芜、临沂、烟台、滨州、东营、菏泽、济宁、聊城、威海、淄博、德州	济南、青岛、日照、莱芜、潍坊、烟台、滨州、东营、菏泽、济宁、聊城、威海、淄博

本章小结

从宏观经济的层面来看，可以把金融发展促进农民收入增长的机理分解为前后两个阶段：首先，完善高效的金融市场体系具有融通资金、管理风险等功能，凭以促进经济增长；其次，主要经由农村剩余劳动力向第二和第三产业的转化、经济作物产量占比的提高、社会保障制度的完善、国家对农业补贴额度的提高、财政涉农投资支出的增加等途径，经济增长促成农民收入水平的提高，最终提高农民的福利水平。

从微观经济的层面来看，完善高效的金融市场体系可分散农户投资风险，完善农户资产结构，促进投资，增加农民收入，从而提高其福利水平。

借贷既可增加农民自有资本的投资收益率，又有融资简便易行的优点，因此是农户最喜爱的融资方式。合伙投资既可解决资金不足的问题，又可降低农户的投资风险，因此成为农户第二偏爱的融资方式。

尽管金融发展与实体经济增长之间存在着互为前提、相互制约、相互促进的辩证关系，但实体经济投资意愿强烈仍是刺激金融供给的重要前提。因此所谓的金融阻碍经济增长的现象只发生于金融体系未能满足实体经济融资需求的情况下。而当实体经济投资意愿低迷时，金融自由化并不能解决金融萎缩问题，实体经济也未必能获得实惠，反倒有可能造成虚拟经济一枝独大、畸形发展的局面。

历史地考察，金融发展与农民增收之间并非呈线性关系，而是呈非线性的关系，门槛效应鲜明。以山东省各地市为例，当衡量金融发展水平的指标低于第一个门槛值（即小于1.031）时，金融发展对农民人均纯收入的影响在1%的置信度下显著为负；但当金融发展水平高于第二个门槛值（即大于1.367）时，金融发展对农民纯收入增加的影响在1%的置信度下显著为正。总体来说，目前山东省金融发展对农民收入的影响已进入具有显著促进作用的阶段。究其原因，主要是由于早期国家重视工业的发展，并且第二、第三产业的投资收益率远高于第一产业，所以造成资金从农村地区大量外流到城镇地区，从而抑制了农村经济增长，使得农民收入增长缓慢。这就形成了金融发展与农民增收负相关的局面。但随着国家对"三农"问题的重视，持续加大涉农投资，不断推出有利于"三农"问题解决的政策措施，再加上三个产业发展的联动效应，使得农村地区的投资机会增多，高附加值经济作物的市场需求相对增加，涉农投资项目的收益率显著提高，从而导致资金逐渐回流农村，农村经济持续增长。尤其随着整个国民经济的持续增长，农村劳动人口大量流向第二、第三产业，农村地区人口的社会保障制度也逐步完善，这些因素综合作用的结果最终使得农民收入水平持续提高。由此促成现今金融发展与农民增收趋于正相关的局面。

第二章 关于农村信贷供求缺口的测算

第一节 关于我国农村信贷供求缺口的测算

我们从历年的《中国统计年鉴》和《中国金融年鉴》获取相关的统计数据，凭以计算我国农村地区的理论金融融量和实际金融融量，并对农村存贷差作出简要的分析和说明，最后再测算出我国农村金融融量的缺口及金融缺口率。

一、我国农村地区的理论金融融量

根据戈德史密斯的金融融量理论，可利用金融相关率估算我国农村地区的理论金融融量。其中，实物资产量采用国内生产总值这一指标来描述。相应地，农村地区的实物资产量用第一产业生产增加值来表示。

狭义地理解，一个地区的金融融量至少应包含现金流通量、贷款量、股权投资量、保险理赔量、外资引入量、财政投资量、财税减免或补贴量等指标。如果本地区不会发生储蓄资金净外流的情况，则存款资金也可视为该地区金融融量的一个组成部分。但在这里，为简便起见，特别是着眼于指标数据的易得性，我们仅选用存贷款余额这个指标来近似表达一个地区的金融融量。这样本章所测算出来的金融融量缺口实际上是一个近似于信贷供求缺口的概念。

表 2.1　我国农村理论金融融量

（单位：亿元）

年份	全国 GDP （G）	全国金融融量 （LDI）	全国金融相关率 （K）	农村增加值 （G_1）	农村理论金融融量 （LD）
1985	9039.90	10758.33	1.19	2564.20	3051.64
1986	10308.80	14076.60	1.37	2788.40	3807.54
1987	12102.20	17206.49	1.42	3232.80	4596.28
1988	15101.30	20774.61	1.38	3865.00	5317.02
1989	17090.30	24958.38	1.46	4265.50	6229.26
1990	18774.30	31453.96	1.68	5061.60	8480.07
1991	21895.50	39089.23	1.79	5341.70	9536.34
1992	27068.30	48886.62	1.81	5865.90	10594.09
1993	35524.30	62601.82	1.76	6963.00	12270.37
1994	48459.60	80477.63	1.66	9571.70	15895.87
1995	61129.80	104426.19	1.71	12134.70	20729.34
1996	71572.30	129752.14	1.81	14014.10	25405.91
1997	79429.50	157306.86	1.98	14440.10	28598.02
1998	84883.70	182222.07	2.15	14767.80	31702.42
1999	90187.70	202513.22	2.25	14815.60	33267.89
2000	99776.30	223175.42	2.24	14942.40	33422.53
2001	110270.40	255931.87	2.32	15778.60	36621.31
2002	121002.00	302211.33	2.50	16534.00	41294.87
2003	136564.60	367051.82	2.69	17378.60	46709.37
2004	160714.40	417888.56	2.60	21408.10	55665.21
2005	185895.80	481859.91	2.59	22412.90	58096.41
2006	217656.60	560719.38	2.58	24032.20	61910.92
2007	268019.40	651062.03	2.43	28618.60	69519.16
2008	316751.70	769597.96	2.43	33692.70	81861.70
2009	345629.20	997425.92	2.89	35215.30	101625.25
2010	408903.00	1197433.48	2.93	40521.80	118664.23
2011	484123.50	1357315.02	2.80	47472.90	133097.61
2012	534123.00	1547464.41	2.90	52358.80	151694.23
2013	588018.80	1762808.32	3.00	56966.00	170777.09
2014	635910.00	1955414.65	3.07	60158.00	184985.04
2015	685505.80	2148020.98	3.13	62918.70	197154.70

资料来源：根据历年《中国统计年鉴》《中国金融年鉴》统计整理得出，其中全国金融融量＝存款总额＋贷款总额，全国金融相关率＝全国金融融量/全国 GDP，农村理论金融融量＝全国金融相关率×农村增加值。

严格说来，农村地区理论金融融量的测算必须经由深入细致的调研，综合考虑农村地区经济社会各个领域对金融的实际需求。这个工作量太浩大。于是我们退而求其次，换个视角来考虑。改以全国金融相关率为基准，把全国平均水平的金融融量作为农村地区理论金融融量的近似判断。具体计算结果如表2.1所示。

从表2.1中我们可以看出，三十年来，我国的金融相关率从1.19增长至3.13，呈现出缓步上升的趋势。这一特征符合国际惯例。当然了，根据戈德史密斯的观点，一个经济体的金融相关率最终会趋于稳定，其极限值应在1—1.5的水平上。但本书在计算金融相关系数的时候，所选取的计算口径不同于戈德史密斯所采用的方法，因此所得到的结果与之并不具有可比性。

二、我国农村地区的实际金融融量

与理论金融融量的测算相匹配，农村地区实际金融融量的测算也要涉及农村地区的社会流通现金、涉农贷款、财政支农支出、农业债券及股票融资、外商对农村的投资等方面的内容。不过，一方面，农村地区的现金流通不易精准统计，涉农债券及股票融资数量有限；另一方面，现阶段农村金融的发展程度不高，对其金融的供给大多经由正规农村金融机构这一个渠道，主要是中国农业银行、农村信用社、村镇商业银行等渠道，这些机构面向农村的金融产品服务形式比较单一。从金融服务的构成来看，存款额和贷款额占有绝对比重。因此，基于理论金融融量的计算口径约束，我们就采用农村金融机构的存款额和贷款额来衡量农村的实际金融融量。

关于农村存款额的统计数据整理，本书将农村存款划分为农户储蓄存款和农业存款两个部分，分别整理，然后汇总而得农村存款额。关于农村贷款额的统计数据整理，本书将其划分为农业贷款和乡镇企业贷款两个部分，分别根据相关统计数据或资料整理而得。

不过，自2011年起国家统计局完善了涉农资金的计量统计。相关数据较之前更加翔实。因此，基于相关统计口径的变更，我们的数据整理工作也必须作出适当的调整。例如，农业贷款取值为农林牧渔业贷款余额，乡镇企业贷款取值为农村中小企业贷款增加额。至于涉农存款，并无公开的相关统计资料，故而只能推算求得。

图 2.1 给出的是我国近三十多年来农村存贷比指标的变迁。从中可以看出，在 20 世纪 90 年代初，我国农村存款和农村贷款相差不大，农村资金供求较为稳定。但从 1994 年开始，我国农村地区的存贷差额逐步扩大，存贷比开始呈现显著上升的趋势（由 1.22 升至 2.67）。这一特征应与我国城市经济迅猛发展，大量农村资金涌入第二、第三产业，从而形成涉农资金供求日益突出的较大缺口有关。

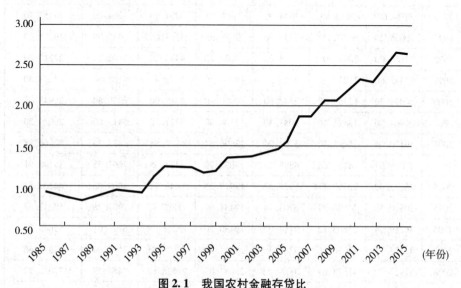

图 2.1 我国农村金融存贷比

农村地区实际金融融量的相关计算结果如表 2.2 所示。

表 2.2 我国农村实际金融融量

（单位：亿元）

年份	1. 农村存款	1.1 农户储蓄存款	1.2 农业存款	2. 农村贷款	2.1 农业贷款	2.2 乡镇企业贷款	农村实际金融融量（LD_1）
1985	764.13	564.80	199.33	782.85	429.50	353.35	1546.98
1986	1018.99	766.10	252.89	1096.05	542.50	553.55	2115.04
1987	1292.73	1005.70	287.03	1419.59	711.40	708.19	2712.32
1988	1480.50	1142.30	338.20	1687.90	821.20	866.70	3168.40
1989	1746.00	1412.10	333.90	1955.20	959.50	995.70	3701.20
1990	2234.00	1841.60	392.40	2412.80	1185.60	1227.20	4646.80

续表

年份	1. 农村存款	1.1 农户储蓄存款	1.2 农业存款	2. 农村贷款	2.1 农业贷款	2.2 乡镇企业贷款	农村实际金融融量（LD_1）
1991	2966.30	2316.70	649.60	2976.00	1464.30	1511.70	5942.30
1992	3815.22	2867.30	947.92	3871.29	1987.60	1883.69	7686.51
1993	4649.80	3576.20	1073.60	4835.00	2397.30	2437.70	9484.80
1994	5879.20	4816.00	1063.20	5141.90	2362.50	2779.40	11021.10
1995	7391.80	6195.60	1196.20	5795.50	3016.40	2779.10	13187.30
1996	9034.60	7670.60	1364.00	7119.10	3854.40	3264.70	16153.70
1997	10665.20	9132.20	1533.00	8350.40	3314.60	5035.80	19015.60
1998	12189.00	10441.00	1748.00	10024.20	4444.20	5580.00	22213.20
1999	13343.60	11217.30	2126.30	10953.70	4792.40	6161.30	24297.30
2000	14998.20	12355.30	2642.90	10949.80	4889.00	6060.80	25948.00
2001	16904.70	13821.40	3083.30	12124.50	5711.50	6413.00	29029.20
2002	19170.04	15405.80	3764.24	13696.84	6884.58	6812.26	32866.88
2003	23076.01	18177.68	4898.33	16072.90	8411.35	7661.55	39148.91
2004	26292.49	20766.17	5526.32	17912.33	9843.11	8069.22	44204.82
2005	30810.15	24606.37	6203.78	19431.69	11529.93	7901.76	50241.84
2006	36219.14	28805.12	7414.02	19430.20	13208.19	6222.01	55649.34
2007	42333.71	33050.26	9283.45	22541.95	15429.31	7112.64	64875.66
2008	51953.20	41878.69	10074.51	25083.09	17628.82	7454.27	77036.29
2009	63845.93	49277.61	14568.32	30651.80	21622.53	9029.27	94497.73
2010	76324.01	59080.35	17243.66	34328.10	23043.70	11284.40	110652.11
2011	87306.21	70672.85	16633.36*	37483.00	24436.00	13047.00	124789.21
2012	92520.08	54615.64	37904.44*	40229.00	27261.00	12968.00	132749.08
2013	116603.89	101286.71	15317.18*	47137.00	30437.00	16700.00	163740.89
2014	128630.21	116104.17	12526.04*	48286.00	33394.30	14891.70	176916.21
2015	136672.54	123942.32	12730.22*	51721.03	37581.12	14139.91	188393.57

资料来源：根据历年《中国统计年鉴》《中国金融年鉴》统计整理得出，其中农村存款＝农户储蓄存款＋农业存款，农村贷款＝农业贷款＋乡镇企业贷款，农村实际金融融量＝农村存款＋农村贷款。带＊为推算数据。

三、我国农村地区的金融融量缺口

基于我们针对我国农村地区理论金融融量和实际金融融量的测算，很容易计算出我国农村地区的金融融量缺口（信贷缺口）。相关计算结果如表2.3所示。

从表2.3可以看出，我国农村地区的金融融量缺口一直存在。具体地，2000年以前的农村金融缺口率较高。2006年以后的金融融量缺口虽然维持在6000亿元左右，但是金融缺口率明显降低，农村金融融量缺口增大的趋势有所遏制，说明近些年我国农村地区的金融生态环境有所改善。

表2.3　我国农村金融融量缺口

（单位：亿元）

年份	农村理论金融融量（LD）	农村实际金融融量（LD_1）	农村金融融量缺口（ΔM）	农村金融缺口率（f）
1985	3051.64	1546.98	1504.66	0.973
1986	3807.54	2115.04	1692.50	0.800
1987	4596.28	2712.32	1883.96	0.695
1988	5317.02	3168.40	2148.62	0.678
1989	6229.26	3701.20	2528.06	0.683
1990	8480.07	4646.80	3833.27	0.825
1991	9536.34	5942.30	3594.04	0.605
1992	10594.09	7686.51	2907.58	0.378
1993	12270.37	9484.80	2785.57	0.294
1994	15895.87	11021.10	4874.77	0.442
1995	20729.34	13187.30	7542.04	0.572
1996	25405.91	16153.70	9252.21	0.573
1997	28598.02	19015.60	9582.42	0.504
1998	31702.42	22213.20	9489.22	0.427
1999	33267.89	24297.30	8970.59	0.369
2000	33422.53	25948.00	7474.53	0.288
2001	36621.31	29029.20	7592.11	0.262
2002	41294.87	32866.88	8427.99	0.256
2003	46709.37	39148.91	7560.46	0.193
2004	55665.21	44204.82	11460.39	0.259
2005	58096.41	50241.84	7854.57	0.156
2006	61910.92	55649.34	6261.58	0.113

年份	农村理论 金融融量（LD）	农村实际金融 融量（LD_1）	农村金融融量 缺口（ΔM）	农村金融缺口 率（f）
2007	69519.16	64875.66	4643.50	0.072
2008	81861.70	77036.29	4825.41	0.063
2009	101625.25	94497.73	7127.52	0.075
2010	118664.23	110652.11	8012.12	0.072
2011	133097.61	124789.21	8308.40	0.067
2012	151694.23	132749.08	18945.15	0.143
2013	170777.09	163740.89	7036.20	0.043
2014	184985.04	176916.21	8068.83	0.046
2015	197154.70	188393.57	8761.13	0.047

资料来源：农村金融融量缺口＝农村理论金融融量－农村实际金融融量，农村金融缺口率＝农村金融融量缺口/农村实际金融融量。

基于农村金融缺口率 $f(t)$（其中 t 为时间变量）的计算方式，我们很容易得到下列关系式：

$$f(t) = \frac{\Delta M}{LD_1} = \frac{LD(t) - LD_1(t)}{LD_1(t)} = \frac{LD(t)}{LD_1(t)} - 1 \qquad （式2.1）$$

等式两边求一阶导数，得：

$$f' = \frac{LD' \times LD_1 - LD_1' \times LD}{LD_1^2} = \left(\frac{LD'}{LD} - \frac{LD_1'}{LD_1}\right) \cdot \frac{LD}{LD_1} \qquad （式2.2）$$

显然，要使得农村金融缺口率不断下降，亦即要使得 $f' < 0$，就应确保 $LD'/LD < LD_1'/LD_1$，也就是农村地区理论金融融量的增长率必须小于实际金融融量的增长率。考虑到第一产业增加值占国内生产总值的比重 G_1/G 在短期内是稳定的，因此 LD 的增长速率应该会呈现出相对稳定的状态。但另一方面，涉农经济发展的相对滞缓也会阻缓农村地区实际融资量的增加。因此为消弭农村地区的金融融量缺口，政府应该积极调整城乡金融的结构关系，为农村经济发展提供更多的融资渠道，以便能在农村地区构建起高效的、具有稳定自循环功能的金融系统，从而使得农村经济体获得足够的资金"造血"功能。与此同时，还应尽可能地增设引进外部资金的"输血"通道。如此，便有可能持久有效地消弭农村地区的金融融量缺口。

将我们所测算出来的农村金融融量缺口时间序列描绘成图，如图2.2所示。可以看出，其在 1985—2015 年间基本处于上升趋势，但存在一定的波动性。2004—2007 年间的金融融量缺口存在一段平缓的下降过程。其中 2007 年降至最低点 4643.50 亿元。在这一段时期，我国农村地区的存款额和贷款额都有较快增长。造成这种局面的一个重要原因是我国农村地区金融体制的改革步伐较大，农村地区金融市场的开放速度明显加快。例如中国农业银行在这期间实施了股份制改革，在完善内部体制的同时，还拓展了农村金融市场的相关业务，从而更好地为农村金融提供服务。再例如村镇银行在这一段时期也有了较快的发展。2006 年 12 月银监会出台了《关于调整放宽农村地区银行业金融机构准入政策更好地支持社会主义新农村建设的若干意见》，首批选择四川、吉林等六省（自治区、直辖市）进行试点，2007 年 10 月又将新型农村金融机构试点扩大到全国 31 个省（自治区、直辖市）。

(单位：亿元)

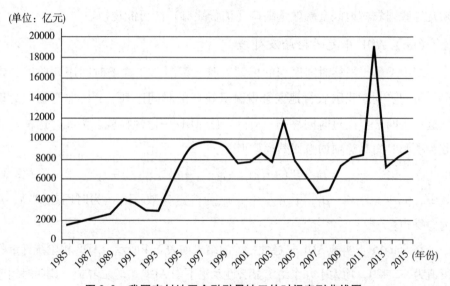

图 2.2 我国农村地区金融融量缺口的时间序列曲线图

2012 年我国农村地区的金融融量缺口大幅增加。究其原因主要是由于农村经济的快速增长导致理论金融融量的增速明显高于实际金融融量。2012 年 1 月出台的《全国现代农业发展规划》在一定程度上推进了农业产业转型，刺激了农村经济的发展，农村国内生产总值突破 5 万亿元大关。2013 年金融融量缺口又迅速回落，主要是由于农户储蓄存款额快速增长，致使农村实际金融融量大幅增加。在这一阶段虽然农村地区的金融融量缺口比 2007 年有明显增加，但金融融量缺口率仍维持在5%左右，并未出现明显的增加。这一状况应与农村地区金融体系显著完善，农村金融市场的效率显著提高有关。

四、关于我国农村地区金融融量缺口的预测

未来几年既是我国经济实现产业结构调整与升级的决战阶段，也是中华民族实现"两个一百年"奋斗目标的关键时间节点。在这期间"三农"问题的解决必须取得显著的进展。而农村地区金融事业的繁荣和发展则是切实解决"三农"问题的前提和保证。显然准确判断未来几年我国农村地区金融融量缺口的规模，对于政府相关部门准确把握"三农"政策的着力重点和力度，极具现实意义。

下面我们就基于所计算出来的相关数据，尝试使用 ARMA 模型来测算未来几年我国农村地区金融融量缺口（信贷缺口）的可能规模。

（一）ADF 平稳性检验及处理

ARMA 属于平稳时间序列的模型。但观察图 2.2 这条时间序列曲线的走势，可初步判断我国农村地区金融融量缺口的时间序列 $\{y_t\}$ 非平稳。为确认这一判断，下面对时间序列 $\{y_i\}$ 实施 ADF 平稳性检验。为此，选择含有截距项和时间趋势项的自回归模型形式。

$$y_t = \beta_0 + \beta_1 t + r_1 y_{t-1} + r_2 y_{t-2} + \cdots + r_p y_{t-p} + \varepsilon_t \qquad （式2.3）$$

其中，β_0 为截距项；β_1，α，r_1，$\cdots$，r_p 为待定参数；p，t 为时间趋势项；ε_t 为白噪声。

在 Stata15 下实施 ADF 平稳性检验的结果如表2.4 所示。ADF 检验统计量的得值为 -2.429，均大于几个给定显著性水平下的 ADF 检验临界值。说明时间序列 $\{y_t\}$ 至少有一个单位根，因此应接受时间序列 $\{y_t\}$ 非平稳的原假设。

表 2.4　$\{y_t\}$ 的 ADF 检验结果

对回归方程的约束	ADF 检验值	临界值		
		1%	5%	10%
(c, t)	-2.429	-4.352	-3.588	-3.233

直接基于非平稳时间序列构建模型将使得预测误差令人难以接受，因此

必须设法解决时间序列 $\{y_t\}$ 非平稳的问题。根据 Grammer 分解定理，任意一个方差齐性的非平稳时间序列都可以被分解成一个以时间 t 为解释变量的确定性函数与受某个阶数延迟算子约束的零均值白噪声之和。再考虑到离散变量的差分运算实际上就是连续变量的微分运算。因此对于一个蕴含线性趋势的时间序列来说，对其实施一阶差分就可以将其中的趋势剔除，从而达成平稳。但对于蕴含曲线趋势的时间序列来说，一阶差分尚不足以剔除趋势。

不过总体来说要注意避免出现过度差分的问题。因为过度差分尽管无碍于剔除趋势的目标，但将影响模型的预测精度。就经济指标时间序列而言，根据经验通常不超过 2 次差分便可剔除其中的趋势。

此外，根据经验差分剔除趋势这种方法本身就有增大残差序列方差从而损害预测精度的缺点。因此这里将转而采用拟合线性趋势的方法剔除趋势，以达成残差序列的平稳。为此，对 y_t 关于时间趋势项 t 实施回归分析，并作参数的显著性检验。检验结果如表 2.5 所示。截距项和时间趋势项这两个参数在 95% 的置信度下显著成立。

表 2.5　y 与 t 的拟合结果

y	回归系数	标准误	t 值	P 值
t	258.5985	55.85588	4.63	0.000
_cons	2473.695	1023.855	2.42	0.022

根据表 2.5 所刻画的 y 与 t 之间的趋势变化，令 $x_t = y_t - (2473.695 + 258.5985t)$，我们很容易得到残差序列 $\{x_t\}$。然后对残差序列 $\{x_t\}$ 进行不含截距项和时间趋势项的 ADF 检验，检验结果如表 2.6 所示。可见残差序列 $\{x_t\}$ 平稳。

表 2.6　$\{x_t\}$ 的 ADF 检验结果

对回归方程的约束	ADF 检验值	临界值		
		1%	5%	10%
(0, 0)	-2.701***	-2.657	-1.950	-1.601

注：*** 表示在 1% 的统计水平上显著。

（二）$\{x_t\}$ 序列 ARMA 模型的参数估计及预测

其实任何平稳时间序列都可使用 AR 模型来模拟，只是可能存在阶数太高的弊端。于是引入 MA 模型，从而生成阶数显著降低的 ARMA 模型。根据我们的实证经验，ARMA 经济模型的两个阶数通常都不会超过 2。结合观察残差序列 $\{x_t\}$ 的自相关图和偏自相关图，也并无特殊之处。因此这里将枚举 p 值和 q 值均不超过 2 的 ARMA（p，q）模型，以便从中对比择优，最终将最佳的模型结构确定出来。

计量经济模型的构造应遵循最佳拟合准则和最优预测精度准则。其中前者要求模型很好地拟合样本数据；后者要求模型的预测误差尽可能地低。增加模型的滞后阶数（p 或 q）通常都能提高模型拟合优度。不过滞后阶数的增加势必减少自由度，从而增大参数估计的方差，最终使得预测误差的方差增大。由此可见，这两个准则的兼顾需要较高的技巧。一般地认为 AIC 准则或 SBC 准则较好地兼顾了这两个准则，从而成为评价模型质量的基本手段。本模型的质量评价将综合使用这两个准则。相关结果如表 2.7 和表 2.8 所示。

表 2.7　对残差序列拟合各种 ARMA 模型的信息准则值

模型	AIC	SBC
ARMA（1，1）	565.0959	570.7007
ARMA（2，1）	565.0071	570.6118
ARMA（1，2）	566.9082	573.9142
ARMA（2，2）	561.9439	568.9498

从表 2.7 中我们看到，ARMA（2，2）模型的 AIC 准则值与 SBC 准则值分别都比其他模型的准则值小，是故选用 ARMA（2，2）模型。而从表 2.8 可知，ARMA（2，2）模型当中的各参数都显著成立。

表 2.8　ARMA（2，2）估计结果

解释变量	回归系数	Z 值	P 值
AR（1）	1.197891	6.68	0.000
AR（2）	-0.8622292	-4.12	0.000
MA（1）	-1.014126	-4.82	0.000
MA（2）	0.9999964	4.05	0.000

最后，对 ARMA（2，2）的残差序列作随机性检验。结果显示不能否定其为白噪声的原假设。这说明 ARMA（2，2）模型很好地模拟了序列 $\{x_t\}$。

这样，我们就最终得到我国农村地区信贷缺口时间序列的拟合模型为：

$$y_t = 2473.695 + 258.5985t + x_i,$$

$$x_i = 1.198x_{t-1} - 0.862x_{t-2} - 1.014\mu_{t-1} + 0.999\mu_{t-2} \quad （式2.4）$$

基于上述模型，我们可以对未来几年我国农村地区的信贷缺口施以简单的预测。考虑到预测精度这一因素，这里仅预测到 2020 年度。具体预测结果如表 2.9 所示。

表 2.9 2019—2022 年我国农村金融融量缺口预测值

（单位：亿元）

年份	2019	2020	2021	2022
农村金融融量缺口	10684.71	12637.25	14685.57	17561.64
95％置信区间	(8438.75, 13048.73)	(9254.86, 14846.57)	(11760.85, 18209.64)	(14853.72, 20532.51)

根据预测，在未来几年，如果政府不能采取更为有效的举措，促进金融机构显著增加针对"三农"的信贷投放规模，我国农村地区的现有信贷缺口不仅不会缩小，甚或有可能进一步恶化。

第二节 关于山东省农村信贷供求缺口的测算

采取与上一节相同的思路，依据历年《山东统计年鉴》和《山东金融年鉴》所提供的相关数据，也可以计算出山东省农村理论金融融量和农村实际金融融量，进而测算出农村金融融量缺口，如表 2.10 所示。

表 2.10　山东省农村金融融量缺口

（单位：亿元）

年份	农村理论金融融量	农村实际金融融量	农村金融融量缺口	农村金融缺口率
1995	850.15	192.13	658.02	3.42
1996	1050.83	303.76	747.07	2.46
1997	1131.00	385.84	745.16	1.93
1998	1232.57	491.77	740.80	1.51
1999	1318.74	524.17	794.57	1.52
2000	1373.49	621.18	752.31	1.21
2001	1548.14	820.72	727.42	0.89
2002	1695.07	1043.92	651.15	0.62
2003	1898.77	1317.54	581.23	0.44
2004	2167.97	1550.10	617.87	0.40
2005	2363.56	1824.17	539.39	0.30
2006	2546.78	2153.66	393.12	0.18
2007	2845.38	2577.62	267.76	0.10
2008	3346.89	3010.37	336.52	0.11
2009	4222.26	3697.50	524.76	0.14
2010	4760.54	4167.34	593.20	0.14
2011	5229.97	4896.23	333.74	0.07
2012	5839.21	5355.41	483.80	0.09
2013	6388.92	5766.08	622.84	0.11
2014	6908.11	6328.32	579.79	0.09
2015	7571.47	7168.74	402.73	0.06

最终得出的山东省农村地区信贷缺口时间序列拟合模型为：

$$y_t = 0.451 y_{t-1} + 0.529 y_{t-2} + \varepsilon_t \qquad （式2.5）$$

凭以可获得 2019—2022 年山东省农村金融融量缺口预测值，如表 2.11 所示。

表 2.11　2019—2022 年山东省农村金融融量缺口预测值

（单位：亿元）

年份	2019	2020	2021	2022
农村金融融量缺口	548.35	613.43	734.61	854.72
95%置信区间	(324.64, 756.53)	(385.52, 843.65)	(493.48, 957.27)	(676.15, 1142.76)

基于山东省农业在全国的占比，两相对照本文分别对于全国与山东省农村金融供给缺口的测算，可以认为本书关于山东省农村金融融量缺口的上述测算结果是可以接受的。

第三节　农户融资难的主要影响因素分析

不同类型、不同区域农户融资需求的特征不会相同，但大体可分为生产性需求、消费性需求、其他需求三大类型。在这里，我们将农户的融资需求限定于生产性需求。为探究农户融资需求的主要影响因素，我们于 2017 年 7 月至 8 月间，以山东省济南市的周边农村为调研地点，以务农农户为调研对象，取样范围覆盖济南市属 6 个区的 25 个行政村。总共发放问卷 1300 多份，回收有效答卷 956 份。

一、变量选取与模型构建

（一）Logit 模型的构建

农户的融资决策受诸多因素的影响，农户的融资状况实际上是诸多因素综合作用的结果。设若用 Y_i 表示第 i 个农户所作出的具体选择。其中用 $Y_i=1$ 表示该农户选择作出"融资"的决定；用 $Y_i=0$ 表示该农户选择作出"不融资"的决定。用随机变量 U_i^1 表示该农户"融资"的效用；随机变量 U_i^0 表示其"不融资"的效用。用 X_i 表示那些能够影响到该农户融资决策的因素，这些因素具有确定的、可计量的特点。并且假设总共有 K 个这样的影响因素（x_j, $j=1$, 2, …, k），因此 X_i 是一个 K 维系数列向量。用 ε_i 表示那些非确定性或随机性的因素对第 i 个农户融资决策的综合影响，其中 ε_i^1 表示农户"融资"时非确定性或随机性的因素对其融资决策效用评价的综合影响；ε_i^0 表示农户"不融资"时非确定性或随机性的因素对其融资决策效用评价的综合影响。β_0 为常数项。β_1^1 为农户"融资"时 X_i 的 K 维系数列向量；β_1^0 为农户"不融资"时 X_i 的 K 维系数列向量。于是可构建如下形式的随机效用函数模型：

$$\begin{cases} U_i^1 = \beta_0^1 + X_i'\beta_1^1 + \varepsilon_i^1 \\ U_i^0 = \beta_0^0 + X_i'\beta_1^0 + \varepsilon_i^0 \end{cases} \qquad (式2.6)$$

将这两个式子相减，得：

$$U_i^1 - U_i^0 = (\beta_0^1 - \beta_0^0) + X_i'(\beta_1^1 - \beta_1^0) + (\varepsilon_i^1 - \varepsilon_i^0) \qquad (式2.7)$$

再记：

$$y_i^* = U_i^1 - U_i^0, \beta_0^* = \beta_0^1 - \beta_0^0, \beta_1^* = \beta_1^1 - \beta_1^0, \varepsilon_i^* = \varepsilon_i^1 - \varepsilon_i^0$$

$$(式2.8)$$

于是有：

$$y_i^* = \beta_0^* + X_i'\beta_1^* + \varepsilon_i^* \qquad (式2.9)$$

在这个潜回归模型中，由于 y_i^* 是效用差，因此不可观测。不过 Y_i 却是可观测的。并且可以合理假设在 Y_i 与 y_i^* 之间存在如下对应关系：当效用差 y_i^* 大于零时，该农户应该选择 "$Y_i = 1$"，亦即作出 "融资" 的决策；当效用差 y_i^* 小于（或等于）零时，该农户应该选择 "$Y_i = 0$"，亦即作出 "不融资" 的决策。再假设随机项 ε_i^* 所服从的概率分布具有对称性，于是有：

$$P(Y_i = 1 \mid X_i) = P(y_i^* > 0) = P(\varepsilon_i^* > -\beta_0^* - X_i'\beta_1^*)$$
$$= 1 - F_i(-\beta_0^* - X_i'\beta_1^*) = F_i(\beta_0^* + X_i'\beta_1^*) \qquad (式2.10)$$

$$P(Y_i = 0 \mid X_i) = P(y_i^* \leqslant 0) = P(\varepsilon_i^* \leqslant -\beta_0^* - X_i'\beta_1^*)$$
$$= F_i(-\beta_0^* - X_i'\beta_1^*) = 1 - F_i(\beta_0^* + X_i'\beta_1^*) \qquad (式2.11)$$

其中的 $F_i(\cdot)$ 是随机项 ε_i^* 的累积概率分布函数。

至此，基于过渡变量 y_i^*，我们将解释变量 X_i 与 "融资" 或 "不融资" 这两种选择发生的概率（统称融资决策的概率分布）联系起来，从而得到如上述两式所表述的概率结构模型。

为简便起见，记：

$$\beta = \begin{pmatrix} \beta_0^* \\ \beta_1^* \end{pmatrix}, X_i = (1 \quad x_{i1} \quad x_{i2} \quad \cdots \quad x_{ik})', \varepsilon_i = \varepsilon_i^*, i = 1, 2, \cdots, n$$

$$(式2.12)$$

则上述潜回归模型可以写成矩阵的形式：

$$y_i^* = X_i'\beta + \varepsilon_i \qquad (式2.13)$$

于是上述两个的概率结构式就可以简写为如下形式：

$$P(Y_i = 1 | X_i) = P(y_i^* > 0) = P(\varepsilon_i^* > -X_i'\beta) = 1 - F_i(-X_i'\beta) = F_i(X_i'\beta)$$

$$P(Y_i = 0 | X_i) = P(y_i^* \leqslant 0) = P(\varepsilon_i^* \leqslant -X_i'\beta) = F_i(-X_i'\beta) = 1 - F_i(X_i'\beta)$$

（式 2.14）

设若 ε_i^1 和 ε_i^0 服从参数为（0，1）的二重指数分布，则 ε_i 服从逻辑分布，于是可得如下形式的 Logit 回归模型：

$$P(Y_i = 1 | X_i) = F_i(X_i'\beta) = \frac{1}{1 + \exp(-X_i'\beta)} = \frac{\exp(x_i'\beta)}{1 + \exp(x_i'\beta)}$$

（式 2.15）

显然，在 Logit 模型下，随机项的概率密度函数为：

$$f_i = \frac{dF_i(X'\beta)}{d(X'\beta)} = \frac{e^{X'\beta}}{(1 + e^{X'\beta})^2}$$ （式 2.16）

假设总共有 n 个农户分别作出了融资决策，亦即 $i = 1, 2, \cdots, n$，于是拥有 n 个样本信息（$Y_1, Y_2, \cdots, Y_n$）。进而可构造如下形式的似然函数：

$$L = P(Y_1, Y_2, \cdots, Y_n) = \prod_{Y_i = 0} [1 - F_i(x_i'\beta)] \prod_{Y_i = 1} F_i(x_i'\beta)$$

$$= \prod_{i=1}^{n} [1 - F_i(x_i'\beta)]^{1-Y_i} [F_i(x_i'\beta)]^{Y_i}$$ （式 2.17）

在上式两边同时取自然对数，便可得到对数似然函数：

$$\ln L = \sum_{i=1}^{n} \{Y_i \ln[F_i(x_i'\beta)] + (1 - Y_i)\ln[1 - F_i(x_i'\beta)]\}$$ （式 2.18）

进而可得该对数似然函数取最大值的一阶条件（似然方程）：

$$\frac{\partial \ln L}{\partial \beta} = \sum_{i=1}^{n} \left[\frac{Y_i f_i}{F_i} + (1 - Y_i)\frac{-f_i}{(1 - F_i)} \right] X_i = 0$$ （式 2.19）

把样本数据代入 Logit 回归模型，可求得 F_i 和 f_i。然后再将这两个结果代入上述 Logit 模型的似然方程，可得：

$$\frac{\partial \ln L}{\partial \beta} = \sum_{i=1}^{n} [Y_i - F_i(X_i'\beta)] X_i = 0$$ （式 2.20）

求解该似然方程式（例如使用 Newton – Raphson 迭代法），即可求得 Logit 模型参数 β 的极大似然估计值，从而可判断诸确定性因素对于农户融资需求的边际影响。

具体地，Logit 模型可以改写为：

$$[1 + \exp(x_i'\beta)]P(y_i = 1 \mid X_i) = \exp(x_i'\beta)$$

$$P(y_i = 1 \mid X_i) = \exp(x_i'\beta) - P(y_i = 1 \mid X_i)\exp(x_i'\beta)$$

$$\frac{P(y_i = 1 \mid X_i)}{1 - P(y_i = 1 \mid X_i)} = \exp(x_i'\beta)$$

$$\ln \frac{P(y_i = 1 \mid X_i)}{P(y_i = 0 \mid X_i)} = x_i'\beta \qquad \text{（式 2.21）}$$

考虑到自然对数是一个增函数，因此当 $\beta > 0$ 时，说明相应解释变量的变化与农户融资意愿正相关；反之，当 $\beta < 0$ 时，说明相应解释变量的变化与农户融资意愿负相关。总体来说，$X_i'\beta = 0$，说明农户对于融资与否犹豫不定；$X_i'\beta > 0$，说明农户融资的意愿较高；$X_i'\beta < 0$，说明农户不融资的意愿较高。

需要指出的是，为达成分析农户融资需求的影响因素这一目的，Logit 模型并非唯一的可选途径。假设随机误差项 ε_i 服从正态分布，则可构造 Probit 模型。显然分别基于这两个模型所估计出来的 β 值不可能相同，但符号应该一致。此外，这两个模型的拟合效果也会有差异。不过就本例而言，经由验证，这两个模型的效果都能达标。因此只是基于偏好，这里正式采用了 Logit 模型。

Logit 模型和 Probit 模型均非线性概率模型。与之相应地，还可构造线性概率模型。线性概率的缺点主要就是预测功能不达标。但由于本例的目的主要在于拟合样本数据，而不在于预测未知，因此设若本例采用线性概率模型其实也未尝不可，况且线性概率模型毕竟具有运算简单的优点。这里只是基于 Logit 模型的理论基础更扎实的考虑，因此最终确定采用 Logit 模型。

（二）解释变量的设定

基于调研目的、相关经验以及信息的可获得性，本模型选取储蓄水平、收入水平、农户年龄段、受教育程度、经营主业、是否有抵押物、借贷利率、借款难易程度作为自变量（分别记作 X_j, $j = 1, 2, \cdots, 8$）。

在因变量的选取上，我们首先分析与判断信贷需求的有无；再将借款渠道分为向亲戚朋友、向正规金融机构、向非正规（民间）金融机构三大类型，逐一分析农户从这三个借款渠道的借款行为及借款满足情况；从而将因变量确定为有无信贷需求，是否向亲戚朋友借过钱，向亲朋借钱资金需求是否得到满足，是否向正规金融机构借过钱，向正规金融机构贷款资金需求是否得到满足，是否有非正规金融机构信贷需求，向非正规金融机构信贷是否得到满足（分别记作 Y_i，$i = 1$，2，…，7），分别建立 Logit 回归模型。各变量的具体定义与说明如表 2.12 所示。

表 2.12 农户信贷供求影响 Logit 分析因素的定义与说明

变量类型	变量名称及符号	变量定义
因变量	Y_1 有无信贷需求	没有 = 0，有 = 1
	Y_2 是否向亲戚朋友借过钱 Y_3 向亲朋借钱资金需求是否得到满足	没有 = 0，有 = 1
	Y_4 是否向正规金融机构借过钱 Y_5 向正规金融机构贷款资金需求是否得到满足	没有 = 0，有 = 1
	Y_6 是否有非正规金融机构信贷需求 Y_7 非正规金融机构信贷是否得到满足	没有 = 0，有 = 1
自变量	X_1 储蓄水平	5 千元以下 = 0，5 千—2 万元 = 1，2 万—5 万元 = 2，5 万—10 万元 = 3，10 万元以上 = 4
	X_2 农户年龄段	30 岁以下 = 0，30—40 岁 = 1，40—50 岁 = 2，50—60 岁 = 3，60 岁以上 = 4
	X_3 经营主业	非农业 = 1 农业 = 0
	X_4 是否有抵押物	没有 = 0，有 = 1
	X_5 受教育程度	小学及以下 = 0，初中 = 1，高中 = 2，大专及以上 = 3
	X_6 收入水平	3 万元以下 = 0，3 万—5 万元 = 1，5 万—10 万元 = 2，10 万元以上 = 3
	X_7 借贷利率	利率较高 = 0，利率较低 = 1
	X_8 借款难易程度	不难 = 0，难 = 1

二、Logit 模型实证分析的主要结论

选取以上 8 个对农户信贷需求的影响因素进行 Logit 回归分析。进入模型的样本为 956 个（所有有效的调查结果）。所有 BLM 的 McFadden pseudo $- R^2$

均大于 0.5，说明回归方程的拟合效果较好；且 Wald 检验统计量的得值普遍较高，说明总体显著。至于每个解释变量回归系数的得值及其显著性 t 检验的结果如表 2.13 至表 2.19 所示。

（一）关于是否有融资需求的回归分析

表 2.13　影响农户信贷需求因素的 Logit 分析估计结果

因变量：Y_1 有无信贷需求				
Total obs：956，Obs with Dep = 0：119，Obs with Dep = 1：837				
自变量	Coefficient	Std. Error	t – Statistic	Prob
X_1 储蓄水平	− 2.746289	1.398638	− 1.963545	0.0551
X_2 农户年龄段	0.172013	0.160123	1.074255	0.7036
X_3 经营主业	− 1.939871	0.989209	− 1.961032	0.0565
X_4 是否有抵押	1.199874	0.563928	2.127708	0.0374
X_5 受教育程度	0.011462	0.011447	1.001325	0.7237
X_6 收入水平	2.521287	1.453807	1.734265	0.0932
X_7 借贷利率	1.090044	0.997541	1.092731	0.6684
X_8 借款难易程度	− 2.389741	0.943163	− 2.533752	0.0091

数据来源：Eviews 的数据分析。

从表 2 - 13 可以看出，除了农户年龄段、受教育程度和借贷利率三个变量以外，储蓄水平、经营主业、是否有抵押物、收入水平、借款难易程度五个变量均通过了置信水平为 90% 的显著性检验，表示这些解释变量对农户的融资决策影响显著。显著性排序依次为储蓄水平、收入水平、借款难易程度、经营主业、是否有抵押物、借贷利率、农户年龄段、受教育程度。农户受教育程度对农户融资决策的影响不显著，这可能是由于农户受教育程度普遍较低且差异不大的缘故。农户年龄段对其融资决策的影响不显著，这可能是由于年龄的高低不足以影响务农以及农业产出价值创造的缘故。至于借贷利率对农户融资决策的影响不显著，这可能一方面是由于正规金融机构的借贷利率相对固定；另一方面也是由于农户主要通过向亲戚朋友借款的方式融资，因而利率普遍较低，乃至于可以忽略不计。

从通过显著性检验诸因素回归系数的符号来看，储蓄水平、借款难易程度、经营主业、是否有抵押物四个变量的系数为负值，说明这四个变量与农户信贷需求成负相关关系。其中值得关注的是，那些经营传统农业农户的融资意愿较低。这一现象很值得研究。收入水平的系数为正值，说明其与农户信贷需求成正相关关系。结合经营主业与收入水平这两项，说明收入较低是经营传统农业农户的融资意愿较低的重要原因。

（二）各融资渠道的影响因素分析

1. 向亲朋好友融资的渠道

如表 2.14 所示，对于是否向亲戚朋友借过钱，较为显著的影响因素是储蓄水平、农户年龄段、受教育程度、借款难易程度、收入水平五个变量，且均通过了 90% 的显著性检验。其中储蓄水平、收入水平这两个因素的系数为负，说明在亲戚好友之间储蓄水平低的更容易借钱，收入水平高的不太喜欢在亲朋间借钱。

此外，农户年龄段、受教育程度、借款难易程度三个因素的系数为正。这说明受教育程度较高、年龄较大的农户在亲戚朋友间较受欢迎，因此在亲朋间借款较多。

剩余三个因素未通过显著性检验，说明在亲朋间经营主业、借贷利率等因素对融资决策的影响并不显著。而且是否有抵押物对亲朋好友间借贷的影响不显著，这体现了农户间重感情、互帮互助的淳朴风气，以及重教育、尊敬长者的理念。"彼此借钱没有利息，没有抵押物，好借好还"的观念蔚然成风。

表 2.14　影响农户亲戚朋友信贷需求因素的 Logit 分析估计结果

因变量：Y_2 是否向亲戚朋友借过钱				
Total obs：837，Obs with Dep = 0：186，Obs with Dep = 1：651				
自变量	Coefficient	Std. Error	t – Statistic	Prob
X_1 储蓄水平	− 1.526491	0.769715	− 1.983189	0.0496
X_2 农户年龄段	0.455933	0.248019	1.838301	0.0712
X_3 经营主业	0.415434	0.283386	1.465963	0.1995
X_4 是否有抵押物	− 0.252741	0.208423	− 1.212635	0.5097
X_5 受教育程度	1.315608	0.717760	1.832937	0.0732
X_6 收入水平	− 0.756326	0.420221	− 1.799827	0.0839
X_7 借贷利率	0.485108	0.334468	1.450385	0.2039
X_8 借款难易程度	− 1.065549	0.588008	− 1.812132	0.0811

数据来源：Eviews 的数据分析。

如表 2.15 所示，就是否能从亲朋好友借到款项而言，除了是否有抵押物、收入水平以外，其他六个因素皆通过了90%以上的检验，表现为显著影响。不过，显著性影响因素与是否有需求的显著性影响因素在排名上并不完全相同，在满足程度的排序中，储蓄水平的影响降到第六位，前六位依次为农户年龄段、受教育程度、借款难易程度、借贷利率、经营主业、储蓄水平。

表 2.15 影响农户亲戚朋友信贷需求满足程度因素的 Logit 分析估计结果

因变量：Y_3 向亲朋借款资金需求是否能够满足				
Total obs：651，Obs with Dep = 0：59，Obs with Dep = 1：592				
自变量	Coefficient	Std. Error	t – Statistic	Prob
X_1 储蓄水平	– 1.806543	0.942087	– 1.917596	0.0684
X_2 农户年龄段	0.812167	0.215565	3.7676200	0.0012
X_3 经营主业	1.594207	0.821517	1.940564	0.0659
X_4 是否有抵押物	2.131054	1.761445	1.209833	0.5243
X_5 受教育程度	1.047150	0.596436	1.755679	0.0856
X_6 收入水平	– 1.845481	2.217662	– 0.832174	0.8856
X_7 借贷利率	1.455404	0.721850	2.016214	0.0471
X_8 借款难易程度	– 1.119647	0.479991	– 2.332644	0.0221

数据来源：Eviews 的数据分析。

2. 向正规金融机构融资的渠道

如表 2.16 所示，对于是否向正规金融机构借过钱，较为显著的是储蓄水平、经营主业、是否有抵押物、收入水平、借贷利率、借款难易程度六个变量，均通过了90%的显著性检验。显著性居前两位的依然是储蓄水平和收入水平。然后依次是借款难易程度、经营主业、借贷利率、是否有抵押物。其中储蓄水平、收入水平、是否有抵押物系数为负，表明相应变量水平越高，对正规金融机构的借款越少。这一结论与实际生活感受一致。另外两个为正相关，表示经营非农业以及对金融政策认知程度较高者更容易发生借款行为。

表 2.16　影响农户正规金融机构信贷需求因素的 Logit 分析估计结果

因变量：Y_4 是否向正规金融机构借过钱				
Total obs：837，Obs with Dep = 0：631，Obs with Dep = 1：206				
自变量	**Coefficient**	**Std. Error**	**t – Statistic**	**Prob**
X_1 储蓄水平	− 0.651455	0.175831	− 3.705011	0.0018
X_2 农户年龄段	1.738391	1.509429	1.151688	0.6039
X_3 经营主业	1.141878	0.656561	1.739180	0.0895
X_4 是否有抵押	− 0.257601	0.056353	− 4.571179	0.0000
X_5 受教育程度	1.917178	2.877540	0.666256	0.9352
X_6 收入水平	− 0.945913	0.321210	− 2.944844	0.0071
X_7 借贷利率	1.451761	0.807599	1.797625	0.0845
X_8 借款难易程度	− 1.041311	0.516248	− 2.017076	0.0439

数据来源：Eviews 的数据分析。

如表 2.17 所示，就是否能从正规金融机构借到款项而言，储蓄水平、农户年龄段、经营主业、是否有抵押物、受教育程度、收入水平六个变量均通过 90% 的检验，表现为影响显著。显著性排序依次为储蓄水平、收入水平、是否有抵押物、受教育程度、农户年龄段、经营主业。这说明农户向正规金融机构贷款的成功率取决于储蓄水平、收入水平、是否有抵押物以及和还款能力相关的受教育程度等因素。

表 2.17　农户向正规金融机构贷款满足情况的 Logit 分析估计结果

因变量：Y_5 向正规金融机构贷款资金要求是否得到满足				
Total obs：206，Obs with Dep = 0：69，Obs with Dep = 1：137				
自变量	**Coefficient**	**Std. Error**	**t – Statistic**	**Prob**
X_1 储蓄水平	0.045913	0.013271	3.459560	0.0039
X_2 农户年龄段	− 0.948701	0.557779	− 1.700855	0.0989
X_3 经营主业	1.535677	0.788997	1.946366	0.0626
X_4 是否有抵押	0.313435	0.133532	2.347268	0.0165
X_5 受教育程度	0.586488	0.262629	2.233147	0.0308
X_6 收入水平	0.126525	0.036863	3.432331	0.0054
X_7 借贷利率	1.645494	1.374951	1.196766	0.5254
X_8 借款难易程度	− 1.810698	1.539570	− 1.176106	0.5321

数据来源：Eviews 的数据分析。

此外，农户年龄段这一变量的系数为负值，表明银行更倾向于向中青年农户贷款。

3. 向非正规金融机构融资的渠道

表 2.18　影响农户私人放款与民间组织信贷需求因素的 Logit 分析估计结果

因变量：Y_6 是否有非正规金融机构信贷需求				
Total obs：837，Obs with Dep = 0：785，Obs with Dep = 1：52				
自变量	Coefficient	Std. Error	t – Statistic	Prob
X_1 储蓄水平	– 3. 108784	0. 810414	– 3. 836045	0. 0009
X_2 农户年龄段	– 1. 162819	0. 589605	– 1. 972201	0. 0532
X_3 经营主业	– 2. 260182	0. 868849	– 2. 601351	0. 0084
X_4 是否有抵押	– 1. 577721	0. 634481	– 2. 486631	0. 0141
X_5 受教育程度	– 0. 881971	0. 656235	– 1. 343986	0. 3151
X_6 收入水平	– 0. 553821	0. 662430	– 0. 836045	0. 8356
X_7 借贷利率	– 2. 934387	1. 021651	– 2. 872201	0. 0082
X_8 借款难易程度	– 3. 057149	0. 976731	– 3. 129982	0. 0046

数据来源：Eviews 的数据分析。

如表 2.18 所示，在向非正规金融机构申请信贷时，储蓄水平、经营主业、借款难易程度、借贷利率、是否有抵押物、农户年龄段六个变量均通过了 90% 的显著性检验。且各变量的系数均为负值，表明这六个变量的影响均呈负相关。这表明农户普遍不喜欢向非正规金融机构申请信贷。

表 2.19　农户非正规金融机构信贷的满足情况的 Logit 分析估计结果

因变量：Y_7 非正规金融机构信贷是否得到满足				
Total obs：52，Obs with Dep = 0：19，Obs with Dep = 1：33				
自变量	Coefficient	Std. Error	t – Statistic	Prob
X_1 储蓄水平	0. 910121	1. 004285	0. 906238	0. 7521
X_2 农户年龄段	– 0. 998997	0. 505662	– 1. 975623	0. 0526
X_3 经营主业	– 1. 193310	0. 590101	– 2. 022212	0. 0432
X_4 是否有抵押物	1. 523235	0. 688994	2. 210811	0. 0337
X_5 受教育程度	1. 223212	0. 192351	2. 160442	0. 0359
X_6 收入水平	2. 541512	0. 566186	2. 299450	0. 0256
X_7 借贷利率	0. 545236	0. 625451	0. 871749	0. 8102
X_8 借款难易程度	0. 289117	0. 234176	1. 234610	0. 4896

数据来源：Eviews 的数据分析。

如表2.19所示，就是否能从非正规金融机构借到款项而言，收入水平、是否有抵押物、受教育程度、经营主业、农户年龄段五个因素均通过了90%的检验。其中农户年龄段和经营主业这两个因素的系数为负值，说明青壮年农户以及进行非农业经营的农户在非正规金融机构信贷渠道中较易得到满足。

（三）民间借贷是满足农户融资需求的主渠道

在本次调研中，我们总共获取956个有效样本。其中有资金需求的农户达837个。而在这些存在资金需求的农户中，选择向亲朋好友借款的农户达651个；选择向正规金融机构借款的有206个；选择向非正规金融机构借款的有52个。这说明民间借贷（亦即向亲朋好友借款和向非正规金融机构借款的统称）仍是满足农户融资需求的主要渠道。

在向亲朋好友借款的651个样本中，有592个满足了资金需求；在正规金融机构的206个样本中，有137个满足了资金需求；在非正规金融机构信贷需求的52个样本中，有33个的资金需求得到了满足。由此可见，民间金融的供给效率明显高于正规金融。

近十多年来，陆续有很多论文研究我国农户融资需求的影响因素问题。例如朱喜、李子奈（2006）的实证研究结果表明农户的信贷需求受到其收益能力的显著影响；农户贷款需求的满足程度不到总数的一半。这一结论与我们的上述实证调研结果基本一致，说明近十多年来我国农户信贷需求的满足度很可能并未获得明显的改善。朱力（2017）针对江苏省泰州市的实证调研结果表明，农户受教育程度以及农户能够承受的利率对农户融资渠道的选择具有显著的正向影响，这一结果与我们的调研结论相同。但江苏省泰州市的农户倾向于向银行等正规金融机构借款，这一结果与我们在山东省的调研结果则存在显著的差异。与我们实证调研的类似，李锐、朱喜（2007）也认为我国的农户借贷大部分发生在亲友之间。当然，即使在山东省内的不同地区，我们也发现农户的融资需求也存在显著差异。这说明很难一概而论我国农户的融资需求状况及其主要特点。进而提示我国各地区的农村金融供给政策既要具有统一性和协调性，以适应我国农村金融需求的基本状况，同时也必须根据各地区农村金融需求的特殊状况，因地制宜地制定相匹配的金融供给政策。不能在全国采取"一刀切"的农村金融发展政策。这就要求尽可能地下放农村金融政策的权限。

本章小结

山东省农村地区资金供给不足的情况很严重，未来三年的农村融资缺口不低于 500 亿元。而全国的缺口则接近于 1 万亿元。

总体来说，目前山东省的民间借贷仍是满足农户融资需求的主要渠道，并且民间金融的供给效率明显高于正规金融。青壮年农户以及进行非农业经营的农户较易从非正规金融机构得到贷款。

经营传统农业农户的融资意愿较低。其中收入水平低是其不愿贷款的主要原因。受教育程度较高、年龄较大的农户在亲戚朋友间较受欢迎，因此在亲朋间借款较多。收入水平高的不太喜欢在亲朋间借钱。

农户向正规金融机构贷款的成功率取决于储蓄水平、收入水平、抵押物的价值以及和还款能力相关的教育水平是影响农户向正规金融机构申请贷款成功率的重要因素。并且正规金融机构倾向于向中青年农户投放贷款。

第三章 农村金融供给不足的成因分析

本章将证明，从宏观层面来看，造成农村金融供给不足的原因主要有三个。一是金融市场不完备，资金供求双方的风险偏好不匹配。目前我国农村金融供给以信贷为主要方式，但由于存款性金融机构的风险偏好较低，因此不可能满足所有理性且有效的资金需求。二是农村信用制度不健全，农户普遍缺乏担保或者担保价值不足。三是在金融机构与农户间未能建立起持久稳定的资金供求合作关系。

图 3.1 关于农村金融供给不足成因分析的逻辑框架图

除了上述三个宏观制度或机制性因素之外，从微观层面来看，现有农村金融机构的网点布局残缺不全，且普遍经营效率低下，使得现有农村金融机构的金融供给潜力未能得到充分发掘，也是造成当今农户融资难的重要因素。

第一节 金融市场不完备，资金供求双方的风险偏好不匹配

本节将论证如下几个结论：其一，相较于一般投资者，存款类金融机构

的风险偏好较低，因此不能指望经由间接融资的方式来满足整个社会的融资需求。其二，企业价值最大化是存款类金融机构经营的根本目的，因此净现值准则是其信贷投放的核心依据；利率通常既不是存款类金融机构决定其贷款是否投放的充分条件，有时也不是必要条件。其三，金融市场体系不完备，资金供求双方的风险偏好不匹配，间接融资占比过高，无法满足风险程度较高的融资需求，是造成当今我国中小企业或农户融资难的主要原因。

一、存款性金融机构的风险偏好较低

在我国，民营企业、中小企业以及农户融资难是一个广受诟病的老问题。主流论述把其归咎于存款类金融机构，认为其信贷投放独厚国企或大型企业，向民企、中小企业或农户投放信贷的意愿太低。本章认为这种观点未必正确，设若顺着这一思路推衍下去，进而提出相应的对策，则极有可能扭曲存款类金融机构的正常理性经营行为。实际上，金融市场不完备（多样性不足），资金供求双方的风险偏好不匹配，存款类金融机构的风险偏好较低，无法满足较高风险的融资需求，从而造成金融供给相对不足，是最终促成民营企业、中小企业以及农户融资难最为主要的原因。

目前，间接融资仍是我国的主要融资方式；在农村地区甚或是唯一的融资方式。存款类金融机构是间接融资供给的主体。但存款类金融机构天性惜贷，不可能满足整个社会的融资需求。

（一）存款性金融机构的负债资金来源具有准到期债务的性质

之所以说存款类金融机构天性惜贷，就是由于其是一类特殊的投资者。尤其在我国，存款类金融机构的信贷资金主要来自于存款负债。尽管可以把其存款负债划分成定期存款和活期存款两大类，但考虑到定期存款也可以活期提取，而活期存款更可以随时提取，因此存款类金融机构所吸纳的存款资金来源实质上均为到期债务。存款类金融机构的基本经营方式实质上就是通过吸纳短期负债筹措资金，然后经由期限错配的经营方式，将其用于发放期限相对较长的贷款，从而形成流动性远低于负债的信贷资产。

根据《中华人民共和国破产法》第七条的规定，债务人不能清偿到期债务，债权人可以向人民法院提出对债务人的破产清算。实际上"不能清偿到期债务"是债务人进入破产清算程序的两个要件之一。考虑到存款类金融机构的存款负债实质上均为到期债务，因此若说其天生一只脚踏在随时被破产清算的启动线上，实不为过。而除了存款类金融机构之外，其他任何投资者的合法负债都是预先明确约定期限的，债权人无权违约要求债务人提前还本付息。这就意味着，相较于其他投资者，理性存款类金融机构天性相对谨慎多疑，其投资行为自然要相对谨慎保守得多。

（二）政府对存款性金融机构的监管最严格

此外，相较于其他投资者，存款类金融机构更肩负重大的社会责任（吸纳闲置资金、融通资金、提供信用货币等），因此国家对其稳健经营的要求相对更为严格。根据《中华人民共和国商业银行法》第四条的规定，商业银行的经营应以安全性、流动性和效益性为原则。在这里，"三性原则"的排列顺序并非随意。实际上对任何一位投资者来说，其生产经营与投资又何尝不应该遵循这"三性原则"呢？但国家唯独以立法方式专门要求商业银行的经营必须保持足够的谨慎，绝对不允许违背"三性原则"，这本身就极不寻常。

（三）存款性金融机构天性惜贷

可以说，自身的特质以及严格的监管制度环境把存款类金融机构塑造成相对谨慎保守的一类投资者。基于经济学的视角，存款类金融机构的投资效用函数一定不同于其他投资者。因此，在与其他投资者评估同一个投资项目时，理性存款类金融机构的投资意愿通常都偏低，从而容易给人留下惜贷的印象。其他投资者产生借贷融资困难的心理感受自然也就在所难免了。

总体来说，基于存款类金融机构资金来源的性质，以其为核心的间接融资方式实质上仅能满足中短期、低风险的融资需求。不能指望以商业银行为主体的存款类金融机构满足整个社会中长期、较高风险的融资需求。因此，针对不同风险性质的投资需求建立相匹配的资金供求市场，从而建立起种类完备的金融市场体系（既包括间接融资，又包括直接融资），使得资金供求双方的风险偏好相匹配，应是缓解融资难的根本之道。

相较于城市，目前我国农村地区金融市场的发育程度更低，金融市场与金融机构的种类更为单一，金融机构的营业网点布局更为残缺不全。因此在广大农村地区不仅直接融资方式极其缺乏，间接融资其实也很困难。这就使得农户融资难的问题尤为突出。

二、利率不是存款性金融机构信贷决策最为看重的因素

许多人困惑：为什么利率调整无法解决融资供求不均衡的问题？为什么即便贷款客户愿意支付足够高的利率，商业银行仍不为所动，拒不提供信贷？本章认为现有主流论述受困于经济学以利率机制为纲的惯性思维模式，因而对这个问题的解释太过烦琐拗口，其基本逻辑与存款性金融机构信贷决策的实践不相符。其实这个问题的答案很简单：利率不是存款类金融机构的信贷决策最为看重的因素。

（一）主流经济学对信贷供给不足的解释：利率调整机制失效

利率是资金的使用价格。古典经济（信贷）理论顺着商品供求价格均衡理论的逻辑思维惯性引申开来，认为在完全信息和交易费用为零的前提下，可以自由调整的利率价格机制必定能使得信贷市场出清。因此，信贷供给不足一定是信贷市场信息不对称、交易费用过高乃至于信贷市场非完全竞争（存在利率价格刚性或垄断）的结果。

作为新凯恩斯主义经济理论的一个重要组成部分，信贷配给理论对古典信贷理论进行了一定程度的扬弃。根据巴尔滕斯珀格（1978）的定义，信贷配给意指这样一种现象：即便贷款申请人愿意接受信贷合约中载明的所有价格条件和非价格条件，其信贷需求仍得不到满足。按照《新帕尔格雷夫经济学大辞典》的定义（p.778），信贷配给指的是依照信贷契约条件贷出方所愿意提供的资金仍少于借入方需求的现象。作为对信贷配给理论的重要发展，斯蒂格利茨和韦斯（1981）引入信息不对称（及其衍生的逆向选择或道德风险等）概念，认为信贷配给意指金融机构由于受逆向选择或道德风险的影响，不愿意通过提高利率的方式来出清信贷市场，从而造成借款客户的贷款需求不能在现有的利率水平上得到满足的现象。也就是说，金融机构提高贷款利率的决策将产生逆向选择和道德风险（逆向激励效应）等问题，那些风险较低的优质贷款申请人将伴随着利率的提高陆续退出市场，真正获得贷款的多为风险较高的贷款申请人，从而造成金融机构信贷资产的风险提高、质量下降。正是基于这种顾虑，当贷款需求增多时，金融机构倾向于采取既不提高

利率，也不增加信贷供给的对策。而不是像古典信贷理论所期望的那样，经由提高利率的方式来减少贷款需求，从而促成信贷供求的平衡。由此产生了信贷配给的现象。

由此可见，与古典经济学一致，新凯恩斯主义也认为利率机制在信贷供求博弈中发挥着主导性作用。相较而言，新凯恩斯主义信贷配给理论的最大特色之处就是引入信息不对称因素，认为信息不对称性使得利率具有了逆向选择效应和逆向激励效应。其中前者意指商业银行提高利率的行为会迫使优质客户退出信贷市场，而高风险客户则会选择滞留或涌入；后者意指商业银行提高利率的行为会诱导借款客户将其借入资金转投入更高风险的投资项目。商业银行会预期到这两种可能性，所以其贷款的预期利润与利率之间的函数关系在其最优利率水平上会发生质变：当贷款利率低于这个最优利率时，随着利率水平的提高，商业银行的预期利润增加，因此商业银行愿意提供贷款，从而贷款供给成为贷款利率的增函数；而当贷款利率高于这个最优利率时，随着利率水平的进一步提高，商业银行的预期利润不增反减，商业银行便不再愿意提供贷款，从而贷款供给又成为贷款利率的减函数。由此，当市场利率高于商业银行的最优利率时，由于信贷供给不足从而出现信贷配给现象。

（二）净现值（NPV）最大化是存款性金融机构信贷决策的基本目标

为厘清信贷供给与利率之间的关系，首先必须明确存款性金融机构经营的终极目标。本节的逻辑主要源于投资理论。将本小节的论述与上一小节对比，可体会出主流信贷理论与投资理论之间的相互矛盾。从逻辑衍化关系上看，投资理论先于信贷理论。因此可以说，目前的主流信贷理论与投资理论不符。本书认可投资理论的相关论述。

依据经济学原理，投资是对当期消费的延迟。理性消费者基于达成其整个人生期间效用最大化的原则来统筹安排自己在未来每一期的消费与投资。基于这种逻辑，投资的目的当然就是要获取最大的效用。相应地，所谓最佳投资规模就是那个能使得投资者效用达到最大化的投资规模。

不过，关于投资决策目标的上述表述过于抽象。好在经济决策都具有边际决策的特点，因此都很局部或具体。况且延迟当期消费的好处通常仅在于可增加其未来的可消费资源拥有量。因此作为对上述投资决策目标的具体化或者合理简化，可以把投资决策的目标描述为获取尽可能多的收益（或利润）。在此基础上，进一步地考虑资金具有时间价值这个因素，于是把投资决策的目标最终锁定在获取尽可能多的净现值上。

所谓某个投资项目的净现值，指的就是该项目在其整个寿命期内每一期净现金流量的折现值之和。设若某个投资项目的净现值大于零，则说明投资者整个人生期间的可消费资源将会因该项目的投资而增加；设若该项目的净现值小于零，则说明投资者整个人生期间的可消费资源将会因该项目的投资而减少；设若该项目的净现值等于零，则说明投资者整个人生期间的可消费资源既不会因为该项目的投资而增加，也不会因为该项目的投资而减少。当然了，即便投资项目的净现值等于零，投资者在其整个人生期间消费资源配置的期限结构也会因该项目的投资而改变。

显然，为尽可能地增加其在整个人生期间的消费效用，投资者应选择那些净现值不小于零的投资项目。具体地，在投资资金充裕的前提下，投资者应依照净现值自高向低的顺序依次选择项目，直至选择到那个净现值恰好等于零的项目为止。但假若投资者只能在两个净现值都不小于零的投资项目间二择一，则应选择那个净现值较大的投资项目。假若投资者可以自由调整某个项目的投资规模，则应将该项目的投资规模调整到能使得净现值达成最大的水平上。

股东与股份有限公司之间属于"委托—代理关系"。基于此，股份有限公司的决策必须顺应股东的意志，追求企业价值最大化的目标。具体到投资项目的评估与筛选，考虑到新增投资项目的净现值实质上就是企业价值的边际增量，因此股份有限公司的投资决策也必须遵循净现值准则。

净现值准则充分考虑到投资项目的收益、支出和期限，其中收益的多寡与投资项目的收益率正相关。同时净现值准则又在一定程度上考虑到投资项目的风险，其中投资项目的风险水平越高，其所适用的基准利率就越高。显然投资项目的净现值与该项目的投资收益率不一定呈正相关的关系。这是因为高收益率的投资项目通常都具有高风险，因此一旦投资项目的风险水平达到一定程度，其所适用的基准利率就会相应提高，从而降低该项目的净现值，甚或能将其较高投资收益率对项目净现值的正效应完全冲销掉。

例如，假设某国债的期限无穷长，面值为100元，票面利率为10%，每年末支付一次利息。再假设其适用的基准利率恰好也为 10%。则该债券的当前价值为 10/10% = 100（元）。设若该债券的市场价格正好就是 100 元，则投资于该债券的净现值为 0 元。现在假设投资者还有另外一个项目可供选择。假设该项目仅须在期初投资 100 元，便可在未来无穷长的时期里每年末净现金流入 20 元。则不难看出，尽管该项目 20% 的投资收益率远高于国债 10% 的投资收益率，但只要该项目的投资风险高于国债，其所适用的基准利率就会较国债的 10% 高。而只要该项目所适用的基准利率高于 20%，该项目的投资价值就会低于国债。

就存款性金融机构而言，其贷款与否当然也应该基于净现值准则来判断。而在净现值准则的运用过程中贷款利率只是一个用来确定其贷款项目未来各期现金流的因素。贷款利率越高，只说明该贷款项目未来现金流的金额越大，但该贷款项目所适用的基准利率也有可能随之提高（因为高收益率通常意味着高风险）。前者将提高贷款项目的净现值；后者将减少贷款项目的净现值。反过来，贷款利率越低，贷款项目未来现金流的金额越少，但该贷款项目所适用的基准利率通常也会趋于降低（因为低收益率通常意味着低风险）。前者将减少贷款项目的净现值；后者将增加贷款项目的净现值。

由此可见，相较于净现值指标，贷款利率绝对不是影响贷款供给更为重要的因素。而且由于贷款利率对贷款项目净现值的影响在很大程度上是不确定的，因此更不宜把信贷供给仅视作利率的函数。

（三）主流经济学对信贷供给与利率之间关系的解释与存款性金融机构的实践不相符

本书认为，相较于经典信贷理论，尽管引入了信息不对称以及风险因素，但信贷配给理论仍未摆脱经典经济学的逻辑思维惯性，亦即仍把信贷供给视作利率的函数，仅把其他影响信贷供给的因素视作对该函数的扰动因素。正是基于这一逻辑，信贷配给理论才演绎出上述这种所谓"向后折弯的"信贷供给曲线（Jaffee 和 Modigliani，1969）。亦即当风险增加到一定程度时，利率的继续提高不再能刺激信贷供给增加，反倒使得信贷供给减少。

纵观信贷配给理论迄今为止的发展，至少存在两个问题：一是其基本逻辑思维方式与金融机构践行的信贷决策思维方式不相符，这就损害了其逻辑思维的恰当性；二是其所采用的数学分析工具较为低端，未能充分借鉴诸如随机优势理论等较高端的数学思维手段。这就带来了两个后果：一是由于金融机构所践行的信贷决策思维方式卓有成效，因此金融机构从业人员难以理解或认同信贷配给理论的内在逻辑；二是信贷配给理论的逻辑演绎颇显烦琐纠结冗长。

在实践中，依据各商业银行的信贷投放业务规程，贷款项目评估是其信贷投放业务的必经环节。归纳和总结商业银行信贷评估与决策业务的现行规程，至少有两个特点与信贷配给理论不符：一是商业银行从未把利率当作其信贷决策的最关键影响因素；二是商业银行信贷评估的对象从来就是贷款申请人拟投资的项目，而不是贷款申请人本身。

例如，仔细阅读分析《中国建设银行股份有限公司信贷业务手册》（内部刊发），我们不难发现其最为重视的项目评估指标是净现值，然后还有诸如内部收益率（IRR）或投资收益率（利润率或利税率）之类的相对率指标。其道理不难理解：净现值评估准则与存款类金融机构追求企业价值最大的总体经营目标完全契合；而收益率指标的高低只是在某些特殊假设前提条件下才与增进企业价值的目标正相关。一个贷款利率较高的项目，其净现值不一定较高。而商业银行一定会选择净现值较高的贷款项目。这就不能排除被选中项目的贷款利率较低的情况出现。

在商业银行的贷款项目评估实践中，商业银行重点评估的是贷款申请人拟投资项目本身的期初投资需求总量、项目寿命期内的财务流入和财务流出以及该项目本身的盈利水平与风险程度。在此基础上，再基于贷款申请人自有资本的投入情况，拿出专门的章节评估这个项目的偿债能力。所有这些内容都是对贷款申请人拟投资项目客观性质的评估，与贷款申请人自身的状况并无直接关系。显然，偿债能力分析既可用于确定商业银行所能索取的贷款利率的上限，同时又能判断未来自该项目（而不是自贷款申请人）如期收回本息的可能性。这就为商业银行与客户间讨价还价商定贷款合同的具体要素提供了基本依据。例如只要商业银行认定拟投资项目本身的质量颇佳，从而贷款申请人能从中获取很高的收益率，商业银行便会斟酌贷款申请人对本行信贷资金的渴望程度，尽可能地抬高贷款利率。

纵观各商业银行的贷款业务评估手册，其名称均为"贷款项目评估"，而不是"贷款申请人评估"。其实商业银行另有业务流程专门审核贷款申请人，称之为"客户信用评价"。这里所谓的客户显然专指贷款申请人，而不是该贷款申请人拟投资的项目。不过从逻辑上讲，贷款申请人评估只是贷款项目评估的辅助工作。因为设若没有拟贷款的项目，也就不会有贷款客户。商业银行对贷款申请人本身资产或财务状况的审查主要也是出于为拟投资项目寻求担保的考虑。而项目评估、客户信用评价连同其他相关业务流程共同组成商业银行信贷投放业务的完整规程。

在实践中，商业银行都是基于贷款申请人拟投资项目本身的质量决定是否投放贷款，并确定将要索取的利率。对于那些评估不过关的项目，商业银行将拒绝提供信贷；对于那些尽管评估过关，但风险较高的项目，商业银行对客户的信用评级将有更高的要求，甚或要求提供足够的担保，否则也将拒绝提供信贷；对于那些评估过关且质量较好的项目，商业银行原则上同意放款，且通常项目的质量越高（收益率较高且风险较低），其所报出的利率倾向于越高。当然了，也不排除银行愿意以较低利率向质量较好项目提供贷款的可能性。其实，最终的合同利率到底较高抑或较低，既是商业银行综合考虑各种因素作出决策的结果，也是借贷双方协商谈判讨价还价达成妥协的结果。但有一点是肯定的：商业银行通常在基本同意投放贷款之后才谈判确定贷款利率。基于此，信贷供给自然不宜视作利率的函数。

实体经济领域的投资项目无非两种类型：新建项目或改扩建项目。在现实中，存款性金融机构能否提供信贷资金，通常都是贷款申请人的拟投资项目能否落实或者顺利做下去的必要前提。信贷配给理论所谓一部分资金需求者将会因为利率提高而退出借贷市场的逻辑太令人费解：退出借贷市场，便意味着拟投资项目消失，亦即一个前景广阔的优质项目自此废止；留下来继续向金融机构申请贷款的是那些拟投资项目质量低劣的客户。这就产生一个疑问：金融机构是怎样审查项目的？优质项目的拟投资者如何甘心自己这么好的一个项目只因银行拒贷而寿终正寝？他们会想方设法向银行展示自己手中拟投资项目的优良。现实中的金融机构也不可能闭着眼睛，置其他信贷评估方法或信息于不顾，只以调整利率的方式调控信贷供求。普通的商品销售者可以单凭调整价格的方式来调控商品的供求，但商业银行却绝对不可能这样做。这就是主流经济理论将供求价格均衡论简单套用于信贷市场的关键性错误。

此外，信贷配给理论所描述的道德风险在逻辑上也存在问题，与现实完全不符。因为负债经营具有"双刃剑"的性质：设若项目很成功，其投资收益率高于借贷利率，则负债经营可提高自有资本的投资收益率。贷款申请人所期望达成的就是这种结果。但设若项目的投资收益率不高于借贷利率，则自有资本投资的净现值很可能会小于零，负债经营就得不偿失。贷款申请人绝不希望出现这种局面。因此一个理性的贷款申请人怎么会漠不关心贷款的使用效益呢？而在现行贷款监督机制下，更改贷款用途不仅违约，而且在理性存款类金融机构的监督下更是几无得逞的可能。

到此为止，我们已解释了为什么利率调整无法解决融资供求不均衡的问题，因为存款性金融机构实际上是基于拟投资项目的客观质量决定是否提供贷款，并非基于贷款利率的高低。实际上设若贷款申请人所承诺的利率过高，甚或超过了理性决策可接受的范围，则会被识破，便更无获得贷款的可能了。

既然本书不认可主流经济理论关于信息不对称影响利率的论述，那么应怎样理解信息不对称对存款性金融机构信贷供给的影响呢？本书认为信息不对称只是强化了金融机构对拟投资项目的风险感受，相应提高了风险评估等级，从而降低了对项目质量的总体评价而已。设若不考虑其他因素的影响，则单凭信息不对称带来的风险，金融机构的信贷意愿会相应降低。

信息不对称与风险是两个不同的概念。贷款客户的经营风险或者其拟投资项目的风险意指该客户或投资项目未来净现金流量序列的不确定性。因此无论是贷款客户本身的经营风险，还是拟投资项目的风险，其实都具有客观性。信息不对称指的则是贷款客户的经营信息或者其拟投资项目的信息对金融机构的单向不透明性。但尽管如此，这种信息不对称对金融机构的效应其实最终也将表现为贷款风险的增加。所以从金融机构的角度来看，完全可以把信息不对称归并进风险因素的范畴。正是由于贷款申请人只面临着自身的经营风险或者拟投资项目的风险，而金融机构信贷投放所面临着的风险却相当于贷款客户的经营风险或者拟投资项目的风险与信息不对称所带来的风险的累加，因此当面对同一个拟投资项目的时候，金融机构所给出的风险评估等级一般都要高于贷款客户的风险评估，这就会影响到金融机构的信贷供给决策。

提高利率可以提高商业银行对贷款项目的效用评价，但只要不能抵消信息不对称对效用评价的损害，商业银行就不可能同意发放贷款。对方不惜代价获取贷款的意图甚或会吓坏金融机构，从而减少信贷投放的规模。由此也能造成信贷供给与利率负相关的局面。但本书的逻辑迥异于经典信贷配给理论，正是由于金融机构把信息不对称视作风险因素，所以优质项目的持有者会主动向金融机构提供项目信息，尽可能消弭信息的不对称性，借以提高申请贷款的成功率。只有那些劣质项目的持有者才有可能主动隐瞒项目信息。但在金融机构的项目评估技术水平不断提高及其评估经验不断积累的背景下，劣质项目持有者很难隐瞒信息，金融机构很容易察觉项目信息的不完整或不真实。由此，信息不对称很可能将劣质投资者逐出信贷市场，而不是将优质贷款申请人排除在外。

三、投资收益率（利率）指标的适用性

尽管在投资决策分析中净现值指标优于投资收益率指标，但投资收益率作为相对率指标毕竟有其独到价值，因而被广为使用。不过，顺着尽可能提高资金使用效率这个思路，在实践中许多投资者倾向于把自己的投资决策目标设定为获取最高的收益率。本部分将完成两项工作：其一，证明为达成收益率最高所要求的投资规模通常不同于净现值最大化下的投资规模，从而并非最优投资规模。因此应慎用收益率准则，以免误导投资决策，最终造成投资效率降低这一事与愿违的结果。其二，给出绕开净现值指标，转而以投资收益率指标为主要依据实施投资决策的逻辑假设前提条件。

（一）达成收益率（利率）最高通常不同于达成净现值最大

假定某项目的初始投资为 $I>0$；该项目的寿命期为 n 年，且在期初投资，期末收益；整个项目在期末的净现金流量为 $F>0$。显然，F 是 I 的函数。再假设该项目所适用的基准利率为 r。于是该项目的净现值为：

$$NPV = \frac{F}{(1+r)^n} - I \qquad （式3.1）$$

设若该项目正处于规模报酬递增的阶段，则伴随着投资的增加，其 NPV 将以递增的速度增加；但设若该项目正处于规模报酬递减的阶段，则伴随着投资的增加，其 NPV 将以递减的速度增加。于是为求得能使得该项目的 NPV

达到极大值时的投资额，对上式关于期初投资 I 求一次导数，并令所求得的导数式等于零，有：

$$\frac{d(NPV)}{dI} = \frac{dF/dI}{(1+r)^n} - 1 = 0 \Rightarrow \frac{dF}{(1+r)^2} = dI \qquad （式3.2）$$

可见，NPV 达成最大值的一阶条件为边际投资等于边际收益。而其二阶条件为 $\frac{d^2F}{dI^2} \leqslant 0$。同时满足这两个条件的那个投资额便是该项目的最佳投资额。

所谓该投资项目的收益率，实质上就是那个能使得该项目的净现值恰好等于零的折现率。亦即若令该项目的投资收益率为 x，于是有：

$$\frac{F}{(1+x)^n} = I \Rightarrow x = \sqrt[n]{\frac{F}{I}} - 1 \qquad （式3.3）$$

基于式 3.3 对 x 关于 I 求导，并令所求得的导数式等于零，便可求得能使得该项目的收益率达到极大值的投资额（一阶条件）。

比较这两个一阶条件式不难看出，能使得 x 达到最高的投资额通常不等于能使得 NPV 达到最大的投资额。因此追求投资收益率最高通常不同于追求净现值最大。这就意味着能使得收益率达到最高的投资规模通常不是最佳投资规模。因此一般地说，投资决策应遵循的是净现值准则，而不是收益率准则。

为进一步厘清其中的逻辑，现再举一个具体的例子。假设某投资者的可用投资额为 100 元；再假设其仅能在两个一年期的投资项目间二择一：项目 1 的期初投资为 100 元，期末净现金流入为 130 元；项目 2 的期初投资为 50 元，期末净现金流入为 70 元。再假设该投资者一年期资金的机会成本率为 10%。于是，设若该投资者选择项目 1，则其收益率 x_1 和净现值 NPV_1 分别为：

$$x_1 = \frac{130}{100} - 1 = 30\%，\ NPV_1 = \frac{130}{1+10\%} - 100 = 18.18 \qquad （式3.4）$$

设若该投资者选择项目 2，则其收益率 x_2 和净现值 NPV_2 分别为：

$$x_2 = \frac{70}{50} - 1 = 40\%，\ NPV_2 = \frac{70}{1+10\%} - 50 = 13.64 \qquad （式3.5）$$

可见，若依收益率的高低来选择项目，则应选择项目 2；但若依净现值的大小来选择项目，则应选择项目 1。显然本例应基于净现值准则来选择项目 1。这是因为一旦错误地选择了项目 2，则该投资者的整体收益率仅为：

$$\frac{70+50\times(1+10\%)}{100}-1=25\%$$

这就意味着选择项目 2 的综合收益率相较于选择项目 1 低 5%。若从净现值这个指标来理解,则与选择项目 1 相比较,选择项目 2 将使得该投资者减少可支配消费资源折合现值 18.18 - 13.64 = 4.54(元)。

在实践中绝大多数企业(尤其是上市公司)都将企业价值最大化作为自己经营管理的终极目标。一个企业的价值实质上就是该企业未来每期净现金流量的折现值之和。计算企业价值的内在逻辑与计算某个投资项目的净现值完全相同。新增投资的净现值实质上就是该项目对企业价值的边际贡献额。具体说到金融机构,信贷投放是其主要的可选投资项目;贷款利率近似于投资收益率。考虑到金融机构的可选贷款项目有限,贷款项目更不能无限细分,因此理性的金融机构应该依照净现值的大小(而不是贷款利率的高低)来评价贷款项目的相对优劣。这一结论与目前我国商业银行的信贷投放业务规程要求是相一致的。

同理,就贷款客户来说,申请贷款的必要性既取决于信贷资金的成本(主要由贷款利率构成),更取决于信贷资金使用的收益与风险。因此投资者申请贷款与否同样取决于拟投资项目的净现值是否不低于零,而不仅仅取决于贷款利率的高低。早在 1983 年,原国家计委就颁发《关于建设项目进行可行性研究的试行管理办法》,正式把投资项目可行性研究列入基本建设程序。1987 年 9 月,原国家计委又颁发《建设项目经济评价方法与参数》。分析研究这些文件不难看出,相关部门也要求企业的贷款决策应基于项目本身的价值来考虑,贷款利率并非首要考虑因素。

总而言之,无论是信贷资金的供给,还是信贷资金的需求,通常都不宜将其仅仅视作信贷利率的函数。

(二)使用投资收益率(利率)指标的假设前提条件

需要指出的是,上述结论的得出隐含一个前提,亦即隐含地假设可选投资项目数量有限。显然该假设是符合现实情况的。不过,在作纯理论分析时,亦可假设待选投资项目无穷多,且投资项目可无限细分,并假设投资资金充裕。于是依照净现值准则,投资者应将其总投资规模控制在最后一个单位投资额的 NPV 正好等于零的水平上。这时其最后一个单位货币的投资收益率恰好等于基准利率。

现在考虑基于收益率指标决策的结果。设若可选投资项目无限，且投资项目可无限细分，再假设投资资金充裕，则基于收益率准则，投资者应按照收益率自高到低的顺序依次选择项目，直至其最后一个单位投资额的收益率正好等于基准利率为止。

由此可见，在投资项目无穷多且可无限细分以及投资资金充裕的假设条件下，依照收益率不低于基准利率的准则来选择项目，与依照 $NPV \geqslant 0$ 的准则来选择项目，二者所选择出来的拟投资项目清单将完全相同（但在这两份清单中各项目的优选排列顺序可能不同）。这就提示我们确实存在以收益率为基准评估项目的可能性。

相较于净现值、收益或利润之类的绝对值指标，收益率之类相对率指标具有可比性强的优点。此外，微观经济学也被称为价格理论，微观经济分析具有以价格机制为核心展开分析论述的传统。这使得我们变得循规蹈矩，养成套用供求均衡价格理论展开投资决策分析的思维习惯，从而偏好基于收益率指标（而不是净现值、收益或利润）来探讨投资决策问题。基于上述分析，这一愿望是可以实现的，但必须满足几个假设条件：可选投资项目有无穷多个，投资项目可无限细分，投资资金充裕，所有待选项目的收益率都不低于基准利率。

就信贷供求理论而言，从信贷供给者的角度来看，在满足上述几个严格假设条件的前提下，再追加一个假设：贷款利率恰好等于该笔贷款的投资收益率。则仍可把信贷供给视作利率的函数。

从信贷需求者的角度来看，在满足上述几个严格假设条件的前提下，再追加如下几个假设：假设拟投资项目本身的状况（例如未来每期净现金流量的规模及其风险特征等）都给定（从而可以确定未来每期净现金流量的规模以及该项目所适用的基准利率），且与拟投资项目相关的所有其他成本费用因素都既定，唯一尚未确定的费用因素就是贷款利率及其还本付息方式。这时，亦可把信贷资金的需求视作利率的函数。

四、风险因素对信贷供给的消极影响

为遵循经济理论分析的习惯，从这里开始的后续分析将假定可选投资项目有无穷多个、投资项目可无限细分、投资资金充裕，且所有待选择项目的收益率都不低于基准利率。于是可基于利率来研究信贷资金的供求，进而引入风险因素，探讨其对信贷供给的影响。

风险因素对信贷供给的影响显然是消极的。因此关键是探析风险因素影响信贷供给的具体机制。借贷配给理论只是把风险因素视作对以利率为自变量的信贷供给函数的一种随机扰动。但本书认为应把风险引入投资效用函数，与利率等变量并列作为影响投资效用的自变量。

就现行主流投资评估方法而言，除了动态投资回收期指标以外，只有投资项目评估的净现值准则与收益率准则涉及风险因素，主要表现在两个方面①：一是在确定基准利率时明确引入风险溢价概念，从而将投资项目所适用的基准利率定义为在风险类似背景下的一般投资收益率，大约相当于无风险利率＋风险报酬率（CAPM、William Sharpe、John Lintner、Jack Treynor 和 Jan Mossin，1964）；二是在投资项目评估的流程中专门设置不确定性分析环节，并要求采用敏感性分析或概率分析等方法专门评估投资项目的风险。

不过，总体来说，这些文件所给出的风险分析手段仍比较粗糙，只能给出项目支出、收益或寿命周期的最大允许波动范围，或者给出项目净现值不低于零（或者投资收益率不低于基准利率）的累积概率。本节此后的内容将运用随机优势理论，基于投资者的效用函数，逐步剖析利率和风险等因素对投资决策的不同影响。

（一）不确定环境下投资决策的一般逻辑

经济理论把投资决策理解为投资者在一系列可选投资项目间的抉择过程；或者理解为投资者对一系列可选项目显示其偏好的过程。显然尽管赚取尽可能多的收益通常是投资的主要目的，但考虑到该目标的实现受到诸多因素的制约，因此理性投资者对于各可选项目的偏好不会唯收益的多寡或者收益率的高低是从，而会综合考虑诸多因素的制约或影响。这些相关因素诸如可选项目的某些客观特性，可调度资金的规模、来源及其使用条件，投资者的性

---

① 参见国家发展和改革委员会以及住房和城乡建设部刊发的《建设项目经济评价方法与参数》《市政公用设施建设项目经济评价方法与参数》等文件以及各商业银行关于贷款项目评估的内部操作规程。

格及其处境等。但在这里为简便起见，基于此前已给出的假设，我们将仅研究收益或者收益率及其波动对投资决策的影响。

尽管我们不能详尽罗列所有足以影响投资偏好的因素，并且无法直接模拟投资者分析决策的整个心路历程，但只要投资者具有理性，亦即其思维逻辑满足完备性、自返性和传递性，并且始终把获取最大化的效用作为其投资的唯一目的，则可证明必定存在序数效用函数，使得投资者关于最优投资项目选择的逻辑推理过程等价于寻求效用函数极大值的过程。这就使得我们可以运用求解极值等数学原理来间接分析和判断理性投资者的投资决策及其效果。

具体地，根据效用理论，假设总共有 n 个投资项目可供选择，记作 $\{x_1, x_2, \cdots, x_n\}$，其中的 x_i（$\forall i = 1, 2, \cdots, n$）表示第 i 个投资项目的确定性收益或者收益率。再假定投资者对该 n 个投资项目的弱偏好序（记作 $>$）满足完备性、自返性和传递性，则必定存在序数效用函数（Debrue，1959），记作 $u(x)$，满足：

$$x_i > x_j \Leftrightarrow u(x_i) \geq u(x_j), \quad \forall i \neq j = 1, 2, \cdots, n \qquad (\text{式 3.6})$$

进一步地，如果假定投资者对于该 n 个投资项目的弱偏好序满足连续性，则可证明必定存在连续的序数效用函数 $u(x)$。再进一步地，设若投资者对于该 n 个投资项目的弱偏好序满足单调性、局部非厌足性以及凸性，则可证明连续序数效用函数 $u(x)$ 必定具有单调递增性和拟凹性，因而在 n 个投资项目当中必定存在一个足以促成其效用极大化的投资项目。这个投资项目便是理性投资者最偏好的项目。

不过，在引入不确定性因素的情况下，上述待选项目的投资收益或收益率 x_i（$\forall i = 1, 2, \cdots, n$）不再是确定性变量，而是随机变量。这时在上述关于投资偏好的几个假设基础上，设若进一步地假设投资者对于项目序列 $\{x_1, x_2, \cdots, x_n\}$ 的弱偏好序满足独立性和阿基米德性，则可证明必定存在期望效用函数 $Eu(x)$（J. von Neumann 和 O. Morgenstern，1944；Karni 和 Schmeidler，1991），使得：

$$x_i > x_j \geq Eu_i(x) \geq Eu_j(x), \quad \forall i \neq j = 1, 2, \cdots, n \qquad (\text{式 3.7})$$

设若我们能确定效用函数 $u(x)$ 的具体形式，并能确定随机投资收益或收益率 x 概率分布的具体函数形式，则不难基于期望效用极大化的原则从待选项目序列 $\{x_1, x_2, \cdots, x_n\}$ 中将投资者最心仪的那个项目挑选出来。

但在实践中我们几乎不可能把效用函数 $u(x)$ 或期望效用函数 $Eu(x)$ 的具体形式确定出来。这时只能退而求其次。例如设若我们可以明确效用函数的一些特性，诸如假设可以确定其具有一次导数大于零、二次导数小于零或三次导数大于零等性质，再假设我们仍有能力确定出随机投资收益或收益率 x 概率分布的具体函数形式，则可基于随机优势策略等数学原理来选择项目。

当然了，由于我们只基于效用函数的一部分特性来选择项目，意味着实际上只考虑了影响投资偏好的一部分因素，因此基于随机优势策略所选择出来的"最佳"投资项目很可能在实质上并非最优，亦即实际上并未满足效用最大化的终极要求，从而只能算作一个次优选择。

（二）随机优势策略的基本思路

随机优势策略主要包括三个随机优势判定定理。分别是第一等随机优势判定定理、第二等随机优势判定定理和第三等随机优势判定定理。

1. 第一等随机优势判定定理

设若我们仅能肯定投资者具有收益或收益率越高越好的偏好，亦即只能确信投资者效用函数 $u(x)$ 的一次导数大于零，则对任意两个待选投资项目 A 和 B，应有：

项目 A 优于项目 $B \Leftrightarrow \forall x \in I$，$F_A(x) \leqslant F_B(x)$；且 $\exists x_0 \in I$，使得 $F_A(x) < F_B(x)$。其中，x 为投资项目 A 和 B 的随机收益或收益率；x 的定义域为 $I = [a, b]$，$a < b$；$F_A(x)$ 和 $F_B(x)$ 分别为项目 A 和 B 的随机收益或收益率 x 的概率分布函数。

需要指出的是，在不确定性投资环境下，尽管第一等随机优势判定定理仅假设投资者具有收益越多越好或收益率越高越好的偏好，但这并不意味着投资者将把收益或收益率的相对高低作为其评价投资项目相对优劣的唯一考量因素，即使在投资资金充裕的情况下也是如此。除非其中有一个项目在每一种可能情景下的收益或收益率都不低于其他项目，并且至少在一种可能情景下的收益或收益率要高于其他项目。这一点显著不同于确定环境下的投资决策。

例如，某金融机构须评估 A、B 和 C 三个贷款项目的相对优劣。假设这三个项目均采用浮动利率计息，其未来可能产生的收益率及其概率分布如表 3.1

所示（也可把该表中 x 的各数据理解为未来可能产生的净现值。由于该案例隐含地假设三个项目的期初投资都相同，因此净现值最大等价于收益率最高）。

表 3.1　第一等随机优势判定举例

A		B		C	
x	$F_A(x)$	x	$F_B(x)$	x	$F_C(x)$
-10	0.5	-5	0.25	-5	0.2
30	0.5	0	0.25	2	0.2
—	—	10	0.25	15	0.2
—	—	40	0.25	40	0.4

这三个项目的期望收益率分别为 $E(x_A)=10\%$，$E(x_B)=11.25\%$ 和 $E(x_C)=18.40\%$。但根据第一等随机优势判定定理，如图 3.2 所示，尽管项目 A 的期望收益率显著低于项目 B 和 C，但由于其概率分布曲线分别与项目 B 和 C 的概率分布曲线相交，因此仅凭投资者喜欢较高收益率的假设，仍无法判断 A 与 B 和 C 之间的相对优劣。不过，由于 $\forall x \in I$，B 和 C 这两个项目的收益率概率分布曲线均满足 $F_C(x) \leqslant F_B(x)$，且 $\exists x \in (-5, 40)$，使得 $F_C(x) < F_B(x)$，所以可判定项目 C 相对优于项目 B。

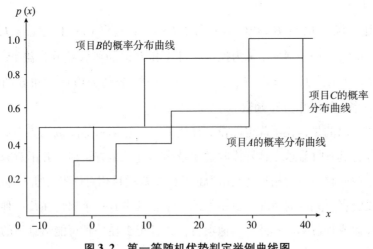

图 3.2　第一等随机优势判定举例曲线图

在这个案例中，尽管贷款项目 C 的期望收益率显著高于项目 A，但我们却无法判断金融机构对这两个项目的相对评价，究其原因就是由于贷款项目

C 的风险显著高于项目 A，而我们却不明确金融机构对待风险的态度。当然了，如果这个金融机构漠视风险，则由于 A 贷款项目的期望收益最低，因此它会认为这个贷款项目最差。经典信贷理论就是采取了这种态度。而信贷配给理论尽管考虑到了风险因素，但其"向后弯折"的贷款供给曲线显然也不能刻画本案例所描述的情景。

2. 第二等随机优势判定定理

设若在确信投资者希望投资收益越多越好或收益率越高越好的基础上，还可以进一步地确信投资者具有厌恶风险的特点，亦即希望投资收益或收益率的不确定性越小越好。换句话说，就是假定投资者的效用函数不仅具有一次导数大于零的特性，还具有二次导数小于零的特性。我们称这样的投资者为风险厌恶型投资者。则对任意两个待选投资项目 A 和 B，应有：

项目 A 优于项目 $B \Leftrightarrow \forall x \in I, \int_a^x \left[F_B(t) - F_A(t) \right] dt \geq 0$；且 $\exists x_0 \in I$，

使得 $\int_a^{x_0} \left[F_B(t) - F_A(t) \right] dt > 0$。

例如，假设某金融机构须评估 A 和 B 两个贷款项目的相对优劣。假设项目 A 采用固定利率计息，项目 B 采用浮动利率计息，其未来可能产生的收益率及其概率分布如表 3.2 所示（也可把该表中 x 的各数据理解为未来可能产生的净现值。由于该案例隐含地假设两个项目的期初投资都相同，因此净现值最大等价于收益率最高）。

表 3.2　第二等随机优势判定举例

A		B	
x	$F_A(x)$	x	$F_B(x)$
1	0.5	0	0.5
1	0.5	2	0.5

这两个贷款项目的期望收益率相等，亦即均为 1%。但其中的项目 A 其实是一个无风险贷款项目，而项目 B 则是一个有风险贷款项目。如图 3.3 所示，基于第一等随机优势判定定理，我们无法确定这两个项目间的相对优劣，因为这时的金融机构对风险的态度不明。但如图 3.4 所示，基于第二等随机优势判定定理，项目 A 优于项目 B，因为我们已知这时的金融机构厌恶风险。

当然了，如果这个金融机构漠视风险，则由于这两个贷款项目的期望收益相同，因此它会认为这两个贷款项目等价。

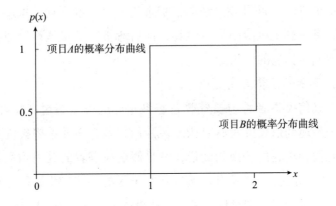

图 3.3　第二等随机优势判定举例图 1

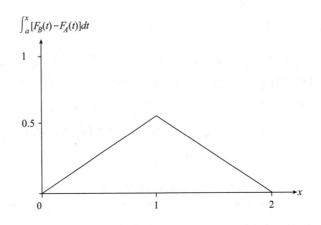

图 3.4　第二等随机优势判定举例图 2

由此可见，风险因素显著影响了风险厌恶型金融机构对贷款项目的评估。换句话说，风险厌恶型金融机构实质上把信贷供给视作期望收益率和风险的函数，或者表述成把信贷供给视作随机收益率的函数，而不是仅仅视作期望收益率（或确定性收益率）的函数。信贷配给理论中"向后弯折"的贷款供给曲线显然也不能刻画本案例所描述的逻辑。

3. 第三等随机优势判定定理

设若在假设效用函数具有一次导数大于零与二次导数小于零这两个特性的基础上，再进一步地假设伴随着随机投资收益或收益率 x 的提高，投资者厌恶风险的程度将呈现出越来越低的态势。亦即假定决策者的效用函数具有一次导数大于零、二次导数小于零、三次导数大于零的特征，则对于任意的两个待选投资项目 A 和 B，必有：

项目 A 优于项目 $B \Leftrightarrow$

（a）$\forall x \in I, \int_a^x \int_a^z \left[F_B(t) - F_A(t) \right] dt dz \geq 0$；且 $\exists x_0 \in I$，使得该多重定积分的取值为正；

（b）$E(x_A) \geq E(x_B)$，或者 $\int_a^b \left[F_B(t) - F_A(t) \right] dt \geq 0$。

需要指出的是，目前一些文献存在随意使用上述三个随机优势判定定理的问题。表现为仅当第一等随机优势判定定理不能确定项目间的相对优劣时，才考虑使用第二等随机优势判定定理；而当第二等随机优势判定定理也不能确定项目间的相对优劣时，才会考虑使用第三等随机优势判定定理。或者同时使用三个定理。但其实从第一等随机优势判定方法到第二等随机优势判定方法，再到第三等随机优势判定方法，随着我们对投资者偏好特性的了解逐渐细致和全面，三个判定定理的结论之间呈现的是越来越准确的关系。三个结论之间相互矛盾是正常现象，相互一致才颇为偶然。因此设若我们可以肯定投资者厌恶风险，且伴随着收益率的提高，其厌恶风险的程度越来越低，则只需且必须使用第三等随机优势判定定理来确定其最终的选择。

（三）期望收益率（利率）较高既不是投资项目较优的充分条件，也不是必要条件

根据第三等随机优势判定定理很容易看出，期望收益率较高只是项目较优的必要条件，但不是充分条件。

不过需要指出的是，在随机优势策略理论中所谓具有随机优势的项目，指的是那个（些）所有满足给定特性的投资者均不否认对其有偏好的项目。以第三等随机优势策略为例，设若所有满足第三等随机优势策略要求的效用函数集合为 U_3，则有：

项目 A 优于项目 $B \Leftrightarrow \forall u \in U_3$，均有 $Eu(x_A) \geqslant Eu(x_B)$；且 $\exists u_0 \in U_3$，使得 $Eu(x_A) > Eu(x_B)$。

从这个定义可以看出，具有第三等随机优势的项目满足如下条件：所有的投资者都认定该项目的期望效用不低于其他项目，且至少有一个投资者认定该项目的期望效用高于其他项目。例如假设存在一个由 m 个项目组成的待选项目序列；再假设总共有 n 个投资者；其中投资者 i 可以肯定第一、二、三个项目优于其他项目，但其无法确定第一、二、三个项目间的相对优劣顺序；不过除 i 之外的其他投资者都认为第一、二个项目优于其他项目，只是在第一、二这两个项目间无法确定出相对优劣顺序，于是基于第三等随机优势判定定理，只有第一、二这两个项目具有第三等随机优势，包括第三个项目在内的其他所有项目都不具有第三等随机优势。

由此可见，第三等随机优势策略排除了一部分包含于 U_3 的效用函数所偏好的项目。这一点还可以从第三等随机优势判定定理的证明过程看出来。这里我们仅考察关于第三等随机优势策略的充分性的证明。由于下列各式均成立：

$$\int_a^a [F_B(t) - F_A(t)]dt = 0$$

$$\int_a^b [F_B(t) - F_A(t)]dt = t[F_B(t) - F_A(t)]\Big|_a^b - \int_a^b td[F_B(t) - F_A(t)]$$

$$= \int_a^b td[F_A(t)] - \int_a^b td[F_B(t)]$$

$$= E(x_A) - E(x_B) \qquad (式3.8)$$

$$d\left\{\int_a^z \int_a^x [F_B(t) - F_A(t)]dtdy\right\} = \int_a^x [F_B(t) - F_A(t)]dtdz \int_a^b u''(z)$$

$$\int_a^x [F_B(t) - F_A(t)]dtdz$$

$$= u''(z)\int_a^z \int_a^x [F_B(t) - F_A(t)]dtdy\Big|_a^b - \int_a^b \int_a^z \int_a^x [F_B(t) - F_A(t)]dtdyd(u'')$$

$$= u''(b)\int_a^b \int_a^b [F_B(t) - F_A(t)]dtdy - \int_a^b u'''(x)\int_a^z \int_a^x [F_B(t) - F_A(t)]dtdydx$$

$$\int_a^a \int_a^a [F_B(t) - F_A(t)]dtdy = 0 \qquad (式3.9)$$

因而有：

$$Eu(x_A) - Eu(x_B) = \int_a^b u(x)d[F_A(x)] - \int_a^b u(x)d[F_B(x)]$$

$$= \int_a^b u(x)\{d[F_A(x)] - d[F_B(x)]\} = \int_a^b u(x)d[F_A(x) - F_B(x)]$$

$$= u(x)[F_A(x) - F_B(x)]\big|_a^b - \int_a^b u'(x)[F_A(x) - F_B(x)]dx$$

$$= \int_a^b u'(x)[F_B(x) - F_A(x)]dx$$

$$= u'(x)\int_a^x [F_B(t) - F_A(t)]dt\,\big|_a^b - \int_a^b u''\{\int_a^x [F_B(t) - F_A(t)]dt\}dx$$

$$= u'(b)\int_a^b [F_B(t) - F_A(t)]dt - \int_a^b u''\{\int_a^x [F_B(t) - F_A(t)]dt\}dx$$

$$= u'(b)\int_a^b [F_B(t) - F_A(t)]dt - \int_a^b u''\{\int_a^x [F_B(t) - F_A(t)]dt\}dx$$

$$= u'(b)[E(x_A) - E(x_B)] - u''(b)\int_a^b\int_a^b [F_B(t) - F_A(t)]dtdy +$$

$$\int_a^b u'''(x)\int_a^z\int_a^x [F_B(t) - F_A(t)]dtdydx \qquad\qquad (式3.10)$$

从最后这个等式不难看出，设若：

$$E(x_A) \geqslant E(x_B), \int_a^b\int_a^b [F_B(t) - F_A(t)]dtdy \geqslant 0, \int_a^z\int_a^x [F_B(t) - F_A(t)]dtdy \geqslant 0$$

$$(式3.11)$$

则必定有 $Eu(x_A) \geqslant Eu(x_B)$。但其实只要最后这个等式中的第二项与第三项足够大，则也可以在 $E(x_A) < E(x_B)$ 的情况下仍达成 $Eu(x_A) \geqslant Eu(x_B)$ 的结果。

由此可见，不排除存在这样的投资者：尽管 $E(x_A) < E(x_B)$，但其仍认为项目 A 优于项目 B。这就意味着在一部分理性的风险厌恶型投资者那里，期望收益率较高甚至不是项目较优的必要条件。

例如，假设某金融机构需要评估 A 和 B 两贷款项目的相对优劣。假设这两个项目的贷款利率均为浮动利率，相应的收益率 x 及其概率分布 $F(x)$ 如表3.3所示（与上一个案例类似，也可把该表中 x 的各数据理解为未来可能产生的净现值。由于该案例隐含地假设两个项目的期初投资都相同，因此净现值最大等价于收益率最高）。

表 3.3　随机优势判定举例

	投资项目 A		投资项目 B	
x（%）	1	100	10	1000
F（x）	0.8	0.2	0.99	0.01
E（x）	20.8		19.9	
σ^2	1468		9703	

在这个例子中，项目 A 的期望收益率较高，方差也较低，因此似乎是一个较好的贷款项目。不过如图 3.5 所示，基于第一等随机优势判定定理，由于两个项目的概率分布曲线相交，因此无法判断其相对优劣。

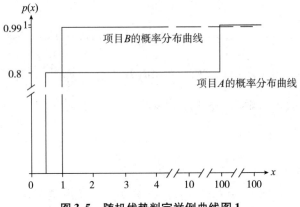

图 3.5　随机优势判定举例曲线图 1

又如图 3.6 所示，由于存在 $\int_{x_1}^{x_2}\left[F_B(t)-F_A(t)\right]dt<0$ 的区域，其中的 $x_1>1$，$x_2<48$，所以基于第二等随机优势判定定理，也不能判断 A 和 B 这两个项目间的相对优劣。

再如图 3.7 所示，由于存在 $\int_{x_1}^{x_2}\int_{x_1}^{x_2}\left[F_B(t)-F_A(t)\right]dtdz<0$ 的区域，所以基于第三等随机优势判定定理，也不能判断 A 和 B 这两个项目间的相对优劣。这就说明，基于第三等随机优势判定定理，期望收益率较高只是项目较优的必要条件，但不是充分条件。

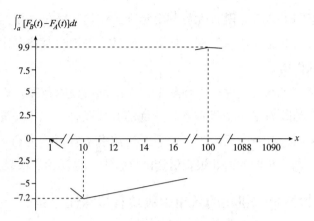

图 3.6　随机优势判定举例曲线图 2

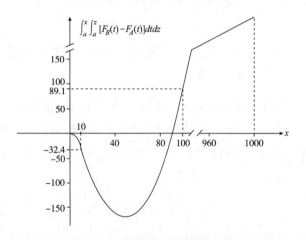

图 3.7　随机优势判定举例曲线图 3

然而，设若投资者的效用函数为 $u(x) = \lg(x)$，则在 $x > 0$ 的前提下，下列各式成立：

$$u'(x) = \frac{1}{x} > 0, u''(x) = -\frac{1}{x^2} < 0, u'''(x) = \frac{2}{x^3} > 0 \quad （式 3.12）$$

因此这是一个风险厌恶型投资者，且伴随着收益率的提高，其厌恶风险的程度越来越低，因而符合使用第三等随机优势判定定理的基本条件。

由于已知投资者效用函数的具体形式，所以我们可以直接计算出这个投资者关于这两个项目的期望效用分别为：

$$Eu(x_A) = 0.4, Eu(x_B) = 1.02$$

由于前者小于后者，因此可以确信对于该投资者来说项目 B 较优。这一结论之所以不同于第三等随机优势判定定理的结论，就是由于其效用函数泰勒展开式四阶以上的导数项发挥了效力。而第三等随机优势判定定理恰恰忽略了这些项的作用。

由此可见，在不确定性投资环境下，无论是期望收益率，还是收益率的方差，实际上都既不是一个投资项目较优的必要条件，也不是充分条件。这就进一步地表明，在引入风险因素之后投资需求不宜表示为利率的函数。既如此，所谓"向后弯曲的商业银行信贷供给曲线"也就无从谈起了。

五、存款性金融机构的效用函数具有特殊性

既然存款性金融机构的风险偏好偏低，则其投资效用函数势必具有自己的特点。

（一）一般投资者具有绝对风险厌恶递减的特点（其 Arrow – Pratt 风险厌恶系数是一个减函数）

第三等随机优势策略涉及骹斜的概念。所谓骹斜指的就是投资收益率的三阶中心矩。具体地，假设某投资项目的随机收益率为 x，定义域为 $I = [a, b]$，密度函数为 $f(x)$，期望值为 $E(x)$，则该投资项目的骹斜（记作 σ^3）为：

$$\sigma^3 = \int_a^b [x - E(x)]^3 dx \qquad （式3.13）$$

当收益率的数据序列呈对称分布（正态分布）时，其均值、中位数和众数重合。且在这三个数的两侧，其他所有数据完全以对称方式左右分布。如果数据序列的分布不对称，则均值、中位数和众数必定分处不同的位置。这时若以均值为参照点，则要么位于均值左侧的数据较多，或者左侧数据分布尽管不多，但发生的概率较高，称之为右偏；要么位于均值右侧的数据较多，或者右侧数据分布尽管不多，但发生的概率较高，称之为左偏；除此无他。

当频率分布呈正态分布时，奇数阶中心矩恒为零（正负离差完全抵消），这时的偏骹斜等于零。而当分布不对称时，三阶中心矩的正负离差不能完全抵消，于是产生正值或负值的骹斜。具体地，当数据分布呈右偏时，骹斜将大于零。反之当数据的分布呈左偏时，骹斜将小于零。例如保险标的遭受损害的可能性很低，但遭受损害之后的残余价值更是极低；不遭受损害的可能

性很高，但这时该保险标的也只是维持其现有价值不变。因此保险标的未来价值的概率分布曲线具有左偏的特点，这时由于该保险标的的期望价值略低于其目前的真实价值，但却显著高于其遭受损害之后的残值，所以保险标的通常具有负骹斜；但彩票则相反，中彩的可能性很低，但中彩奖金却极高；不中彩的可能性极高，但购买彩票的成本也极低。因此彩票收益的概率分布曲线具有右偏的特点。这时由于购买彩票的期望价值略高于购买成本，但却显著低于中彩奖金，因此彩票通常具有正骹斜。

设若将投资效用函数 $u(x)$ 在 x 的期望值 $E(x)$ 附近泰勒展开，并省略其中包含四阶以上中心矩的各项，则有：

$$u(x) \approx u[E(x)] + u'[E(x)][x - E(x)] + \frac{1}{2}u''[E(x)][x - E(x)]^2 + \frac{1}{6}$$

$$u'''[E(x)][x - E(x)]^3 \qquad\qquad (\text{式}3.14)$$

再对上式取期望值，有：

$$Eu(x) \approx Eu[E(x)] + u'[E(x)]E[x - E(x)] + \frac{1}{2}u''[E(x)]E[x -$$

$$E(x)]^2 + \frac{1}{6}u'''[E(x)]E[x - E(x)]^3$$

$$\approx u[E(x)] + \frac{1}{2}u''[E(x)]\sigma^2 + \frac{1}{6}u'''[E(x)]\sigma^3 \qquad (\text{式}3.15)$$

从上式可以看出，设若忽略效用函数泰勒展开式中四阶以上的导数项，则期望效用 $Eu(x)$ 的大小将取决于主客观两个方面因素的影响。首先，从拟选项目的客观属性来看主要有三个影响因素：一是期望收益率 $E(x)$；二是不确定性（由方差 σ^2 刻画）；三是骹斜（由三阶中心矩 σ^3 刻画）。其次，从投资者的偏好属性来看也主要有三个影响因素：一是关于期望收益率的效用函数（$u[E(x)]$）的特性；二是效用函数二次导（$u''[E(x)]$）的特性；三是效用函数三次导（$u'''[E(x)]$）的特性。

先考察等号右侧的第一项。显然由于假设 $u'[E(x)] > 0$，因此期望收益率 $E(x)$ 越高，随机投资收益率 x 的期望效用越大。

再考察等号右侧的第三项。设若 $u'''[E(x)] \geq 0$，则当 σ^3 取正值时，投资者的效用将提高，且正骹斜的取值越大，投资者越喜欢；但当 σ^3 取负值时，投资者的效用将降低，且负骹斜的绝对值 $|\sigma^3|$ 越大，投资者越厌恶。

最后考察等号右侧的第二项。该项反映了不确定性对风险厌恶型投资者效用的影响。由于风险厌恶型投资者的 $u''[E(x)]\leq0$，但 $\sigma^2>0$，因而有：

$$\frac{1}{2}u''[E(x)]\sigma^2\leq0 \qquad (式3.16)$$

这说明，对于风险厌恶型投资者来说投资项目的不确定性越高，其效用评价越低。

若对等号右侧的第二项除以 $u'[E(x)]$，从而将其标准化，则可得到所谓的 Arrow-Pratt（1964）风险厌恶系数［记作 $k(x)$］：

$$k(x) = -\frac{1}{2}\frac{u''[E(x)]}{u'[E(x)]}\sigma^2 \qquad (式3.17)$$

显然，风险厌恶型投资者的 $k(x)\geq0$。

设若伴随着 x 的提高，风险厌恶型投资者厌恶风险的程度趋于降低，亦即下式成立：

$$\frac{dk(x)}{dx}<0 \Rightarrow \frac{-u'[E(x)]u'''[E(x)]\sigma^2 + u''^2[E(x)]\sigma^2}{2u'^2[E(x)]}<0$$

$$(式3.18)$$

不难看出，只有规定 $u'''[E(x)]>0$，才能确保 $k(x)$ 为递减函数。称具有该特征的投资者为绝对风险厌恶递减的投资者。对于这种类型的投资者来说，其所拥有的财富越多，厌恶风险的程度越低；投资项目的收益率越高，其对该项目的风险越不在乎。不过尽管由 $\frac{dk(x)}{dx}<0$，可推得 $u'''[E(x)]>0$；但由 $u'''[E(x)]>0$，并不能自然得到 $\frac{dk(x)}{dx}<0$。

在现实中，多数人喜欢购买彩票或投保，这说明他们不喜欢负敧斜，但喜欢正敧斜。从上述分析可以看出，设若 $u'''[E(x)]>0$，这种现象就能解释得通。因此逆向推理可知，对于一般的投资者来说 $u'''[E(x)]>0$ 的假设是可接受的。这说明投资者通常都具有绝对风险厌恶递减的特点，其 Arrow-Pratt 风险厌恶系数是一个减函数。

（二）存款性金融机构具有绝对风险厌恶递增的特点（其 Arrow-Pratt 风险厌恶系数是一个增函数）

不过如前所述，存款性金融机构却是一类很特殊的投资者。尤其在我国，存款负债业务与信贷投放业务仍为存款类金融机构的主要业务。存款类金融机构的信贷资金主要来自存款负债。考虑到定期存款也可以活期提取，因此与其他负债者不同，商业银行的存款负债实质上均为到期债务。而根据《中华人民共和国破产法》第二条的规定："企业法人不能清偿到期债务，并且资产不足以清偿全部债务或者明显缺乏清偿能力的，依照本法规定清理债务。"可见"不能清偿到期债务"是进入破产清算的两个条件之一。因此相较于其他投资者，存款类金融机构的投资行为应该更加谨慎保守些。尤其基于存款类金融机构所肩负的特殊社会责任（融通资金、提供信用货币等），国家与社会对存款类金融机构的稳健经营有着最为严格的要求。《中华人民共和国商业银行法》第四条专门规定："商业银行以安全性、流动性、效益性为经营原则，实行自主经营，自担风险，自负盈亏，自我约束。"其中关于商业银行经营"三性原则"的排列顺序并非随意。国家以立法的方式要求存款类金融机构的经营必须保持足够的谨慎，这本身就极不寻常。可以说，自身的特质以及严格的监管环境把存款类金融机构塑造成非同一般地谨慎行事的投资者。因此有理由认为，尽管存款类金融机构信贷投资的效用函数也应该具有一次导数大于零、二次导数小于零的特性，但不具有"伴随着随机投资收益率的提高，其厌恶风险的程度越来越低"的特点。亦即存款类金融机构的 Arrow – Pratt 风险厌恶系数应该递增，而不是递减。

设若存款类金融机构的 Arrow – Pratt 风险厌恶系数确实递增，亦即伴随着贷款利率的提高，其厌恶风险的程度越来越高，则应有：

$$\frac{dk\,(x)}{dx} > 0 \quad \Rightarrow \quad \frac{-u'\,[E\,(x)]\,u'''\,[E\,(x)]\,\sigma^2 + u''^2\,[E\,(x)]\,\sigma^2}{2u'^2\,[E\,(x)]} > 0$$

（式 3.19）

不难看出，只有规定 $u'''\,[E\,(x)] < 0$，才能确保 $k\,(x)$ 递增。这就意味着商业银行信贷投资效用函数的三次导数应该小于零。若如此，商业银行便具有绝对风险厌恶递增的特点，其信贷决策也就不适用第三等随机优势判定定理。

基于上述逻辑，由于一般的投资者具有绝对风险厌恶递减的特点，而存款类金融机构却具有绝对风险厌恶递增的特点，二者的风险偏好不匹配，存款类金融机构的投资决策更为谨慎，投资心态相对保守，因此在面对同一个投资项目的时候容易给人留下"惜贷"的印象。其他投资者自然也就形成了"融资困难"的心理感受。

第二节　信用制度不完备、担保不充足、信贷供求合作关系不持久

基于第一节的分析，关于农村金融供给不足的成因，要么金融机构有很多投资机会可以选择，因而对农户拟申请贷款的投资项目不感兴趣；要么相较于农户的投资意愿，存款类金融机构的投资兴趣相对不足；要么金融机构的信贷资金来源不充裕，从而没有能力顾及农户拟投资的项目。总而言之，金融市场体系不完整，资金供求双方的风险偏好不匹配，是造成农村金融供给不足的主要原因。此外，金融机构的涉农信贷资金来源相对不足也是一个因素。

本节将证明：在假设金融机构资金充裕并且农户拟投资项目的质量也符合金融机构要求的前提下，健全可靠的信用担保制度以及持久稳定的信贷供求合作可以有效解决信息不对称问题，从而刺激信贷供给的增加。反过来说，信用制度不完备、担保不充足、信贷供求合作关系不持久都会造成信贷配给问题。

持久的信贷供求合作关系既可增进双方的了解，缓解信息不对称性，又能以长久合作的利益为诱饵，鼓励双方信守合同，避免违约。因此，持久稳定信贷供求合作关系的效能类似于担保。而担保的基本功能其实就是增信。由此可见，健全信用制度、充实担保与构建持久信贷供求合作关系的内在逻辑其实是一致的。这也正是本书将这三个因素并列放在本节中讨论的原因。

一、基于完全信息的博弈分析：存款性金融机构与农户理性假设下的信贷配给

（一）完全信息静态博弈分析：足额担保对信贷配给的影响

设若金融机构与农户间仅会发生一次信贷交易，并假设不存在诸如担保

制度之类的社会保障制度或措施。假设农户的可选决策集为（按期还本付息，违约），金融机构的可选决策集为（同意发放贷款，不同意发放贷款）。再假设一旦农户决定违约，则金融机构将丧失全部本息，从而形成资产的净亏损。

不难证明，这将是一个"囚徒困境"型完全信息静态博弈问题。因此尽管（金融机构发放贷款，农户按期还本付息）是一个帕累托最优的选择，但（农户选择违约，金融机构拒绝投放贷款）却是它的唯一纳什均衡解，从而根本就不可能出现金融市场。

借贷市场之所以难以生成，关键是由于金融机构在将款项贷放出去之后便实质上丧失了对这部分款项的占有、使用、处置、收益的权利。因此金融机构对贷款业务采取了极为谨慎的态度。换个角度来理解，若想促成借贷行为的达成，必须设法帮助金融机构有效维护其对所贷出本息的财产权。

例如假设金融机构获得足够的担保，从而无论农户是否违约，均能确保收回本息，则金融机构一定会发放贷款，农户则一定会采取按期还本付息的行动，于是信贷交易得以达成。惜贷与违约的现象随之消失。

近年来党和政府着意建立与完善农村金融市场的担保制度。党的十八届三中全会决定在坚持和完善耕地保护制度的前提下，赋予农民对承包地的占有、使用、收益、流转以及承包经营权的抵押担保权，允许农民以承包经营权入股发展农业产业化经营。2014 年的"中央一号文件"进一步地允许农户使用承包土地的经营权向金融机构抵押融资，并要求有关部门抓紧研究提出规范的实施办法，建立配套的抵押资产处置机制，推动修改相关法律法规。2015 年的"中央一号文件"又具体要求做好承包土地的经营权和农民住房财产权抵押担保贷款试点工作。2016 年，我国着手在 30 个省份 279 个市（县）开展对农村承包土地经营权抵押贷款的试点工作。

根据现行《中华人民共和国担保法》，抵押人可以将其所有的房屋和其他地上定着物用于抵押；但同时规定宅基地作为集体所有的土地使用权不得抵押。这就意味着虽然宅基地上的房屋抵押有效，但抵押权的效力不能及于该房屋占用范围内的宅基地使用权。此外，2004 年国土资源部印发的《关于加强农村宅基地管理的意见》也严禁城镇居民在农村购置宅基地，严禁为城镇居民在农村购买的住宅发放土地使用证。2014 年 12 月，中央全面深化改革领导小组第七次会议审议了《关于农村土地征收、集体经营性建设用地入市、宅基地制度改革试点工作的意见》，开启农村土地"三权分置"改革的序幕。2015 年 8 月，国务院印发《关于开展农村承包土地的经营权和农民住房财产权抵押贷款试点的指导意见》。2015 年 12 月，第十二届全国人民代表大会常务委员会第十八次会议通过《全国人民代表大会常务委员会关于授权国务院在北京市大兴区等 232 个试点县（市、区）、天津市蓟县等 59 个试点县（市、区）行政区域分别暂时调整实施有关法律规定的决定》，暂时调整实施《中华人民共和国物权法》《中华人民共和国担保法》关于集体所有的耕地使用权不得抵押的规定；在天津市蓟县等 59 个试点县（市、区）行政区域暂时调整实施《中华人民共和国物权法》《中华人民共和国担保法》关于集体所有的宅基地使用权不得抵押的规定。2017 年 11 月，第十二届全国人民代表大会常务委员会第三十次会议初次审议通过农村土地承包法修正案（草案）。此次土地承包法修改的主要内容包括所有权、承包权、经营权"三权分置"，稳定农村土地承包关系并长久不变，土地经营权入股，维护进城务工和落户农民的土地承包权益等。

不过，对于农户抵押贷款业务的成效不能过于乐观。究其原因，关键就在于土地承包权是农户的唯一谋生方式，农村住房通常是农户唯一的不动产。在其抵押贷款违约之后，一旦进入没收土地承包权或者拍卖农户自住房的法律程序，该农户的生存便会陷入绝境，金融机构很难承受衍生出来的社会风险。因此，农村地区抵押贷款业务的拓展尚不足以彻底解决农户贷款难的问题。

（二）完全信息动态博弈分析：持久信贷供求合作关系对信贷配给的影响

根据博弈理论，对于一个"囚徒困境"模型而言，只要其博弈次数有限，则其子博弈精炼纳什均衡解只有一个；且在每一个阶段博弈中，该子博弈精炼纳什均衡解均采取纳什均衡策略。不过设若将博弈的次数增加到无穷多，则对于任意一个帕累托优于纳什均衡解的可行收益，总能找到一个相对应的子博弈精炼纳什均衡解。

例如，对于如表 3.4 所示的博弈问题。（策略 a，策略 c）是该完全信息静态博弈问题的纳什均衡解。（策略 b，策略 d）是帕累托较优的策略组合。设若将该博弈问题重复实施有限次，则在其子博弈精炼纳什均衡解中，每一个阶段博弈仍将采取纳什均衡策略组合（策略 a，策略 c）。

表 3.4　博弈分析举例

		博弈参与者1	
		策略 a	策略 b
博弈参与者 2	策略 c	(1，1)	(5，0)
	策略 d	(0，5)	(4，4)

如图 3.8 所示，四边形 *ABCD* 内的面积表示该博弈问题的可行收益集合。其中阴影部分的面积表示所有帕累托优于纳什均衡解的可行收益。设若将该"囚徒困境"博弈问题重复实施无限次，则根据博弈论中的无名氏定理，对于该阴影区域中的任一收益，必定存在一个子博弈纳什均衡解与之相对应。

由此可见，只要农户和金融机构认定二者之间的借贷关系不久远，便不会达成信贷交易。但只要双方都愿意建立长远的信贷供求关系，便总能经由谈判协商最终达成双方均愿意遵守的信贷合同。这就说明建立稳定持久的信贷合作关系是减缓信贷配给问题的重要途径。

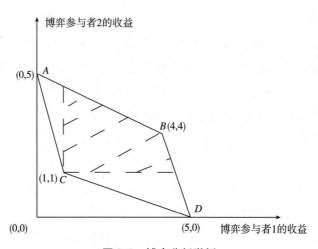

图 3.8　博弈分析举例

俗话说，不能做一锤子买卖；做生意要讲究常来常往，细水长流。这一俗语的内在逻辑就是强调在交易双方间建立持久买卖关系的重要性。笔者认为，赌性作祟，不择手段、不计后果地攫取信贷资金，忽视（乃至于根本就不考虑）将来还本付息的可能性，是吓退存款类金融机构，使其不愿向某些类型企业投放信贷的重要原因。

只要金融机构认定与客户间发生借贷关系的次数不会很多，甚或至多发生一次借贷关系，便很难真正达成交易。反过来，只要双方都愿意把信贷供求关系长远地保持下去，便总能经由谈判协商达成双方都愿意遵守的信贷合同。可见设法在银企间建立起稳定持久的信贷合作关系是缓解信贷配给问题的重要途径。近年来出现的关系贷款模式或民企互保模式便是很好的例子。

民企互保模式一则可提高贷款客户的信用担保水平；二则可在银企间建立起长远的信贷供求合作关系。不过，这种模式在实践中也出现了一些问题。例如2018年年末山东省的金立集团、宁上陵集团、大海集团等多家民企相继进入破产重整程序。其中相互担保被认为是重要推手。企业间互保使得财务风险容易顺着担保链条蔓延开来，进而恶化整个地区的融资环境。但这一案例不足以否定民企互保模式；恰恰相反，它说明互保的质量不高，现行互保模式的内在运行机制存在问题。

不过，单个农户很难与金融机构建立起长期稳定的信贷合作关系。但如果建立地方金融市场，引入诸如村镇银行或小额贷款公司之类的地方金融机构；然后把农户纳入到农村集体经济组织的范畴之内，先由农村集体经济组织与其成员农户签署信贷服务协议，再以农村集体经济组织为资金需求方，以地方金融机构为资金供给方，则很容易建立起农村集体经济组织与地方金融机构间的长期合作关系，从而有效化解农户融资难的问题。

例如，假设地方金融机构与农村集体经济组织签署永久性的信贷供求合作协议，并在协议中协商设置触发战略（Trigger Strategy）条款：

地方金融机构：在双方第一次接洽借贷事宜时，选择同意发放贷款的合作策略。但自第二次接洽借贷事宜起，如果上一期双方所选择的都是合作策略（地方金融机构同意发放贷款、农户按期还本付息），则本期继续选择该种类型的合作策略；否则转而采取永久拒绝向该农村集体经济组织所有农户发放贷款的不合作策略。

农村集体经济组织：在双方第一次接洽借贷事宜时，规劝农户采取按期还本付息的合作策略。但自第二次接洽借贷事宜起，如果上一期双方所选择的都是合作策略（地方金融机构同意发放贷款、农户按期还本付息），则本期规劝农户继续采取按期还本付息的合作策略；否则转而采取永久拒绝还本付息的不合作策略。

为简便起见，假设农户拟投资项目的经济寿命仅为一期（期初投资，期末收益），且忽略资金的时间价值；假设该项目的预期收益率为 r，项目的负债融资占比为 w（$0 < w < 1$）；假设地方金融机构一年期贷款利率为 i，基准利率为 r_0，$r_0 < r$。假设农户要么按时足额还本付息，要么完全违约，不返还支付任何本金和利息。

于是，地方金融机构与农村集体经济组织成员农户之间的无限期合作就存在两种类型的子博弈。一是在截至此前的阶段，借贷双方都选择合作策略，从而获得的收益组合为（wi，$r - wi$），其中前者为金融机构的收益，后者为农户的收益；二是在此前的信贷供求合作阶段，借贷双方所选择的不是帕累托最优的合作策略组合。

显然，在第二类子博弈下，在此后所有借贷合作期中，借贷双方所选择的策略均是（拒绝发放贷款，不还本付息），亦即各个阶段博弈的纳什均衡策略组合。因此上述触发战略是第二类子博弈的纳什均衡战略。

在第一类子博弈下，假设金融机构仍将始终遵守上述触发战略，但农户决定不执行该战略。亦即在本合作期农户将采取不还本付息的不合作策略。这时该农户在本阶段的收益是 $r + w$。但由于在此后的各个借贷合作期金融机构都将采取拒绝贷款的不合作策略，因此该农户在此后每一个阶段的收益都将是 0。再假设农户的贴现因子为 δ，于是农户偏离触发战略的收益现值为 $r + w$。

然而，如果在第一类子博弈下，农户也像金融机构那样遵守触发战略，则其收益现值为：

$$(r - wi)(1 + \delta + \delta^2 + \delta^3 + \cdots) = \frac{r - wi}{1 - \delta} \qquad (式 3.20)$$

因此，设若下式成立，则该农户在第一类子博弈下将不会偏离触发战略：

$$\frac{r - wi}{1 - \delta} > r + w \Rightarrow \delta > \frac{w(1 + i)}{r + w} \qquad (式 3.21)$$

这说明，只要农户的折现因子足够高，上述触发战略也是第一类子博弈的纳什均衡战略。

由此可见，只要将农村集体经济组织与地方金融机构之间的合作期限尽可能地延长，并且合作双方都足够重视这种合作关系，就可以达成帕累托最优的收益组合。农村集体经济组织永不消逝，地方金融机构通常也不会像大型金融机构那样心有旁骛，因此在农村集体经济组织与地方金融机构之间不难建立长期的金融合作关系。

二、基于不完全信息动态博弈分析：信息不对称对信贷配给的影响

现在我们设想这样一种情景：存款性金融机构对于申请贷款客户的拟投资项目并无确切的了解，从而只能基于一般的经验或常识，再结合贷款客户所申报的材料，来综合判断项目的优劣，从而最终作出是否同意发放贷款的决策。根据我们的调研，这一模拟场景与现实商业银行的信贷投放决策高度吻合。

（一）信贷供求信号博弈模型的构造

1. 基本假设

假设借款客户对于拟投资项目的了解胜过金融机构，因此二者所掌握的相关信息不对称。

假设基于风险管理制度与规程的要求，金融机构（记作 F）必须评定拟借款客户投资项目的风险。并假设所有项目的评价结果仅有两种可能：一是风险较低类型，记作 R_1；二是风险较高类型，记作 R_2。

假设所有项目的融资额度均为 1 个货币计量单位。

假设客户在向金融机构申请贷款时，其所报送的材料仅包含两种信息：一是申明拟投资项目的风险属于较低类型，记作 S_1；二是申明拟投资项目的风险属于较高类型，记作 S_2。这就相当于假设拟借款客户只向金融机构发出两种信号：S_1 或 S_2。

假设金融机构同意发放贷款，则记作 a_1；设若不同意发放贷款，则记作 a_2。

假设为获得贷款，风险较高类型的借款客户有动机向金融机构粉饰自己拟投资项目的投资价值。并且假设借款客户每借入单位资金的粉饰成本为 c_A。

如果金融机构拒绝贷款给上述两种类型的项目，则可转而持有其他资产。假设金融机构由此所产生的企业价值增量为 V_0。它实际上就是金融机构将款

项贷给借款客户的机会成本。

假设在拿到申请贷款的材料之前，金融机构基于既有经验判断此类项目风险较低的可能性为 p，风险较高的可能性为 $1-p$，$0<p<1$。显然这是先验概率，是金融机构既往对该类项目实施信贷投放的经验和教训的总结。

假设贷款客户掌握了一些手中拟投资项目的独有信息，从而可以准确地判断该项目的风险类型。

假设在接收到借款客户声称项目风险较低的申报材料之后，金融机构认为该项目确实风险较低的后验概率为 p_1，认为该项目风险较高的后验概率为 $1-p_1$，$0<p_1<1$。

假设在接收到借款客户声称项目风险较高的申报材料之后，金融机构认为该项目实际上风险较低的后验概率为 p_2，认为该项目风险较高的后验概率为 $1-p_2$，$0<p_2<1$。

2. 信贷业务对于金融机构企业价值的影响

（1）风险较低类型项目对金融机构企业价值的影响

对于风险较低的项目，假若借款客户发出的信号是 S_1，则当金融机构同意发放贷款时（这意味着金融机构认可客户报送材料中所要传递的信息），假设该金融机构的企业价值增量为 V_1；而当金融机构拒绝发放贷款时（这意味着金融机构不认可客户报送材料中所要传递的信息），该金融机构的企业价值增量为 V_0。

对于风险较低的项目，假若借款客户发出的信号是 S_2，则当金融机构同意发放贷款时（这意味着金融机构不认可客户报送材料中所要传递的信息），该金融机构的企业价值增量为 V_2；而当金融机构拒绝发放贷款时（这意味着金融机构认可客户报送材料中所要传递的信息），该金融机构的企业价值增量为 V_0。

（2）风险较高类型项目对金融机构企业价值的影响

对于风险较高的项目，假若借款客户发出的信号是 S_1，则当金融机构同意发放贷款时（这意味着金融机构认可客户报送材料中所要传递的信息），该金融机构的企业价值增量为 V_3；而当金融机构拒绝发放贷款时（这意味着金融机构不认可客户报送材料中所要传递的信息），该金融机构的企业价值增量为 V。

对于风险较高的项目，假若借款客户发出的信号是 S_2，则当金融机构同意发放贷款时（这意味着金融机构不认可客户报送材料中所要传递的信息），该金融机构的企业价值增量为 V_4；而当金融机构拒绝发放贷款时（这意味着金融机构认可客户报送材料中所要传递的信息），该金融机构的企业价值增量为 V。

3. 借入资金对借款客户企业价值的影响

（1）风险较低类型项目的融资对借款客户企业价值的影响

对于风险较低的项目，假若借款客户发出的信号是 S_1，则当金融机构同意发放贷款时，假设该借款客户企业价值的增量为 W_1；当金融机构拒绝发放贷款时，假设该借款客户企业价值的增量为0。

对于风险较低的项目，假若借款客户发出的信号是 S_2，则当金融机构同意发放贷款时，假设该借款客户企业价值的增量为 W_2；当金融机构拒绝发放贷款时，假设该借款客户企业价值的增量为0。

（2）风险较高类型项目的融资对借款客户企业价值的影响

对于风险较高的项目，假若借款客户发出的信号是 S_1，则当金融机构同意发放贷款时，假设该借款客户企业价值的增量为 $W_3 - c_A$；当金融机构拒绝发放贷款时，假设该借款客户企业价值的增量为 $-c_A$。

对于风险较高的项目，假若借款客户发出的信号是 S_2，则当金融机构同意发放贷款时，假设该借款客户企业价值的增量为 W_4；当金融机构拒绝发放贷款时，假设该借款客户企业价值的增量为0。

4. 几个企业价值增量之间的关系

（1）与低风险类型项目相关的几个企业价值增量

尽管一个投资项目客观上属于低风险类型，但借款客户基于对金融机构接到申报材料之后可能反应的判断，其向金融机构所发出的信号不一定就是 S_1，也可能是 S_2。而金融机构基于借款客户所发出的信号修正既有经验，对投资项目的风险特性作出后验判断，据以作出是否同意贷款的决策。

具体地，设若借款客户向金融机构发出的信号是 S_1，且金融机构据以作出同意发放贷款的决策（这意味着金融机构认可客户报送材料中所要传递的信息），则我们假设金融机构将依照申报材料所提供的信息，向借款客户收取与较低风险类型相匹配的（较低）利率。

设若借款客户向金融机构发出的信号是 S_2，且金融机构作出同意发放贷款的决策（这意味着金融机构不认可客户报送材料中所要传递的信息），则我们假设金融机构将依照申报材料所提供的信息，向借款客户收取与较高风险类型相匹配的（较高）利率。

基于上述逻辑，由于针对同一个项目金融机构所收取的利率不同，因此应有 $V_1 < V_2$。进而再考虑到投资项目的市场价值通常都是既定的，金融机构获取的部分较多，借款客户保留下来的部分自然就较少。于是便有 $W_1 > W_2$。并且在这里，错误申报的成本为零，亦即 $c_A = 0$。

（2）与高风险类型项目相关的几个企业价值增量

尽管一个投资项目客观上属于高风险类型，但借款客户可能产生虚假申报的动机，因此其既可能向金融机构发出信号 S_1，也可能发出信号 S_2。而金融机构基于借款客户所发出的信号修正既有经验，对投资项目的风险特性作出后验判断，据以作出是否同意贷款的决策。

具体地，设若借款客户向金融机构发出的信号是 S_1，并且金融机构同意发放贷款（这意味着金融机构认可客户报送材料中所要传递的信息），则我们假设金融机构将依照申报材料所提供的信息，向借款客户收取与风险较低类型相匹配的（较低）利率。

设若借款客户向金融机构发出的信号是 S_2，并且金融机构同意发放贷款（这意味着金融机构不认可客户报送材料中所要传递的信息），则我们假设金融机构将依照申报材料所提供的信息，向借款客户收取一个较高的利率。

基于上述逻辑，由于针对同一个项目金融机构所收取的利率不同，因此应有 $V_3 < V_4$。再考虑到投资项目的价值通常都是既定的，金融机构获取的部分较少，借款客户保留下来的部分自然就较多。况且只有当粉饰项目的收益远大于成本的情况下，借款客户才会向金融机构虚假申报。所以综合考虑应有 $W_3 - c_A > W_4$。

5. 几个企业价值增量间的综合比较

在上述假设的基础上，再假设向较高风险类型的项目投放资金有损金融机构的企业价值。于是下列关系成立：

$$V_3 < V_4 < V_0 < V_1 < V_2$$

对于借款客户来说，仅能确定关系 $W_1 > W_2$ 和 $W_3 - c_A > W_4$，但 W_1 与 $W_3 - c_A$ 之间以及 W_2 与 W_4 之间的相对关系并不确定。好在这并不妨碍我们的后继分析。

6. 借贷供求信号博弈模型的框架结构图

基于上述假定，我们就可以构造借贷双方的信号博弈模型。其框架结构如图 3.9 所示。

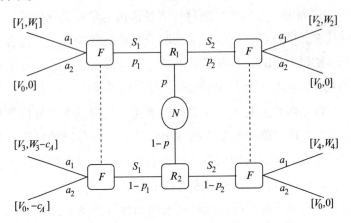

图 3.9　借贷供求信号博弈模型的框架结构图

其中，在该框图左右两侧每一支的末端标志的是金融机构和借款客户的借贷博弈效用组合；其中的第一项为金融机构的企业价值增量，第二项为借款客户的企业价值增量。

（二）借贷供求信号博弈模型的分析

1. 金融机构的最优选择

根据不完全信息动态博弈纳什均衡解的逆向归纳解法，我们应当首先确定出金融机构的最优选择。

（1）金融机构接收到信号 S_1 时的最优选择

当接收到借款客户自称拟投资项目风险较低的申报时，金融机构决定发放贷款（亦即采取行动 a_1）的期望企业价值增量为：

$$V_1 p_1 + V_3 （1 - p_1） \tag{式 3.22}$$

金融机构决定不发放贷款（亦即采取行动 a_2）的期望企业价值增量为：

$$V_0 p_1 + V_0 （1 - p_1） = V_0 \tag{式 3.23}$$

因此，当接收到借款客户风险水平较低的申报时，金融机构决定发放贷款的前提条件是：

$$V_1 p_1 + V_3 (1 - p_1) > V_0$$

$$1 \geqslant p_1 > \frac{V_0 - V_3}{V_1 - V_3} \qquad (式3.24)$$

相应地,当接收到借款客户风险水平较低的申报时,金融机构拒绝贷款的前提条件是:

$$0 \leqslant p_1 \leqslant \frac{V_0 - V_3}{V_1 - V_3} \qquad (式3.25)$$

(2)金融机构接收到信号 S_2 时的最优选择

类似地,当接收到借款客户风险水平较高的申报时,金融机构决定发放贷款(采取行动 a_1)的期望企业价值增量为:

$$V_2 p_2 + V_4 (1 - p_2) \qquad (式3.26)$$

金融机构决定不发放贷款(采取行动 a_2)的期望企业价值增量为:

$$V_0 p_2 + V_0 (1 - p_2) = V_0 \qquad (式3.27)$$

因此,当接收到借款客户风险水平较高的申报时,金融机构决定发放贷款的前提条件是:

$$V_2 p_2 + V_4 (1 - p_2) > V_0$$

$$1 \geqslant p_2 > \frac{V_0 - V_4}{V_2 - V_4} \qquad (式3.28)$$

相应地,当接收到借款客户风险水平较高的申报时,金融机构拒绝贷款的前提条件是:

$$0 \leqslant p_2 \leqslant \frac{V_0 - V_4}{V_2 - V_4} \qquad (式3.29)$$

(3)金融机构的后验推断与最优战略之间的结构关系

归纳上述分析,金融机构可生成如下几种依赖于不同的信号与推断的最优战略。如图3.10所示。

勿论借款客户自行申报的风险水平如何,基于后验推断 $D_1 = \left\{ 1 \geqslant p_1 > \dfrac{V_0 - V_3}{V_1 - V_3}, \right.$

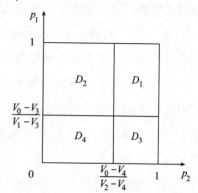

图3.10　金融机构的后验推断结构图

$1 \geqslant p_2 > \dfrac{V_0 - V_4}{V_2 - V_4}$ }，金融机构都将决定发放贷款（亦即采取行动 a_1）。

基于后验推断 $D_2 = \left\{ 1 \geqslant p_1 > \dfrac{V_0 - V_3}{V_1 - V_3},\ 0 \leqslant p_2 \leqslant \dfrac{V_0 - V_4}{V_2 - V_4} \right\}$，当接收到借款客户风险水平较低的申报时，金融机构将决定发放贷款（亦即采取行动 a_1）；但当接收到借款客户风险水平较高的申报时，金融机构将决定拒绝发放贷款（亦即采取行动 a_2）。

基于后验推断 $D_3 = \left\{ 0 \leqslant p_1 \leqslant \dfrac{V_0 - V_3}{V_1 - V_3},\ 1 \geqslant p_2 > \dfrac{V_0 - V_4}{V_2 - V_4} \right\}$，当接收到借款客户风险水平较低的申报时，金融机构将决定拒绝发放贷款（亦即采取行动 a_2）；但当接收到借款客户风险水平较高的申报时，金融机构将决定发放贷款（亦即采取行动 a_1）。

无论借款客户申报的风险水平如何，基于后验推断 $D_4 = \left\{ 0 \leqslant p_1 \leqslant \dfrac{V_0 - V_3}{V_1 - V_3},\ 0 \leqslant p_2 \leqslant \dfrac{V_0 - V_4}{V_2 - V_4} \right\}$，金融机构都将决定拒绝发放贷款（亦即采取行动 a_2）。

2. 借款客户的最优选择

（1）当金融机构的后验推断处于区域 D_1 时

这时，由于式 3.24 与式 3.28 同时成立，因此无论借款客户自行申报的风险水平如何，金融机构都将采取同意发放贷款的决策。

于是，设若拟投资项目的风险较低（亦即属于类型 R_1），则借款客户正确如实申报的期望企业价值增量为 W_1；错误申报的期望企业价值增量为 W_2。由于 $W_1 > W_2$，因此当金融机构的后验推断处于区域 D_1 时，风险较低类型的借款客户将正确如实地申报拟投资项目的风险，亦即申报风险较低。

设若拟投资项目的风险较高（亦即属于类型 R_2），则该借款客户正确如实申报的期望企业价值增量为 W_4；虚假申报的期望企业价值增量为 $W_3 - c_A$。由于 $W_3 - c_A > W_4$，因此风险较高类型的借款客户将会向金融机构虚假申报自己的风险水平较低。

（2）当金融机构的后验推断处于区域 D_2 时

这时，由于式 3.24 与式 3.29 同时成立，因此当接收到借款客户风险水平较低的申报时，金融机构将决定发放贷款；而当接收到借款客户风险水平较高的申报时，金融机构将拒绝贷款。

于是，设若拟投资项目的风险较低（亦即属于类型 R_1），则该借款客户正确如实申报的期望企业价值增量为 W_1；错误申报的期望企业价值增量为 0。因此风险较低类型的借款客户将会向金融机构正确如实地申报自己的风险水平较低。

设若拟投资项目的风险较高（亦即属于类型 R_2），则该借款客户正确如实申报的期望企业价值增量为 0；虚假申报的期望企业价值增量为 $W_3 - c_A$。因此风险较高类型的借款客户将会向金融机构虚假申报自己的风险水平较低。

（3）当金融机构的后验推断处于区域 D_3 时

这时，由于式 3.25 与式 3.28 同时成立，因此当接收到借款客户风险水平较低的申报时，金融机构将拒绝发放贷款；而当接收到借款客户风险水平较高的申报时，金融机构将同意发放贷款。

于是，设若拟投资项目的风险较低（亦即属于类型 R_1），则该借款客户正确如实申报的期望企业价值增量为 0；错误申报的期望企业价值增量为 W_2。因此风险较低类型的借款客户将会向金融机构虚假申报自己的风险水平较高。

设若拟投资项目的风险较高（亦即属于类型 R_2），则该借款客户如实申报的期望企业价值增量为 W_4；虚假申报的期望企业价值增量为 $-c_A$。因此风险较高类型的借款客户将会向金融机构如实申报自己的风险水平较高。

（4）当金融机构的后验推断处于区域 D_4 时

这时，由于式 3.25 与式 3.29 同时成立，因此无论借款客户所申报的风险水平如何，金融机构都将拒绝贷款。

于是，设若拟投资项目的风险较低（亦即属于类型 R_1），则该借款客户如实申报的期望收益为 0；虚假申报的期望收益亦为 0。因此风险较低类型的借款客户将向金融机构如实申报自己的风险水平较低。

设若拟投资项目的风险较高（亦即属于类型 R_2），则该借款客户如实申报的期望企业价值增量为 0；虚假申报的期望企业价值增量亦为 $-c_A$。因此风险较高类型的借款客户将会向金融机构如实申报自己的风险水平较高。

（三）后继博弈精炼贝叶斯纳什均衡解的求得

归纳上述分析，可知该信贷供求的信号博弈模型存在四种可能的后继博弈精炼贝叶斯纳什均衡解。其中有三个属于混同均衡解，另外一个则属于分离均衡解。

1. 混同均衡解 1

如前所述，当金融机构对于项目风险的后验推断处于区域 D_1 时，借款客户的最优选择为（如实申报风险较低，虚假申报自己的风险水平较低）。也就是说，设若拟投资项目的风险较低，则相对应的借款客户将如实申报风险较低；设若拟投资项目的风险较高，则相对应的借款客户将虚假申报风险较低。由此可见，这是一个混同于申报风险水平较低的均衡战略。这时金融机构的最优选择是（同意发放贷款，同意发放贷款）。也就是说，当接收到风险较低的信号时，金融机构将同意发放贷款；当接收到风险较高的信号时，金融机构也将同意发放贷款。

在图 3.9 中，框图左半部分由虚线连接的上下两条支线都处在该均衡的路径上。根据贝叶斯法则，金融机构基于借款客户所发信号的后验概率判断为：

$$p(R_1 \mid S_1) = p_1 = \frac{p(R_1)p(S_1 \mid R_1)}{p(R_1)p(S_1 \mid R_1) + p(R_2)p(S_1 \mid R_2)} = \frac{p \times 1}{p \times 1 + (1-p) \times 1} = p$$

（式 3.30）

由此可见，金融机构在该均衡路径上的后验概率等同于先验概率，亦即 $[p_1, (1-p_1)] = [p, (1-p)]$。于是，该精炼贝叶斯纳什混同均衡策略为：

$\{$（申报风险较低，申报风险较低），（同意发放贷款，同意发放贷款），

$[p, (1-p)]$ 和 $[p_2, (1-p_2)]$，且式 $1 \geqslant p > \dfrac{V_0 - V_3}{V_1 - V_3}, 1 \geqslant p_2 > \dfrac{V_0 - V_4}{V_2 - V_4}$ 成立$\}$

2. 混同均衡解 2

这时，金融机构对于项目风险的后验推断处于区域 D_2，借款客户的最优选择为（如实申报风险较低，虚假申报自己的风险水平较低）。也就是说，设若拟投资项目的风险较低，则相对应的借款客户将如实申报风险较低；设若拟投资项目的风险较高，则相对应的借款客户将虚假申报风险较低。这也是一个混同于申报风险水平较低的均衡战略，但这时金融机构的最优选择是（同意发放贷款，拒绝发放贷款）。也就是说，当接收到风险较低的信号时，金融机构将同意发放贷款；但当接收到风险较高的信号时，金融机构将拒绝

发放贷款。

在图 3.9 中，框图左半部分由虚线连接的上下两条支线都处在该均衡的路径上。与混同均衡解 1 类似，根据贝叶斯法则，金融机构基于借款客户所发信号的后验概率判断等同于先验判断，亦即 $[p_1,(1-p_1)]=[p,(1-p)]$。于是，该精炼贝叶斯纳什混同均衡策略为：

{（申报风险较低，申报风险较低），（同意发放贷款，拒绝发放贷款），$[p,(1-p)]$ 和 $[p_2,(1-p_2)]$，且式 $1 \geqslant p > \dfrac{V_0-V_3}{V_1-V_3}$，$0 \leqslant p_2 \leqslant \dfrac{V_0-V_4}{V_2-V_4}$ 成立}

3. 混同均衡解 3

这时，金融机构对于项目风险的后验推断处于区域 D_3，借款客户的最优选择为（虚假申报风险较高，如实申报风险较高）。也就是说，设若拟投资项目的风险较低，则相对应的借款客户将虚假申报自己的风险水平较高；设若拟投资项目的风险较高，则相对应的借款客户将如实申报自己的风险水平较高。因此这是一个混同于申报风险水平较高的均衡战略。这时金融机构的最优选择是（拒绝发放贷款，同意发放贷款）。也就是说，当接收到风险较低的信号时，金融机构将拒绝发放贷款；但当接收到风险较高的信号时，金融机构将拒绝发放贷款。

在图 3.9 中，框图右半部分由虚线连接的上下两条支线都处在均衡路径上。根据贝叶斯法则，金融机构基于借款客户所发信号的后验概率判断为：

$$p(R_1 \mid S_2) = p_2 = \frac{p(R_1)p(S_2 \mid R_1)}{p(R_1)p(S_2 \mid R_1)+p(R_2)p(S_2 \mid R_2)} = \frac{p \times 1}{p \times 1+(1-p) \times 1} = p$$

（式 3.31）

由此可见，金融机构在均衡路径上的后验概率判断等同于先验判断，亦即 $[p_2,(1-p_2)]=[p,(1-p)]$。于是，该精炼贝叶斯纳什混同均衡策略为：

{（虚假申报风险较高，如实申报风险较高），（拒绝发放贷款，同意发放贷款），$[p_1,(1-p_1)]$ 和 $[p,(1-p)]$，且式 $0 \leqslant p_1 \leqslant \dfrac{V_0-V_3}{V_1-V_3}$，$1 \geqslant p > \dfrac{V_0-V_4}{V_2-V_4}$ 成立}

4. 分离均衡解

这时，金融机构对于项目风险的后验推断处于区域 D_4，借款客户的最优选择为（如实申报风险较低，如实申报风险较高）。也就是说，设若拟投资项目的风险较低，则相对应的借款客户将如实申报自己的风险水平较低；设若拟投资项目的风险较高，则相对应的借款客户也将如实申报自己的风险水平较高。因此这是一个信号分离的均衡战略。这时，金融机构的最优选择是（拒绝贷款，拒绝贷款）。也就是说，无论所接收到的信号如何，金融机构都将拒绝发放贷款。

在图 3.9 中，框图左上方及右下方的两条支线处在均衡路径上。根据贝叶斯法则，金融机构基于借款客户所发信号的后验概率判断为：

$$p_1 = p\ (R_1 \mid S_1) = \frac{p\ (R_1)\ p\ (S_1 \mid R_1)}{p\ (R_1)\ p\ (S_1 \mid R_1) + p\ (R_2)\ p\ (S_1 \mid R_2)} = \frac{p \times 1}{p \times 1 + (1-p)\ \times 0} = 1$$

$$p_2 = p\ (R_1 \mid S_2) = \frac{p\ (R_1)\ p\ (S_2 \mid R_1)}{p\ (R_1)\ p\ (S_2 \mid R_1) + p\ (R_2)\ p\ (S_2 \mid R_2)} = \frac{p \times 0}{p \times 0 + (1-p)\ \times 1} = 0$$

$$\text{（式 3.32）}$$

于是，该精炼贝叶斯纳什分离均衡策略为：

｛（如实申报风险较低，如实申报风险较高），（拒绝发放贷款，拒绝发放贷款），且 [1，0] 和 [0，1] 成立｝

（四）关于后继博弈精炼贝叶斯纳什均衡解的分析与评价

1. 信息不对称会降低金融机构增加信贷供给的意愿

仔细研究这四个后继博弈精炼贝叶斯纳什均衡解不难看出，由于信息不对称，合格的投资项目也有可能被金融机构拒绝（例如在分离均衡解或混同均衡解 3 下）。从而减少信贷供给。

不过，同样由于信息不对称，不合格的项目也有可能通过金融机构的评估（例如在混同均衡解 1 和混同均衡解 3 下），从而增加信贷供给。当然，这种信贷供给的增加将降低金融机构的资金配置效率。

2. 信息不对称对金融机构和贷款申请人的影响不同

在分离均衡解、混同均衡解 1 或混同均衡解 3 下，无论是否提供信贷，都将违背金融机构追求企业价值最大化的核心经营目标。只有在混同均衡解 2 下才是一个例外。

但无论在哪一个后继博弈精炼贝叶斯纳什均衡解下，只要金融机构愿意提供贷款，就能增进贷款申请人的企业价值；而在金融机构拒绝提供贷款的情况下，贷款申请人的企业价值也只是维持不变，并无任何损失。

3. 金融机构和贷款申请人对待信息不对称的态度迥然不同

在本模型较为严格的假设下，信息不对称对劣质项目的借款人有益无害，因此其通常不会主动向金融机构申报拟贷款项目的真实情况。

但由于信息不对称对金融机构极其不利，因此理性的金融机构一定会努力克服信息不对称，以求能准确掌握拟贷款项目的真实情况。例如，我国各主要金融机构普遍设置专门的宏观经济和行业经济研究机构、项目评估机构或资产评估机构等科研部门，为之配备高资质的专业人员，拨付足够的科研业务经费。目前我国的主要金融机构已与高等院校、专门经济研究机构（例如社科院以及科学院的一些院所）并驾齐驱，成为我国精通经济与社会问题研究的"三驾马车"之一。而在全球范围来看，一些跨国金融机构更是享誉国际的权威经济分析预测以及资产评估机构。

4. 客户所申报的材料只是金融机构信贷决策的辅助信息获取途径

设若信息不对称的问题不可消除，则理性的金融机构首先会充分总结历史经验和教训，从而对不同类型贷款项目的成功率形成一个先验判断。然后再基于所获取的最新信息，结合客户所提供的申报材料，对其所申报项目的质量作出后验判断。

与此同时，理性的贷款客户也会首先判断金融机构对其所申报项目的先验印象，并了解金融机构可能掌握到的最新信息，最终形成对金融机构后验判断的推测，然后才凭以撰写申报材料，就拟投资项目的质量发送刻意选择的信息，以求金融机构能凭以同意向自己发放贷款。换句话说，从贷款客户的角度来看，其是否如实向金融机构交代项目的真实情况，完全取决于其对金融机构会否提供贷款的判断。如果贷款客户认定只有如实申报才有可能获得贷款，他便会如实申报；如果贷款客户认定只有虚假申报才有可能获得贷款，他就会虚假申报。

不过，借款客户是否虚假申报自己的真实信息，并非金融机构是否同意发放贷款的决定性因素。实际上能够决定金融机构是否发放贷款的关键性因素只是其对借款客户拟投资项目风险水平的后验判断。而这种后验判断的形成与金融机构既往的经验和教训有关，也与当下掌握到的最新信息有关。由此可见，虚假申报影响的是金融机构此后对类似项目的信贷决策，而不是当下正要作出的信贷决策。

贷款申请人是否如实申报完全取决于其对金融机构是否同意放贷的判断。金融机构也知晓这一点。因此客户的申报材料只能作为金融机构生成后验判断的辅助材料。除非建立健全社会信用记录与惩戒制度，对故意虚假申报的客户予以足够力度的惩戒，否则贷款申请人不会切实遵循如实申报的要求。

5. 足额担保可化解信息不对称的消极影响

在本章所设定的信贷供给博弈模型中，信贷需求者并未提供担保。结合第四章的分析很容易看出，设若信贷需求者提供足额担保，或者制定并切实执行严厉的信贷违约惩戒制度，则可有效化解信息不对称的消极影响。这时无论高风险的投资项目，还是低风险的投资项目，也无论贷款申请人是否虚假申报，金融机构均会作出投放信贷的决定。

6. 不必过于强调信息不对称对信贷供给的消极作用

本信贷供给信号博弈模型有两个隐含的假设：一是假设贷款申请人的项目在合格与不合格之间二择一；二是假设金融机构信贷决策的逻辑思路对贷款申请人单向透明。设若抛弃这两个隐含假设，则金融机构仍须采用惯常的方法实施项目评估，亦即评估项目的净现值和风险。

信息不对称与风险是两个不同的概念。贷款客户拟投资项目的风险意指该客户拟投资项目未来净现金流量序列的不确定性。信息不对称指的则是贷款客户的经营信息或者其拟投资项目的信息对金融机构的单向不透明性。但尽管如此，信息不对称对金融机构的效应其实最终也将表现为信贷风险的提高。例如金融机构可将拟投资项目的信息不对称理解为该项目投资风险的增加，从而降低项目评估过关的可能性或者降低对其评估等级得分。至于贷款客户自身资信状况以及担保物状况的信息不对称，金融机构会将其理解为增信效力的损失，从而降低客户的资信评估等级或者降低担保物的评估价值。所以从金融机构的角度来看，信息不对称不会对金融机构造成迥异于风险提高的影响。完全可以把信息不对称归并进风险因素的范畴。因此不必像信贷配给理论那样强调信息不对称性的效应。

正是由于贷款申请人只面临着拟投资项目的市场风险（经营风险＋财务风险），而金融机构信贷投放所面临的风险却相当于贷款客户的经营风险或者拟投资项目的风险与信息不对称所带来的风险的累加，因此当面对同一个拟投资项目的时候，金融机构所给出的风险评估等级一般都要高于贷款客户的风险评估，这自然就会影响到金融机构的信贷供给决策。

提高利率可以改善商业银行对贷款项目的效用评价，但只要不能抵消信息不对称对效用评价的损害，商业银行就不可能同意发放贷款。对方不惜代价获取贷款的意图甚或会吓坏金融机构，从而减少信贷投放的规模。由此也可能造成信贷供给与利率负相关的局面。但本书的逻辑迥异于经典信贷配给理论，正是由于金融机构可把信息不对称视作风险因素，所以为避免金融机构风险评估过高的结局，也不排除优质项目的持有者主动向金融机构提供项目信息，尽可能消弭信息的不对称性，借以提高申请贷款的成功率。于是只有那些劣质项目的持有者才刻意隐瞒项目信息。但在金融机构的项目评估技术水平不断提高及其评估经验不断积累的背景下，劣质项目持有者很难隐瞒信息，金融机构很容易察觉项目信息的不完整或不真实。况且商业银行很容易察觉并比较客户间在提供信息主动性上的差异。这本身就是对客户项目品质的甄别。因此在信息不对称的背景下商业银行也有可能将劣质投资者逐出信贷市场，而不是将优质贷款申请人排除在外。因此不必夸大信息不对称对信贷决策的消极影响。

三、演化博弈分析：存款性金融机构与农户非理性假设下的信贷配给

截至目前，我们关于金融机构与农户间信贷博弈的分析始终基于双方均具有完全理性的假设。现在我们放松这一假设，亦即假设金融机构和农户均不再具备理性决策的能力，但仍具有学习或模仿的能力。具体到借贷行为，就是假设跟风攀比或模仿是决定金融机构是否参与涉农信贷业务以及农户是否愿意还本付息的重要因素。

这种假设的放松有其现实合理性，因为我们的调研发现农户信贷违约的现象具有"传染性"，经常出现扎堆抱团式成片违约的现象。此外，金融机构本来普遍不热心于涉农信贷，但由于近年来各级政府通过各种方式敦促或鼓励金融机构承担社会责任，拓展涉农信贷业务，这就给金融机构带来了越来越大的政治与社会压力，进而造成金融机构在涉农信贷的投放上既不情愿，却也相互攀比、不甘落后。我们的这一调研发现并非孤证，一些学者也有类

似的观察。例如，杨良军（2015）便认为行政干预是借款农户违约从而造成信用社的贷款无法收回的重要原因。此外孙彪（2017）也有类似的观点。

相较于其他社会行为主体，金融机构与农户间借贷行为的"羊群效应"确实较为明显。就金融机构来说，它们的经营风格、风险偏好与行为模式之所以雷同，主要就是由于其资金来源的途径及性质雷同，资产负债的结构类似，且均一视同仁地受到金融监管当局严格的资产负债比例管理。而就农户来说，农村社会的宗亲或街坊乡亲意识仍很强烈，街头巷尾、田间地头、走门串户仍是他们获取经验教训等信息的重要方式，团结互助、抱团取暖的意识比较强烈，由此造成农户们的价值观念相互影响，行事风格与行为方式雷同。

所谓金融机构和农户仅具有学习或模仿的能力，具体到金融机构来说，就是假设其是否发放贷款的决策主要受到两个因素的影响：一是其他金融机构参与涉农信贷的占比（可理解为行业风气）；二是涉农信贷的利弊。其他金融机构同行参与涉农信贷的比例越高，涉农信贷的好处越明显，所考察的特定金融机构开展涉农信贷的意愿就会越强烈，金融机构积极拓展涉农信贷的现象也就越容易蔚然成风。类似地，农户是否还本付息也主要取决于两个因素：一是其他农户或街坊邻居还本付息的比例（可理解为地方社会风气）；二是不还本付息的利弊。其他农户按期还本付息的比例越高、违约的代价越大，所考察农户还本付息的意愿就会越强烈，农户积极还本付息的现象也就越容易蔚然成风。相应地，违约农户就会面临越来越沉重的社会道德压力。

为简便起见，我们假设农户拟投资项目的经济寿命仅为一期。且假设该项目的现金流量序列具有这样的特点：在期初发生投资等现金流出，在期末发生收益等现金流入。且忽略资金的时间价值。假设该项目的预期收益率为 r_I。整个项目所需要的资金投入为 1，其中的 α 部分（$0 < \alpha < 1$）来自于负债，$1 - \alpha$ 部分属于借款农户的自有资金投入。假设金融机构的贷款利率为 r_L，贷款期限为一期，贷款申请者与这笔贷款相关的费用为 c_A/每借入单位资金，金融机构与这笔信贷业务相关的费用为 c_F/每贷出单位资金。假设金融机构发放这笔贷款的单位机会成本率为 r_0，$r_0 < r_I$。假设贷款农户一旦作出了不还本付息的决策，则将完全违约，亦即不偿还任何本金和利息。最后再假设金融机构与农户之间仅会发生一次信贷交易。于是可建立借贷演化博弈模型的收益矩阵。如表 3.5 所示。

表 3.5 演化博弈模型的收益矩阵

参与者及其可选策略		申请贷款的农户	
		按期还本付息	不按期还本付息
金融机构	发放贷款	$\alpha(r_L - c_F)$, $r_1 - \alpha(r_L + c_k)$	$-\alpha[1 + (r_L - c_F)]$, $r_I + \alpha(1 - c_A)$
	拒绝贷款	$\alpha\gamma_0$, $-\alpha c_A$	$\alpha\gamma_0$, $-\alpha c_A$

假设在金融机构中已经开展涉农信贷业务的占比为 x，尚未开展涉农信贷业务的占比为 $1-x$。再假设借贷农户中按期还本付息的占比为 y，不按期还本付息的占比为 $1-y$。于是基于演化借贷博弈收益矩阵（表 3.5），农户还本付息的期望收益为：

$$[r_I - \alpha(r_L + c_A)]x - \alpha c_A(1 - x) = r_I x - \alpha r_L x - \alpha c_A \quad (式3.33)$$

不还本付息的期望收益为：

$$[r_I + \alpha(1 - c_A)]x - \alpha c_A(1 - x) = r_I x + \alpha x - \alpha c_A \quad (式3.34)$$

进而可知农户两种决策的平均期望收益为：

$$(r_I x - \alpha r_L x - \alpha c_A)y + (r_I x + \alpha x - \alpha c_A)(1 - y) \quad (式3.35)$$

类似地，金融机构开展涉农信贷业务的期望收益为：

$$[\alpha(r_L - c_F)]y - [\alpha + \alpha(r_L - c_F)](1 - y) = 2\alpha r_L y - 2\alpha c_F y - \alpha - \alpha r_L + \alpha c_F + \alpha y$$

$$(式3.36)$$

不开展涉农信贷业务的期望收益为：

$$\alpha r_0 y + \alpha r_0(1 - y) = \alpha r_0 \quad (式3.37)$$

进而可知金融机构两种决策的平均期望收益为：

$$(2\alpha r_L y - 2\alpha c_F y - \alpha - \alpha r_L + \alpha c_F + \alpha y)x + \alpha r_0(1 - x) \quad (式3.38)$$

再令 t 为时间因子，于是可建立金融机构的复制动态方程式如下：

$$\frac{dx}{dt} = x(1 - x)(2\alpha r_L y - 2\alpha c_F y - \alpha - \alpha r_L + \alpha c_F + \alpha y - \alpha r_0)$$

$$(式3.39)$$

类似地，可得农户的复制动态方程式为：

$$\frac{dy}{dt} = y(y - 1)(r_L + 1)\alpha x \quad (式3.40)$$

从金融机构的复制动态方程式可以看出，设若：

$$y = \frac{(1 + r_0 + r_L - c_F)}{(1 + 2r_L - 2c_F)} \qquad （式 3.41）$$

则 $\frac{dx}{dt} = 0$，亦即金融机构参与涉农信贷的占比将稳定不变。设若：

$$y > \frac{(1 + r_0 + r_L - c_F)}{(1 + 2r_L - 2c_F)} \qquad （式 3.42）$$

则 $\frac{dx}{dt} > 0$，亦即金融机构参与涉农信贷的占比将趋于增加。设若：

$$y < \frac{(1 + r_0 + r_L - c_F)}{(1 + 2r_L - 2c_F)}, \qquad （式 3.43）$$

则 $\frac{dx}{dt} < 0$，亦即金融机构参与涉农信贷的占比将趋于减少。

相应的相图如图 3.11 所示。显然，关于金融机构参与涉农信贷占比的演化稳定解（ESS）有两个：

一是当 $y > \frac{(1 + r_0 + r_L - c_F)}{(1 + 2r_L - 2c_F)}$ 时，$x = 1$；

二是当 $y < \frac{(1 + r_0 + r_L - c_F)}{(1 + 2r_L - 2c_F)}$ 时，$x = 0$。

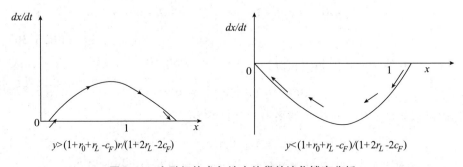

$$y > (1 + r_0 + r_L - c_F)r/(1 + 2r_L - 2c_F) \qquad\qquad y < (1 + r_0 + r_L - c_F)/(1 + 2r_L - 2c_F)$$

图 3.11 金融机构参与涉农信贷的演化博弈分析

类似地，从农户的复制动态方程式可以看出。设若 $x = 0$，则 $\frac{dy}{dt} = 0$，亦即农户还本付息的占比将保持稳定不变；设若 $0 < x \leq 1$，则 $\frac{dy}{dt} < 0$，亦即农户还本付息的占比将趋于下降。相应的相图如图 3.12 所示。显然，$y = 0$ 是农户还本付息占比的演化稳定解。

显然，设若 $r_L < r_0 + c_F$，从而：

$$y = \frac{(1 + r_0 + r_L - c_F)}{(1 + 2r_L - 2c_F)} > 1 \qquad (式3.44)$$

则 $x = 0$ 与 $y = 0$ 仍是演化稳定解。但相较于 $r_L > r_0 + c_F$，x 和 y 趋于均衡的速度会更快。

从现实来看，涉农信贷业务的收益率明显较低，因此金融机构参与涉农信贷的占比与农户还本付息的占比趋于演化稳定解的方式应该与后一种情景更为类似些。但不管怎样，上述演化博弈分析表明，在不存在信用保证制度的背景下，农村信贷市场存在逐步萎缩的趋势。

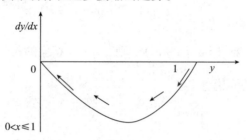

图 3.12 农户还本付息的演化博弈分析

设若 $r_L > r_0 + c_F$，从而 $y = \frac{(1 + r_0 + r_L - c_F)}{(1 + 2r_L - 2c_F)} < 1$。将 x 和 y 的相图组合在一起，如图 3.13 所示。显然，$x = 0$ 与 $y = 0$ 是演化稳定解。

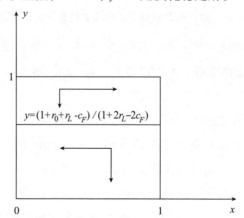

图 3.13 金融机构与农户演化博弈的稳定解

不过，假若严厉地惩罚违约农户，令其损失额为 P，则农户不还本付息的收益为 $r_I + \alpha (1 - c_A) - P$。于是农户还本付息的期望收益为：

$$[r_I - \alpha(r_L + c_A)]x - \alpha c_A(1 - x) = r_I x - \alpha r_L x - \alpha c_A \quad (式3.45)$$

不还本付息的期望收益为：

$$[r_I + \alpha(1 - c_A) - P]x - \alpha c_A(1 - x) = r_I x + \alpha x - \alpha c_A - Px$$

$$(式3.46)$$

进而可知农户两种决策的平均期望收益为：

$$(r_I x - \alpha r_L x - \alpha c_A)y + (r_I x + \alpha x - \alpha c_A - Px)(1 - y) \quad (式3.47)$$

这样，我们就可得农户的复制动态方程式为：

$$\frac{dy}{dt} = y \ (1 - y) \ (- \alpha r_L - \alpha + P) \ x \quad (式3.48)$$

由此可见，只要 $P > \alpha \ (1 + r_L)$，则 $\frac{dy}{dt} > 0$。相应的相图如图3.14所示。$y = 1$ 就成为农户的演化稳定解。

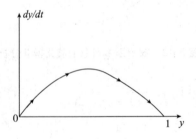

图3.14 违约惩罚机制下农户还本付息的演化稳定解

将 x 和 y 的相图组合在一起，如图3.15所示。显然设若 $r_L > r_0 + c_F$，则 $x = 1$ 与 $y = 1$ 是演化稳定解。不过设若 $r_L < r_0 + c_F$，则 $x = 0$ 与 $y = 1$ 将是演化稳定解。

由此可见，强有力的担保或违约惩戒制度是解决农户贷款难的有效途径。换个说法，欠缺信用保证制度是造成农村金融配给的主要原因。因此，为促使涉农信贷达成我们所期望的演化稳定解 $x = 1$ 与 $y = 1$，需要双管齐下，采取综合配套的措施。一方面，减免金融机构从事涉农信贷业务的相关费用，以提高其涉农信贷业务的实际收益率；或者增强金融机构的社会责任感，给予那些积极拓展涉农信贷业务的金融机构以极高的社会道义评价，以尽可能地提高金融机构开展涉农信贷业务的效用水平。另一方面，要采取得力措施提高农户违约的成本，使得其违约的净收益为负。

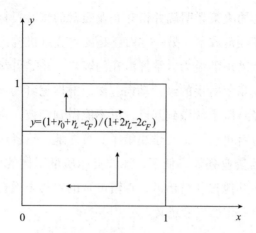

图3.15　违约惩罚机制下金融机构与农户演化博弈的稳定解

第三节　金融机构涉农业务经营效率低下影响信贷供给

　　效益低下、所形成的资产质量不佳是金融机构对涉农业务兴趣不高的重要原因。这种状况必然影响信贷供给数量，从而造成信贷供给不足。以山东省为例，自2015年以来山东省金融机构的不良贷款率呈逐步提高的态势。截至2015年3月底，山东省金融机构的不良贷款率达到1.95%，其中山东省农村信用合作联社的不良贷款率达3.7%，而同期全国的平均水平仅为1.39%。截至2018年6月末，山东省银行业金融机构的不良贷款余额达2226.9亿元，比年初增加413.7亿元；不良贷款率达2.96%，比年初上升0.4个百分点。其中地方农村金融机构的不良贷款率相对更高。例如威海农商行的不良贷款率自2017年一季度起连续四个季度均在3.9%之上，甚至一度高达5.27%。截至2018年3月末，该行的不良贷款率达4.22%，较年初时的3.97%又增加0.25个百分点。齐河农商行截至2018年6月末的不良贷款率也高达4.68%，较2017年年末的3.77%上升0.91个百分点；不良贷款余额为3.19亿元，较2017年末的2.22亿元增长0.97亿元。

　　从某种意义上说，市场竞争如同战争。《孙子兵法》有云知己知彼，方能百战不殆。就金融机构间的市场竞争与博弈而言，所谓知己与知彼，一方面就是要求金融机构的决策者明确并恪守企业经营的核心目标，切实掌握本企业的竞争优势及其经营成本；另一方面就是要求金融机构的决策者充分地了解市场，摸清信贷需求的潜力，掌握潜在的客户，并尽可能了解竞争对手的情况，准确判断其竞争对手的经营动向。然而根据笔者的调研，山东省许多农村金融机构的经营既不能做到知己，更不能做到知彼，自然不可能理顺自己的经营思路，也就更谈不上科学决策了。具体地，笔者认为造成山东省农村金融机构涉农信贷业务效率低下、涉农资产质量不佳的原因主要有五个。并且这五个原因在其他省（自治区、直辖市）的农村金融机构也都不同程度地存在，因而具有一定的典型意义。

一、金融机构的经营决策背离了追求企业价值最大化的目标

笔者 2015 年曾发放关于金融机构经营决策目标的调查问卷 135 份，回收有效问卷 92 份。其中 67.3% 认为应追求企业价值最大化；25.6% 认为应追求利润最多；7.1% 不能确定企业的经营目标。由此可以推测山东省内的大部分金融机构都认同应把企业价值的最大化作为本企业经营管理的核心目标，而获取利润只是达成企业价值最大化目标的手段。不过，根据笔者的观察，实践中大部分金融机构的日常经营管理与决策实际上都偏离了这个核心目标。具体表现在大部分企业都把利润这个指标当作自己经营的核心追求，因此很看重财务报表的观瞻，偏好那些投资少、见效快的项目，从而造成企业经营决策的短期化。

之所以会出现这种理念与实践之间的背离，我们分析主要是由于目前多数金融机构的业务主管均为科班出身，或者至少都接受过相关的理论培训。而在主流的经济理论或者管理理论中，关于企业经营管理的目标早已达成共识，这就是追求企业价值的最大化。因此一提及企业经营管理的目标，金融机构的主管们早已耳熟能详，可以脱口而出，但对其内在逻辑理解的程度则是参差不齐，完全认同的并不多见。除此之外，目前社会各界几乎都是根据财务报表中的数据来评价企业经营的绩效。上级的考核指标也大多来源于企业的相关财务数据。而这些财务指标的优劣与利润指标又存在着高度正相关的关系。因此现实环境似乎也容不得金融机构的主管舍弃对利润的追求，转而追求企业价值。

　　还有一个现象也能表明许多金融机构的经营实际上并没有追求企业价值的最大化，而是把利润当成自己所追求的目标。这就是几乎所有的金融机构主管都特别看重单位股本的收益这个指标，都认为应设法令本企业的每股收益达到最高。

　　每股收益与利润这两个指标的会计核算方法完全一致。如果假设企业的股本规模相同，则"每股收益最高"与"企业的利润最多"这两种说法等价。因此看重每股收益指标实际上也就是看重利润这个指标。这就意味着如同利润最多不一定必然意味着企业价值最高一样，每股收益最高也并不必然意味着企业价值最高。这样一来，追求利润最多或每股收益最高的结果就很有可能偏离了追求企业价值最大化这一企业经营的最高准则。

　　例如假设 A 和 B 两家金融机构本期的每股收益预计均可达到 1 元的水平，再假设这两家机构此后每年的每股收益增长率预计均可达到 5%。显然这两家机构的盈利水平是相同的。具体表现为利润相同、每股收益及其增长率也相同。在实践中多数人会认定这两家机构的业绩相同。但实际上除非这两家机构互为"克隆品"、它们的经营轨迹完全相同，其中特别是它们的投资收益率等同，否则这两家机构的企业价值不可能相同。

　　具体地，假设 A 机构的投资收益率为 20%，B 机构的投资收益率为 10%；再假设这两家机构的股东所认可的投资收益率均为 10%。则 A 机构为实现其 5% 的每股收益增长率，其分红率可达 75%；而 B 机构为实现其 5% 的每股收益增长率，其分红率仅为 50%。这样一来，这两家机构的每股分红数量就有了很大的差异。于是 A 机构的每股价值便为：

$$\frac{0.75}{1+10\%} + \frac{0.75(1+5\%)}{(1+10\%)^2} + \frac{0.75(1+5\%)^2}{(1+10\%)^3} + \cdots = \frac{0.75}{10\% - 5\%} = 15$$

而 B 机构的每股价值仅为：

$$\frac{0.5}{1+10\%} + \frac{0.5(1+5\%)}{(1+10\%)^2} + \frac{0.5(1+5\%)^2}{(1+10\%)^3} + \cdots = \frac{0.5}{10\% - 5\%} = 10$$

　　由此可见，尽管两家金融机构的每股收益相同，但由于经营效率不同，两家机构的企业价值实际上差异巨大。具体地，A 机构的企业价值比 B 机构高出了 50%。因此追求企业价值最大化与追求利润最多是两种截然不同的经营理念。把利润当作企业所追求的目标，很可能会极大地损害股东的利益。

从资本市场的表现来看，股东对企业已实现利润或每股收益的偏好度并不高。以沪深两市为例，许多中小企业板或创业板上市公司的市盈率高达数百倍。这说明股东的确更为关心的是企业扩张的前景，而不是利润。企业管理层的利润偏好与股东的偏好不一致这种情景实质上违背了职业经理人的伦理。

不过需要指出的是，那些对利润或者每股收益极度偏好的企业管理者尚属素质较高的一类。更有甚者，有些金融机构的主管实际上只是把"下达经营指标"作为自己经营管理的主要方式，或者把"完成经营指标"当作自己经营管理的基本目标。而这些指标的设置又经常偏离企业的经营主旨，实际上既不利于企业价值最大化目标的实现，也不利于利润的增长，甚或已经触犯了相关的法规制度。

二、不能切实地控制企业经营的成本与费用

关于切实控制企业经营的成本与费用，就是要求金融机构的决策者正确处理好成本会计与管理会计之间的关系，不仅要准确地掌握本企业整体经营的平均成本与费用，同时还要学会细分成本费用，精确地掌握本企业各类业务或产品的边际成本与费用。并持之以恒地树立成本费用的配比意识，得不偿失的事情坚决不做。但在实践中一些金融机构主管的成本意识淡薄，业务管理手段粗糙，经常不惜代价地完成某些指标或任务。例如不惜代价地完成揽储任务或放贷任务等。如前所述，这类事情的发生与不能恪守企业经营的主旨有关。但也不能否认其与企业主管的成本费用配比意识薄弱有关。实际上正是由于不能掌握具体业务的成本费用，成本费用的配比意识才无从谈起，得不偿失的事情才会层出不穷。再例如，目前许多金融机构仍以人数、经营场所面积、存贷款金额等指标为基础来进行成本费用的分摊与配比。但在当前金融业务自动化、产品与服务的综合化程度不断提高，客户要求越来越高、越来越个性化的背景下，这种粗糙的成本管理方法严重地扭曲了成本费用信息的真实性和准确性，成本管理的可靠性大大降低。

根据笔者的调研，由于有些金融机构的各级主管与员工都不了解本部门或所从事业务的具体成本与费用，成本配比与管理的意识普遍薄弱，所以各金融机构降低成本费用的措施不外乎就是裁减人员、裁撤网点等简单生硬的办法。而且各金融机构的成本管理普遍偏重于事前编制预算、事后财务监管

与分析的传统做法，普遍缺乏事中控制与调整的机制与能力，不能按照业务或产品来分类归集成本与费用，不能正确驾驭成本会计与管理会计之间的辩证关系。

三、不熟悉市场需求、不了解竞争对手的特性

金融机构应做足了解市场的功课，切实摸清信贷需求的潜力。同时由于市场竞争激烈，企业间的竞争在很大程度上具有"零和博弈"的特点，所以金融机构必须尽可能地了解竞争对手的信息，掌握竞争对手的决策变化，从而有针对性地提出自己的应对策略。

所谓做足了解市场的功课，切实摸清信贷需求的潜力，就是要求金融机构设立专门的市场调研部门，制定科学规范的市场调研工作流程，切实地摸清市场，细分市场需求，掌握市场动态，从而能够做到准确地回答诸如"市场在哪里""容量有多大""风险在哪里""风险有多大""市场前景会怎样"等问题。但在实践中，有些金融机构仅仅是沿袭传统的经营方式，克隆常规的产品与服务，坐等顾客上门，根本不了解市场，甚至本来就没有了解市场的意识和愿望。对于找上门来的客户，则一概抱着"我就这么多的服务项目，就这样的服务方式，你爱要不要"的态度，缺乏服务意识，官商气息浓郁。

所谓尽量掌握竞争对手的状况，就是要求金融机构配备专门的班子，制定专门的工作流程，努力搜集竞争对手的信息，研究竞争对手的经营成本、可贷规模及其可能采取的经营策略等，从而有针对性地提出自己的竞争策略。但在实践中一些金融机构不仅搞不清自己的边际经营成本，摸不清市场潜力，更搞不清楚竞争对手的底细。其所采取的经营思路，要么僵化守成、以不变应万变，根本不考虑竞争对手的反应；要么不知就里、盲目地跟风模仿竞争对手的举措，经营对策毫无章法可循。

那么，金融机构怎样做才能称得上"经营思路清晰、理性决策程度高"呢？下面模拟一个案例来具体地说明这个问题。

从目前的情况来看，山东省域大部分金融机构的经营方式雷同，所提供的信贷服务大同小异。严格说来，这也是各金融机构缺乏细分市场的能力、不具备提供特色产品与服务的能力，从而经营效率不高的具体表现。但限于篇幅，我们这里暂不讨论这个问题，而是把它作为既成事实接受下来。这样

一来，从潜在贷款客户的角度来看，他们仅需考虑信贷产品服务的价格，哪家金融机构所提供的信贷产品与服务的价格较低，就购买这家金融机构的信贷产品与服务。于是信贷业务量的竞争就成为各金融机构间相互竞争的主要内容。信贷投放的规模也就成为各金融机构的主要决策变量。这一点倒是很符合山东省域金融机构竞争的现状。

在这种背景下，依照前面所阐述的逻辑，金融机构首先必须设法摸清市场需求的潜力。例如假定某个区域的信贷市场仅存在两家互为竞争对手的金融机构。不难理解，如果这两家金融机构关于市场潜力的调研工作都做得扎实、准确，那么它们所获得的信贷市场需求函数应该是一致的。具体地，假定这两家金融机构所确定出来的信贷需求（反）函数为 $p = p(q_1 + q_2)$，其中的 p 为信贷服务的市场价格（利息率）；$q_i \in [0, \infty), (i = 1, 2)$ 分别为市场对于这两家金融机构所提供信贷服务的需求量；$q = q_1 + q_2$ 则为整个市场关于信贷服务的需求总量。

然后这两家金融机构必须搞清楚自己的成本费用水平，亦即都必须设法准确地计算出本机构提供单位信贷产品服务的平均成本与边际成本。在本案例中我们假定这两家金融机构所提供信贷产品服务的成本函数为 $c_i(q_i), (i = 1, 2)$。于是结合市场需求与本机构的经营成本水平，便可确定出这两家机构的利润函数：

$$\pi_i(q_1, q_2) = q_i p(q_1 + q_2) - c_i(q_i), (i = 1, 2) \qquad （式3.49）$$

再假设这两家金融机构利润的多寡与企业价值的高低正相关。这样一来，这两家金融机构的信贷经营决策问题也就等价于求解下列模型的均衡解：

$$\max_{q_i} \pi_i(q_1, q_2) = q_i p(q_1 + q_2) - c_i(q_i) \qquad （式3.50）$$

从式3.50可以看出，任何一家金融机构的最优信贷规模都与其竞争对手的经营策略有关。但我们的调研发现，许多金融机构在规划自己的业务发展蓝图时普遍忽略了"竞争对手将会作出怎样的反应"这个问题。具体表现在都把本企业所能达到的最佳信贷规模作为努力争取的目标。但实际上由于竞争对手的反制，这个所谓的最佳经营规模通常不可能实现。

严谨地说，只有在竞争对手已经实现最优业务量的前提下，那个能够使得本金融机构的利润达到最多的信贷业务量，才是该金融机构可以实现的最优信贷业务量。也就是说，在两家金融机构均能做到理性决策的前提下每一家金融机构都应以竞争对手的最优业务规模为基准，有针对性地确定自己的最优业务量。而当所有的金融机构在相互制衡的背景下都达到了最优信贷规模时，整个信贷市场才能达成均衡。

由此可见，金融机构一定要设法探清竞争对手的虚实，因为这是其实现最优决策的必要条件。当然了，在实践中一般说来金融机构不可能准确地观察到竞争对手的反应。也就是说，各个金融机构所面临着的通常都是一个不完美信息博弈甚或不完全信息博弈的局面。不过尽管各家金融机构都不能准确地判断出竞争对手的最优信贷规模到底是多少，但还是有可能列举出多种可能性的。因此金融机构首先应该竭尽全力地摸清竞争对手的底细，然后再基于竞争对手各种可能的选择，有针对性地确定自己的最优应对战略，尽可能地编制好各种应对市场竞争的预案。

例如，在本案例中假若两家金融机构都享有完全但不完美信息，于是就第 1 家金融机构而言，设若第 2 家金融机构所提供的信贷产品服务的数量既定为 q_2，则对第 1 家金融机构的利润函数 $\pi_1(q_1, q_2)$ 关于其业务量 q_1 求一次导数，并令该导数式为零，就可得到一个 q_1 关于 q_2 的函数，称之为第 1 家金融机构的最优反应函数 $q_1 = q_1(q_2)$。

同理，就第 2 家金融机构而言，在假定第 1 家金融机构所提供的信贷服务规模既定为 q_1 的前提下，针对第 2 家金融机构的利润函数 $\pi_2(q_1, q_2)$ 关于其业务量 q_2 求一次导数，并令该导数式为零，也可以得到一个 q_2 关于 q_1 的函数，称之为第 2 家金融机构的最优反应函数 $q_2 = q_2(q_1)$。

然后这两家金融机构就可以基于各自的反应函数，寻求均衡业务量（q_1^*，q_2^*）。并将这个均衡业务量作为两家金融机构的最优信贷投放规模。换句话说，就是求解由反应函数 $q_1 = q_1(q_2)$ 和 $q_2 = q_2(q_1)$ 构成的方程组，这个方程组的解就是这两家金融机构的最优信贷业务规模，亦即所谓的纳什均衡解。

具体地，假设这两家金融机构的单位经营成本恒定为常数 c，因此有 $c_i(q_i) = cq_i$，$(i = 1, 2)$。再假设信贷产品服务的市场需求函数具体为 $p = a - (q_1 + q_2)$。于是这两家金融机构的利润函数分别为：

$$\pi_i(q_i,q_j) = q_i[a - (q_i + q_j) - c]\ (i = 1,2, j \neq i = 1,2)\quad (\text{式}3.51)$$

进而可求得这两家金融机构的最优反应函数分别为：

$$\begin{cases} q_1 = \dfrac{1}{2}(a - q_2 - c) \\ q_2 = \dfrac{1}{2}(a - q_1 - c) \end{cases} \quad (\text{式}3.52)$$

求解这个联立方程组，就可求得这两家金融机构信贷投放的纯策略纳什均衡解均为：

$$q_1^* = q_2^* = \frac{1}{3}(a - c) \quad (\text{式}3.53)$$

相应的纳什均衡利润均为：

$$\pi_1^* = \pi_2^* = \frac{1}{9}(a - c)^2 \quad (\text{式}3.54)$$

在实践中即使这两家金融机构都仅能拥有不完全的信息，则也应努力地搜集与分析竞争对手的相关信息，争取能形成恰当的概率判断，再据以确定出本金融机构的贝叶斯纳什均衡信贷业务量来。

四、不计代价的恶性竞争

从上述分析可以看出，共赢是各金融机构间市场竞争的理性选择。然而我们的调研却发现，各金融机构间经常抱有挤垮竞争对手的企图，于是普遍地采取不惜代价地扩张业务规模的策略。设若这是深思熟虑的决策，特别是在市场容量有限的前提下倒也不失为精明之举。但我们更倾向于认为这是同行相厌的本能反应。

设若信贷市场的容量足以容纳这两家金融机构，这两家金融机构均无独占市场的可能，则不惜代价地挤垮对方的企图就绝非明智了。实际上这时候在信贷产品或服务的质量无明显差异的前提下面对竞争对手业务规模的扩张，金融机构最优的反应很有可能是缩减业务规模，而不是扩张经营规模。

例如，假设在既定的市场容量下（例如既定为 a），这两家金融机构的最大业务规模分别为 q_1^0 和 q_2^0。但在这两家金融机构均能理性决策的前提下其最大的信贷业务规模都不是自己的最优选择。这是因为一旦认定对手会把业务量扩张到极限，则为获取更多的利润这两个金融机构应将自己的业务量从极限状态调减下来。

　　具体地，一旦第 1 家金融机构认定第 2 家金融机构会把业务量扩张到极限，则作为理性的决策，第 1 家金融机构应将自己的最优业务规模调减为 q_1^1。类似地，一旦第 2 家金融机构认定第 1 家金融机构会把业务量扩张到极限，则第 2 家金融机构也应将自己的最优业务规模调减为 q_2^1。而一旦这两家金融机构都将自己的业务规模调整到 q_1^1 或 q_2^1 的水平，则竞争对手又会转而调增自己的信贷投放规模。依此类推，这种信贷业务规模的优化调整将持续下去，直到达成纳什均衡为止。这时两家金融机构都丧失进一步地调整信贷业务规模的冲动。因为这样做只会损害自己的利益。

　　当然了，基于理性的假设，设若两家金融机构同时进入这个信贷市场，则为避免竞争对手获得先行的优势，这两家金融机构就都会一步到位地将自己的业务规模调整到纳什均衡解的位置。我们的上述分析只是想说明，一味地采取业务扩张的方式，借以挤垮竞争对手，通常都不是理性的选择。

　　不过笔者在调研中也发现，一些金融机构并无竭力扩张业务规模的打算，但却习惯于把那个能够使得本机构的利润达到最多的业务量，当作该金融机构的最优业务量。

　　这种思路也是不恰当的。因为如前所述，最优信贷业务量的确定必须充分地考虑到竞争对手的反应。而在假设竞争对手业务规模既定的前提下，那个能够使得本机构的利润达到最多的业务量通常都不是纳什均衡业务量，从而不是该金融机构的最优业务量。换句话说，对于任何一家金融机构来说，其最优业务量应该是那个能令所有金融机构同时实现最优的业务量。而这个业务量通常都要低于那个能使得本机构的利润达到最多的业务量。

　　例如，设若这两家金融机构串通联合起来组成市场垄断同盟，则肯定能增加每家金融机构的利润。因为这时该联盟的利润函数为 $\pi = q(a - q - c)$，因此垄断联盟的最优信贷业务总量为 $q^* = \dfrac{(a - c)}{2}$，相应的总利润为 $\pi^*(q) = \dfrac{(a - c)^2}{4}$。

　　由此可见，垄断联盟的利益极大：一方面垄断下的总利润要高于自由竞

争下的总利润 $\left[\pi_1^* + \pi_2^* = \dfrac{2}{9}(a-c)^2\right]$；另一方面由于垄断联盟的业务量小于自由竞争下的业务量（$q^* < q_1^* + q_2^*$），所以两家金融机构都可节省一部分资源。

然而遗憾的是，在自由竞争的市场机制下由于这两家金融机构都会陷入"囚徒困境"，从而不可能自行串通建立联盟，所以上述垄断利润也就无从谈起了。

具体地，在自由竞争的市场机制下每一家金融机构都面临着"建立联盟"或"不建立联盟"两种策略的选择：设若其中的某家金融机构选择"建立联盟"的策略，则其信贷业务量将为最优垄断业务量的一半 $\left[\dfrac{1}{4}(a-c)\right]$；设若该金融机构选择"不建立联盟"的策略，则其信贷业务量将为纳什均衡业务量 $\left[\dfrac{1}{3}(a-c)\right]$。所以当两家金融机构都选择"建立联盟"的策略时，每家金融机构的利润均为 $\dfrac{1}{8}(a-c)^2$；当两家金融机构都选择"不建立联盟"的策略时，每家金融机构的利润均为 $\dfrac{1}{9}(a-c)^2$。而当其中的一家金融机构选择"建立联盟"的策略、另一家金融机构选择"不建立联盟"的策略时，选择"建立联盟"策略的那家金融机构的利润为：

$$\pi = \left[a-c-\frac{1}{4}(a-c)-\frac{1}{3}(a-c)\right] \times \frac{1}{4}(a-c) = \frac{5}{48}(a-c)^2$$

（式 3.55）

选择"不建立联盟"的那家金融机构的利润为：

$$\pi = \left[a-c-\frac{1}{4}(a-c)-\frac{1}{3}(a-c)\right] \times \frac{1}{3}(a-c) = \frac{5}{36}(a-c)^2$$

（式 3.56）

显然不建立联盟的选择较优。亦即两家金融机构都选择"不建立联盟"策略将是唯一的纳什均衡解。这是因为如果两家金融机构事先约定联盟垄断市场，并约定各自的业务量均为最优垄断业务量的一半 $\left[\dfrac{1}{4}(a-c)\right]$，但在实际经营中设若第1家金融机构遵守约定，第2家金融机构却私下承接了更多

的信贷业务量 Δq，使其业务量达到了 $\frac{1}{4}$ $(a-c)$ $+\Delta q$。这时第 1 家金融机构的利润为：

$$\pi_1 = \left[a - c - \frac{1}{4}(a-c) - \frac{1}{4}(a-c) - \Delta q \right] \times \frac{1}{4}(a-c)$$

$$= \frac{1}{8}(a-c)^2 - \frac{1}{4}(a-c)\Delta q \qquad\qquad （式 3.57）$$

第 2 家金融机构的利润为：

$$\pi_2 = \left[a - c - \frac{1}{4}(a-c) - \frac{1}{4}(a-c) - \Delta q \right] \times \left[\frac{1}{4}(a-c) + \Delta q \right]$$

$$= \frac{1}{8}(a-c)^2 + \frac{1}{4}(a-c)\Delta q - (\Delta q)^2 \qquad\qquad （式 3.58）$$

于是只要 $0 < \Delta q < \frac{1}{4}$ $(a-c)$，第 2 家金融机构的利润就可以大于 $\frac{1}{8}$ $(a-c)^2$，而第 1 家金融机构的利润则要小于 $\frac{1}{8}$ $(a-c)^2$。这就意味着双方都有违约的动机，这两家金融机构间的盟约并不可靠，势将解体。

然而假若第 1 家金融机构将其业务量设定在纳什均衡解 $\frac{1}{3}$ $(a-c)$ 的水平上，但第 2 家金融机构却将其业务量扩大到 $\frac{1}{3}$ $(a-c)$ $+\Delta q$ 的水平。这时第 1 家金融机构的利润为：

$$\pi_1 = \left[a - c - \frac{1}{3}(a-c) - \frac{1}{3}(a-c) - \Delta q \right] \times \frac{1}{3}(a-c)$$

$$= \frac{1}{9}(a-c)^2 - \frac{1}{3}(a-c)\Delta q \qquad\qquad （式 3.59）$$

第 2 家金融机构的利润为：

$$\pi_2 = \left[a - c - \frac{1}{3}(a-c) - \frac{1}{3}(a-c) - \Delta q \right] \times \left[\frac{1}{3}(a-c) + \Delta q \right]$$

$$= \frac{1}{9}(a-c)^2 - (\Delta q)^2 \qquad\qquad （式 3.60）$$

显然，这两家金融机构的利润都要小于其在纳什均衡解下本可达到的水平。第 2 家金融机构扩张业务的举措可谓害人又害己。由此可见，纳什均衡解具有稳定性。理性的金融机构一定会依照纳什均衡解来提供自己的信贷业务量。而在纳什均衡信贷业务规模下，金融机构的利润并非其可能达到的最高水平。

五、制定利率政策的逻辑思路太粗糙

目前我国各金融机构关于信贷利率政策的制定普遍都采用所谓的利率加成定价法。亦即在基准利率的基础上，结合贷款客户的资信等级，给予一定幅度的利率加成。山东省各农村金融机构采用的也是这种信贷利率政策。但其定价的逻辑思路太粗糙。这是因为信贷均衡利率的确定，不仅仅需要考虑贷款客户的资信状况，而且还需要同时考虑其他诸多因素的影响。

例如假设某金融机构的信贷利率为 r_1，其竞争对手的信贷利率为 r_2。假设两家金融机构信贷产品的市场需求函数分别为：

$$q_1 = a_{10} - a_{11}r_1 + a_{12}r_2;$$
$$q_2 = a_{20} - a_{21}r_2 + a_{22}r_1 \qquad (式3.61)$$

其中，q_1 和 q_2 分别是这两家金融机构信贷产品的市场需求量；$\{a_{10}, a_{11}, a_{12}\}$ 以及 $\{a_{20}, a_{21}, a_{22}\}$ 分别为这两家金融机构信贷产品市场需求函数中的参数，且取值均为正数。

再假设这两家金融机构信贷产品的边际成本分别为常数 c_1 和 c_2。于是它们的利润函数分别为：

$$\pi_1 = r_1q_1 - c_1q_1 = (r_1 - c_1)(a_{10} - a_{11}r_1 + a_{12}r_2);$$
$$\pi_2 = r_2q_2 - c_2q_2 = (r_2 - c_2)(a_{20} - a_{21}r_2 + a_{22}r_1) \qquad (式3.62)$$

对上述第一个函数关于 r_1 求一次导数，并令所得结果为零。再依同样的思路处理上述第二个函数。于是可获得这两个金融机构的最优反应函数分别为：

$$r_1 = \frac{1}{2a_{11}}(a_{10} + a_{11}c_1 + a_{12}r_2);$$
$$r_2 = \frac{1}{2a_{21}}(a_{20} + a_{21}c_2 + a_{22}r_1) \qquad (式3.63)$$

将上述两个反应函数联立，并求解所得到的方程组，便可获得这两家金融机构的最优信贷产品定价公式。分别为：

$$r_1^e = \frac{1}{2a_{11}}(a_{10} + a_{11}c_1 + a_{12}r_2^e);$$

$$r_2^e = \frac{1}{2a_{21}} \left(a_{20} + a_{21}c_2 + a_{22}r_1^e \right) \qquad (\text{式 3.64})$$

由上述这两家金融机构的信贷利率纳什均衡解可以看出,除了贷款客户的资信等级这一最为重要的影响因素之外,纳什均衡信贷利率的高低还会受到如下五个因素的影响:

①利率水平的基数(a_{10}或a_{20})。既有利率水平越高,纳什均衡利率水平就越高。

②贷款客户对于利率变动的敏感程度(a_{11}或a_{21})。但这个因素对于纳什均衡利率水平的最终影响并不确定。

③贷款客户对于两家金融机构所承诺服务的横向比较(a_{12}和a_{22})。金融机构间信贷服务的差异越小,纳什均衡利率水平越高。

④金融机构所提供的信贷服务的边际成本。可以证明伴随着信贷产品边际成本的下降,纳什均衡利率水平呈下降的态势。但金融机构信贷服务的成本总规模却不会造成纳什均衡利率水平的变化。

⑤竞争对手所给出的利率水平。竞争对手所给出的利率水平越高,本金融机构的纳什均衡信贷利率水平也就越高。

不过,在上述论述中我们隐含地假设各金融机构所提供的信贷服务完全等同无差异。但在现实中各金融机构所提供的信贷服务实际上都或多或少地存在一些差异。例如至少各金融机构的网点布局就不会完全相同。仅凭这一点就会给贷款客户带来不同的信贷体验。

具体地,我们假设上述这两家金融机构分别处于长度为 1 的线性居民区域的两端。假设这两家金融机构提供单位信贷服务的边际成本相同,均为常数 c 元。假设贷款客户均匀地分布在这个 $[0, 1]$ 线段区间上。假设贷款客户与这两家金融机构之间的距离每增加一个单位,其所感受到的不便就相当于损失了 c_0 元。最后再假设当居民与其中一家金融机构间的距离为 x 时,该居民恰好认定这两家金融机构所提供的信贷服务无差异。于是下列三式必定成立:

$$r_1 + tx = r_2 + t \ (1 - x);$$
$$q_1 = x;$$
$$q_2 = 1 - x \qquad\qquad (\text{式 3.65})$$

将上述三个式子联立，可得：

$$q_1 = \frac{r_2 - r_1 + c_0}{2c_0};$$

$$q_2 = \frac{r_1 - r_2 + c_0}{2c_0} \qquad （式3.66）$$

进而可得这两家金融机构的利润（π）函数。分别为：

$$\pi_1 = \frac{r_2 - r_1 + c_0}{2c_0}(r_1 - c);$$

$$\pi_2 = \frac{r_1 - r_2 + c_0}{2c_0}(r_2 - c) \qquad （式3.67）$$

对上述第一个函数关于 r_1 求一次导数，并令所得结果为零；再依同样的思路处理上述第二个函数。于是可获得这两个金融机构的最优反应函数。分别为：

$$\frac{r_2 - 2r_1 + c + c_0}{2c_0} = 0;$$

$$\frac{r_1 - 2r_2 + c + c_0}{2c_0} = 0 \qquad （式3.68）$$

将上述两个反应函数联立，并求解所得到的方程组，便可获得这两家金融机构的最优信贷产品定价公式：

$$r_1^e = r_2^e = c + c_0$$

此时，这两家金融机构的纳什均衡利润为 $\frac{c_0}{2}$。

由此可见，除了上面所提到的六个影响因素之外，信贷服务品质差异也是影响纳什均衡信贷利率水平的重要因素。

由于影响纳什均衡信贷利率水平的因素至少有七个，但在实践中各金融机构实际上只考虑了其中的资信等级这一个因素，由此所确定的借贷利率水平自然也就不可能达到均衡，这就会影响到企业经营的稳定性以及企业经营的效率。

第四节　正确理解融资难："融资期望"与"有效融资需求"

关于金融供给不足的成因分析，必须把握好几个主要与概念界定相关的问题。但为保持逻辑思路的连贯与行文阐述的清晰简洁，笔者把这些内容放在本章最后做一综括阐述。例如，目前关于融资难问题的讨论以及信贷配给理论的研究普遍忽视了合理或理性的融资需求与不合理或不理性的融资需求之间的区别。这就在很大程度上夸大了融资难的范围和程度。实际上，融资难的问题只有在理性融资需求不得满足的意义上才值得讨论与解决。此外，中央银行化解融资难的能力在某些情景下甚或高于其他金融机构，因此中央银行与商业银行等存款类金融机构应该协调行动，共同促成信贷配给问题的解决。但目前却普遍把解决这一问题的焦点集中到商业银行身上，从而忽视了中央银行的作用。

一、投资者关于融资难的心理感受不可能得到彻底化解

每一位投资者或企业经营者都雄心勃勃。他们都希望大展宏图，都自觉有很多事情可以做并且应该做，于是资金不足便成为他们很自然的心理感受。2017年年末笔者曾参加山东省济南市某大学生创业园区主办的一场入住园区创业者座谈会。参与专场座谈会的大学生近50位，均距自己的毕业季不足3年。笔者强烈感受到参会的每一位年轻创业者都迫切需要融资，都在感叹筹资难是其最为头痛的问题。简单地说，就是人人都怀揣着必定能成功的伟大计划，且都已万事俱备，唯一欠缺的就是资金供给的东风。周雷等（2018）也有类似的调研结果。根据他们在江苏省苏州市的调研，87.04%的科技创新企业有融资需求；75.93%的企业认为融资难、融资贵是当前企业最头痛的事情。同样根据仝爱华等（2018）在江苏省宿迁市的调研，高达63.68%的创业农户有融资需求。其中正处于创业初期阶段的农户融资需求最高，达76.81%；处于创业成长期的农户融资需求则明显下降，为60.97%；处于创业成熟期的农户融资需求最低，仅为46.15%。然而这些创业农户的正规金融

获得率却正好相反，创业初期农户的正规金融获得率仅为 62. 76% ；创业成长期农户的正规金融获得率则显著提高到 72% ；创业成熟期农户的正规金融获得率更是高达 83. 33% 。仔细分析这些融资需求案例，不难发现一个有趣现象：风险越高的投资者越感到资金匮乏，其融资需求越强烈；但金融机构提供资金的意愿却随着投资者风险的提高而加速降低。投资者与金融机构之间在资金供求上的这种不同表现并不奇怪，在很大程度上均为理性决策的结果。仔细分析其中的逻辑，不难得出迥异于传统理论的思维方式和结论。

二、"融资期望"与"有效融资需求"

经典经济理论中的供给与需求指的均为有效供给与有效需求。其中的有效需求必须同时满足两个条件：一是消费者有足够支付能力的需求；二是消费者效用达成最大化时的需求。有效供给也必须同时满足两个条件：一是厂商有足够生产能力或条件作为支撑的产销计划量，或者商品销售者有足够存货或进货能力作为支撑的出售计划量；二是厂商或商品销售者能达成利润最大化时的供给量。于是经典经济理论中的供给函数与需求函数分别指的就是有效供给量或有效需求量关于价格的函数。

与有效需求相对应的是需求的期望、愿望甚或欲望，意指其现实购买力或收入水平根本无法支撑的需求。换句话说，它只是一种主观心理感受或愿望，并不具备实现的客观条件。类似地，非有效供给意指自己的生产能力或条件、库存或进货能力根本无法支撑的产销计划或出售计划。

具体到古典信贷理论，其所谓的信贷供求指的都是有效信贷供求。其中，有效信贷需求指的是需求方有足够的还本付息能力，且能使得自身利润或效用达成极大化的资金需求量；有效信贷供给指的是供给方有充沛的资金来源作保证，且能使得自身利润或效用达成极大化的资金供给量。于是，信贷供给函数与信贷需求函数分别为有效信贷供给量或有效信贷需求量关于利率的函数。

不过，信贷配给理论实质上并未始终遵循经典经济学关于有效供求的界定。因为归纳辨析现有关于信贷配给的定义，很容易看出其已超出有效融资供求定义可接受的范围。例如按照斯蒂格利茨和韦斯（1981）的定义，所谓农户信贷配给，意指农村家庭即使愿意支付当前银行贷款利率或更高的利率也仍然无法获得贷款的现象。在这里，似乎并不要求贷款申请人基于还本付息的能力以及利润极大化的原则提出借贷融资需求量。

所有投资项目都必须经历严谨科学的可行性研究（项目评估），其中既包括技术可行性评估、生产可行性评估，还包括市场评估、财务评估、社会评估（国民经济评估）以及风险评估等。显然，尽管风险是投资决策最为关注的因素之一，但高风险的投资项目并不意味着其可行性研究一定不能过关。对于那些可行性研究的评估结果为不合格的投资项目，既然结论是不得投资这种项目，也就不会产生融资需求，从而谈不上融资难或信贷配给的问题。只有那些可行性研究的评估结果为合格的投资项目，才有可能产生融资需求。但由于不同项目间的投资风险参差不齐，且不能指望风险承受能力较低的资金供给者提供资金，因此应吸引风险偏好相近的资金供给者，从而建立起风险相匹配的资金供求市场。在其中的任一市场，如果资金供给不能满足融资需求，才可称之为存在融资难的问题。

设若只有一种类型的金融市场，例如借贷市场，则可接受风险水平超过存款类金融机构的融资需求不可能得到满足，相应的资金供给缺口就不能归并入信贷配给的范畴之内。

对于存款类金融机构来说，基于其资金来源的性质，本着追求企业价值最大化的目标，其对风险存在一个可接受的范围。在这个可接受的风险范围之内，受限于资金来源的总量以及构造最优资产组合的需要，存款类金融机构会确定出最佳的信贷资产计划，其具体内容包括信贷资产总额、贷款的期限结构、贷款的行业结构等。类似地，资金需求者本着追求企业价值最大化的目标，基于可行性研究合格项目的性质，制定最佳的融资计划，其内容包括融资规模、融资方式、融资期限等内容。如果该融资计划中包括贷款融资的内容，则形成其对信贷资金的需求。存款类金融机构与风险相匹配的理性信贷资金需求者构成信贷市场的两个参与者，从而产生信贷资金供给不足或过剩的问题。其中信贷资金供给不足所表现出来的就是融资难或信贷配给现象。

但需要指出的是，设若资金需求者的风险水平高于存款类金融机构可接受的程度，则其对信贷资金的需求不能得到满足的现象就不属于信贷配给的范畴，除非存款类金融机构的资金来源性质发生了重大变化。例如由于采取增加次级长期债务等措施，存款负债占比显著下降，最终使得存款类金融机构的可接受风险水平显著提高，从而涵盖这些风险较高的资金需求者。这时关于这些风险较高投资者对信贷资金的需求不能得到满足的现象就属于信贷配给的范畴了。

基于上述逻辑，直接融资需求不能得到满足的现象显然也不属于信贷配给的范畴，但属于资金（金融）供给不足的范畴。

在信贷配给理论中，设置抵押担保要求被视作信贷配给的一种子类型。但基于本书所阐述的逻辑，抵押担保属于增信行为。设若风险不高于存款类金融机构的资金需求者被强制要求提供担保，则确属不合理不公平。在这种情景下，由于抵押担保不达标而被拒绝提供信贷，则应被归纳进信贷配给的范畴。设若风险高于存款类金融机构的资金需求者被强制要求提供担保，则是公平合理的要求。在这种情景下，由于抵押担保不达标而被拒绝提供信贷，则不应被归纳进信贷配给的范畴。

也有一些论文将信贷配给划分为银行信贷配给和自我信贷配给（或者供给型信贷配给与需求型信贷配给）两种类型。例如，王睿（2016）认为农村家庭选择非正规金融市场进行借贷，可能是农村地区的银行等正规金融机构拒绝放贷的结果，也可能是农村家庭自主决策选择所致。前者定义为银行信贷配给，后者定义为自我信贷配给。而梁虎和罗剑朝（2019）认为需求型信贷配给意指农户因对贷款拒绝率过高、社会资本缺乏并担心抵押物流失等原因而主动放弃申请贷款，这是一种主动选择行为；供给型信贷配给意指农户受到金融机构层面的外部性约束导致仅获得申请贷款的部分或申请贷款被拒绝，这是一种被动接受行为。

本书认为自我信贷配给（或者需求型信贷配给）的含义很牵强。资金需求者基于客观条件来综合考虑是否融资以及如何融资等问题。设若资金需求者的理性决策结果为不申请信贷，则何来自我信贷配给（或者需求型信贷配给）的问题？信贷配给一定是从资金供给角度来理解的概念。它刻画的是尽管贷款申请人满足金融机构的信贷投放标准却仍无法获得贷款的现象。相应地，信贷配给问题的解决必须从增加信贷供给的角度来思考。

从整个社会的角度来看，解决金融供给不足问题的途径有四条：一是建立多属性、多层次的金融市场体系，力求不同风险属性的融资需求都能找到风险匹配的资金供给者；二是健全完善信用保证制度、担保制度，并尽可能建立起持久稳定的信贷供求合作关系；三是确保存款类金融机构的信贷业务决策理性，并充分挖掘其资金供给潜力，以尽可能地满足信贷需求；四是中央银行适时调控货币供给量，以最大程度缓解融资难。设若上述四条解决金融供给不足问题的途径都能被充分高效地利用，而融资难的呼声仍会不时浮现，则此已纯粹属于心理感受的范畴，应归类于社会心理学的研究范围，而不再是一个现实应解决的金融问题。换句话说，从经济学（或金融学）的角度来看，这时已不存在资金供给不足（或信贷配给）的现象或问题。

三、商业银行真的歧视民营企业、中小企业或农户吗？

民营企业、中小企业或农户融资难确实是当今的一个显著的社会现象，更是相关社会群体刻骨铭心的主观感受。不过它也只是一个现象，并非一个问题。设若我们把民营企业、中小企业或农户融资难当成一个问题来解决，则很容易误导思路，从而无法找到恰当的应对措施。

许多人从民营企业或中小企业所创造的 GDP、税利以及所吸纳的就业人口等角度来看待这些企业的融资问题，认为相对于其对经济增长和就业所作出的贡献而言，民营企业或中小企业的社会融资占比太低。然而从这一视角来看待融资问题并不恰当，因为它显然不同于资金供给者融资决策的惯常逻辑。

资金供给者很关心其所提供资金的风险。当一个客户提出融资需求时，理性的金融机构首先会关注自己这笔贷款的投资风险，而不是该客户的所有制属性及其对经济增长与就业的贡献。即使金融机构确实关注后两个因素，那也是从这两个因素对其贷款风险的潜在影响角度来考虑，而并非把这两个因素当作决定其信贷投放与否的直接影响因子。

显然，由于国企背靠政府，其担保水平较高，且易于和金融机构维持稳定持久的信贷供求关系，因此设若把整个社会的融资需求都依照其风险水平自低向高地排序列表的话，则排在这张表格最前面的自然大部分都是国企。由于民企、中小企业或农户的排序靠后，在资金供给相对不足的情况下，融资难的问题自然就容易集中爆发于这些特定群体中。由此可见，民营企业、中小企业或农户融资难的现象更有可能是金融机构理性决策的结果，所谓金融机构的融资决策存在所有制歧视的说法缺乏足够的逻辑支撑。

近年来一些实证分析印证了本书的上述逻辑。例如方军雄（2010）基于1996年至2004年间IPO公司上市前后的数据，研究所有制与债务融资之间的关系，发现上市前后不同所有制企业与债务融资之间的关系截然相反，实际上作为有效缓解信息不对称的股票发行上市进一步扩大了民营公司与国有公司债务融资的差异。据此可推断民营上市公司更少的银行贷款、更短的债务期限结构并非"金融歧视"的结果，而更可能是企业自主决策的结果。苟琴和黄益平（2014）利用世界银行提供的中国企业数据来甄别信贷配给现象，认为尽管中小企业受到信贷配给的概率更高，但国有企业在获取银行贷款方面并无显著优势，因此并未发现存在所有制歧视的证据。国有企业获得信贷优势的原因与国有企业大多为大型企业相关。张宁和张兵（2014）也认为农村资金需求家庭未获得银行贷款而选择非正规高息借款的现象，与其说是受到银行信贷配给的结果，不如说是家庭自主决策的结果。亦即借入非正规高息借款是农村家庭的主动选择行为，而非由于受到银行信贷配给的缘故。因此不考虑农户家庭对贷款需求的自主决策，而把所有未获得银行贷款的资金需求家庭统统视为受到银行信贷配给的做法，极为偏颇有害。此外，白俊和连立帅（2012）以及苟琴、黄益平和刘晓光（2014）也分别基于自己的实证研究否定了商业银行的信贷投放存在所有制歧视的问题。

四、信贷配给的化解：商业银行的责任抑或中央银行的责任?

关于中央银行货币政策的实施与信贷配给之间的关系问题，目前的主流观点认为信贷配给将影响中央银行货币政策的实施成效。例如，刘明（2006）和周方（2015）都认为我国货币政策的传导机制主要是通过信贷渠道完成的。由于信贷配给是商业银行与企业间信贷供求互动的结果，在一定程度上体现了信贷投放的内在机制，因此必然会对货币政策的传导效果产生影响。李维（2013）甚至认为信贷配给是影响货币政策效果最主要的因素。但本书认为，除了信贷配给能影响中央银行货币政策的实施成效之外，中央银行货币政策的调整也能对信贷配给产生重大影响。

　　设若商业银行的经营已经处于最优状态，则其信贷供给量不再发生变化，其信贷供给的行业结构和期限结构也不再调整。但这时很有可能仍有一部分满足其信贷条件的融资需求尚未得到满足。对于这部分信贷配给，商业银行实际上已无力化解。这时就需要中央银行出面，顺应社会经济形势的变化，适时调整货币政策，经由增加货币供给的方式将这部分信贷配给化解掉。

　　中央银行货币政策的实施是在迎合商业银行经营的过程中完成的。商业银行的经营主要包括负债业务和资产业务两大类，目前中间业务的占比较低。商业银行的可贷资金不仅来源于存款负债业务，而且还来源于其他资产业务以及所有者权益。只是相较于发达国家或地区，我国商业银行来自于非存款负债的资金占比偏低而已。商业银行可以通过发行债券、增发新股、在银行间市场抛售其他资产（例如抛售所持有的债券、外汇资产）等方式来筹措用于投放信贷的资金。在流动性不足的时候，同业拆借以及向中央银行申请再贷款、再贴现等方法也是商业银行很常用的应急融资手段。

　　具体地，在每一个经营年度开始之前商业银行先基于既往的业务经验，结合对未来经营前景的判断，制定本公司的存款计划、其他资金筹措计划、贷款计划、投资计划以及结售汇计划等。显然，资金来源与运用之间的平衡是判断其整个经营计划体系是否合理的基本标准。然后，商业银行内部各具体业务部门就可以根据相关的计划来分头开展自己的业务了。但这时并不要求存贷款计划严格平衡，因为存款来源不足以应付贷款需要的那一部分差额，只能通过其他筹资途径来解决。而且也不要求存款负债业务必须先行发生，然后才能发生贷款业务；此外，也不要求每一笔贷款所占用的资金都能说清楚与其匹配的存款来源。换句话说，在贷款的计划额度内，贷款业务的发生不必考虑资金的来源问题；只要申请贷款的客户具备资格并符合条件，或者信贷部门主动发现了很好的贷款机会，贷款业务就可以立即展开。

　　由此可见，存款客户提现、投资业务以及结售汇业务直接影响的是商业银行的流动性，对存贷款业务并无直接的影响。当然了，在年初商业银行应该根据相应业务的发展规划及现实条件，分别制订出本年度的投资业务计划和结售汇业务计划，并对存款客户提现的可能规模及方式作出预估，以便能统筹存贷款计划以及其他筹措资金计划，尽可能地预先作出资金安排。

基于商业银行经营的上述特点，派生货币的创造机制可简洁地表述为：贷款需求⇒贷款投放⇒派生存款货币供给。具体逻辑如下：首先，根据业务发展规划以及现实环境与条件，商业银行制订本年度的存贷款计划。其次，在年度营业周期开始之后，商业银行的信贷投放部门与存款吸收部门各自相对独立地同时开展自己的业务，分别负责完成本公司的贷款计划和存款计划；当信贷业务的增长相对较快，从而造成本公司的流动性紧缺时，可经由同业拆借或者向中央银行申请再贷款、再贴现等方法筹措资金；反之，当存款业务的增长相对较快，从而出现流动性结余时，可经由银行间市场等途径进一步拓展其他资产业务，以提高本公司资产的总体配置效率。

从上述关于派生货币创造机制的基本逻辑可以看出，在以商业银行为核心的存款类金融机构经营理性且已达到最优状态的前提下，中央银行的基础货币投放其实是化解信贷供给的唯一途径。换句话说，商业银行化解信贷配给的责任应以其达成最优资产组合为限，剩下的责任应交由中央银行来完成。

本章小结

归纳本章论述，造成农村金融供给不足的原因主要为资金供求双方的风险偏好不匹配、信用担保制度（包括失信惩戒制度）不健全、未能建立起稳定持久的信贷供求关系以及农村金融机构经营效率普遍低下等。

经典经济学把信贷供求视作利率的函数。这只适用于极其特殊的情景。具体地，从信贷供给者的角度来看，必须满足如下几个假设条件：可选投资项目有无穷多个，投资项目可无限细分，投资资金充裕，所有待选择项目的收益率都不低于基准利率，贷款利率恰好等于该笔贷款的投资收益率，则仍可把信贷供给视作利率的函数。从信贷需求者的角度来看，必须满足如下几个假设条件：可选投资项目有无穷多个，投资项目可无限细分，投资资金充裕，所有待选择项目的收益率都不低于基准利率；再假设拟投资项目本身的状况（例如未来每期净现金流量的规模及其风险特征等）都已给定（从而可以确定未来每期净现金流量的规模以及该项目所适用的基准利率），且与拟投资项目相关的所有其他成本费用因素都既定，唯一尚未确定的费用因素就是贷款利率及其还本付息方式。这时亦可把信贷资金的需求视作利率的函数。

在不确定性投资环境下，无论是期望收益率，还是收益率的方差，都既不是一个投资项目较优的必要条件，也不是充分条件。这就意味着在引入风险因素之后投资需求不宜表示成利率的函数。既如此，所谓"向后弯曲的商业银行信贷供给曲线"也就无从谈起了。

尽管商业银行信贷投资的效用函数也应该具有一次导数大于零、二次导数小于零的特性，但应不具有"伴随着随机投资收益率的提高，其厌恶风险的程度越来越低"的特点。因此商业银行的 Arrow-Pratt 风险厌恶系数应该递增，而不是递减。这就意味着商业银行的信贷决策不适用第三等随机优势策略。由于相较于其他投资者，商业银行的投资决策更为谨慎，投资心态相对保守，因此在面对同一个投资项目的时候，容易给人留下"惜贷"的印象，其他投资者也就形成了"融资困难"的心理感受。

也正是由于相较于其他投资者，商业银行的投资决策更为谨慎，投资心态相对保守，因此单靠存款性金融机构不可能满足整个社会的融资需求。只有建立多层次的金融市场体系，设法令资金供求双方的风险偏好相匹配，从而拟投资项目同时出现在资金供求双方的最佳选择范围之内，才有可能彻底解决融资难的问题。

只要存款性金融机构不能准确地判断申请贷款客户拟投资项目的真实情况，它就只能基于经验判断。这对商业银行来说相当于风险水平的提高，其对贷款项目的效用评价就会降低，从而造成信贷配给。提高利率可以提高商业银行对贷款项目的效用评价，但只要不能抵消信息不对称对效用评价的损害，商业银行就不可能同意发放贷款。对方不惜代价获取贷款的意图甚或会吓坏金融机构，从而减少信贷投放的规模。由此造成信贷供给与利率负相关的局面。尽管这一结论与经典信贷配给理论相同，但本书的逻辑论证过程迥异于后者。

设若商业银行与农户均具有理性，并假设商业银行的信贷资金充裕，且对资金需求者的拟投资项目也很感兴趣，则基于经典博弈理论，信贷供求合作关系过于短暂以及缺乏健全的信用保证制度这两种情景仍会造成信贷供给不足的问题。因此建立健全可信的信用担保制度，并且尽可能地建立稳定持久的信贷供求合作关系，是克服农村信贷配给的基本途径。

设若商业银行与农户均不具有理性，且观望跟风是影响其决策的重要因素，则基于演化博弈分析商业银行惜贷是其演化稳定解。不过，如果能建立起具有足够威慑力的违约惩戒制度，则金融机构发放贷款、农户按期还本付息便成为唯一的演化稳定解。这说明即使商业银行与农户均不具有理性，建立健全可信的信用保证制度，仍是克服农村信贷配给的基本途径。

由于本书将金融供给不足的成因锁定于金融市场体系不完备、信用担保制度不健全、未能在资金供求双方间建立起持久稳定的信贷合作关系三个因素上。相应地，只要能建立起完备多层次的金融市场体系、只要能健全信用担保制度、只要能在资金供求双方间建立起持久稳定的信贷合作关系，便能满足有效融资需求，从而化解融资难的问题。其中，本书首次将我国所谓完整的金融市场体系划分为地方金融市场、地方金融市场、区域性金融市场与全国性金融市场四个层次。

设若上述三个造成金融供给不足的因素均已得到完美解决，却仍存在严重的融资难问题，则通常都是存款类金融机构的经营低效、惜贷或者中央银行的银根过于紧缩的结果。而设若不可谓存款类金融机构经营低效，其也不存在惜贷问题，则融资难这个问题只能靠中央银行的货币政策调控来缓解。进一步地，设若中央银行确认货币政策已经优化到位，无须再行调整，则融资难的问题就只能依靠投资者自行调整优化投资规划或资产组合的方式来化解了。

不过，从投资者的融资心态来看，可用资金多多益善是其本能。这就意味着融资难的心理感受不可能消失。其差异仅在于经济繁荣时期因亟须大展宏图而融资难，经济衰退时期因亟须摆脱财务困境而融资难而已。基于此，中央银行货币政策的制定以及商业银行的信贷决策都应基于自己的理性判断，而不应被困惑于资金需求者的呼吁。同理，也不能仅仅基于调查数据来确定信贷配给的严重程度。

总而言之，农村信贷供给不足问题的化解离不开资金供给者、资金需求者、政府三方的协同努力，具体思路如下。

（1）第一个层面：建立健全资金供求市场体系与市场机制，建立健全信用担保增信制度与机制

①建立起完备多层次的金融市场体系。例如多层次的间接融资市场、多层次的直接融资市场等。

②健全信用担保制度。

③在资金供求双方间建立起持久稳定的信贷合作关系。

其实，在资金供求双方间建立起持久稳定信贷合作关系的目的也是为了增信。因此②和③的目的其实相同，都是为了给资金需求者增信。

（2）第二个层面：督促金融机构提高经营效率、承担更多的社会责任

设若上述第一个层面任务已完成，却仍存在严重的信贷供给不足的问题，则通常都是金融机构经营低效或惜贷的结果，因此应督促金融机构提高经营效率，并承担更多的社会责任，从而增加对中小微企业或社会弱势群体的资金供给。

（3）第三个层面：中央银行适时实施积极的货币政策

设若上述两个层面的问题都得到了很好的解决，则严重的信贷供给不足就很可能是中央银行银根过于紧缩的结果。于是这个问题就只能靠中央银行的货币政策调控来缓解了。

不过，我们认为中央银行货币政策的制定以及商业银行的信贷决策都应基于自己的理性判断，而不应被资金需求者的呼吁所左右。同

理，也不能仅仅基于融资需求的实证调查数据来确定信贷配给的严重程度。

（4）第四个层面：资金需求者重新优化自己的投资规划或资产组合

设若上述三个层面的问题都得到了很好的解决，则融资难的问题就只能依靠投资者（企事业单位或个人）重新调整优化自己的投资规划或资产组合的方式来化解了。

第四章　增加农村金融供给的途径

根据第三章的结论，存款性金融机构信贷投资效用函数的特性不同于一般的投资者，总起来说偏保守，因此根本不可能独自满足整个社会融通资金的需求。于是，建立与完善多层次的金融市场体系，以求资金供求双方的风险偏好相匹配，就成为我国进一步完善金融市场制度与体系建设的基本思路。又由于信用制度不健全、缺乏担保品或者担保品价值不足是造成存款性金融机构惜贷的重要原因，因此采取综合配套措施健全社会信用制度与体系，借

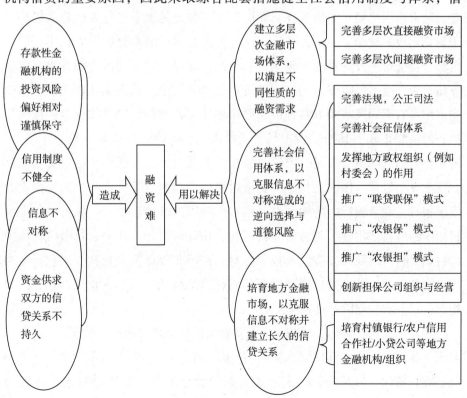

图 4.1　本章逻辑框架图

以降低信贷风险，从而尽可能地提振金融机构信贷投放的意愿，就成为我国社会综合治理体制建设以及金融市场制度与体系建设的一个重点突破方向。此外，由于建立持久稳定的信贷关系有助于增加信贷供给，而农村集体经济组织的介入以及区域性金融机构的发展有助于生成这种稳定长久的信贷关系，所以积极发挥农村集体经济组织的作用、大力培育地方金融市场是解决农村金融供给不足的有效途径。

第一节　建立多层次的金融市场体系，以满足 不同风险性质的融资需求

根据第三章的分析结论，存款性金融机构的风险偏好不同于一般的投资者，通常表现得相对谨慎保守。而信息不对称更是加重了存款性金融机构对于信贷投放的疑虑。因此，以信贷投放为主要形式的间接融资方式不可能满足整个社会对于投资资金的需求。基于此，应该针对不同风险偏好类型的融资需求者，吸引风险偏好相匹配的资金供给者与之达成资金供求关系，从而构造出具有不同风险癖好特性的金融市场体系。例如，以存款性金融机构为核心的借贷市场、其他债权市场、股权市场、风险投资市场、基金市场等。若从监管归属的角度来说，则健全的农村金融组织体系既包括由中国银保监会批准发放经营牌照的农村银行类金融机构，例如政策性银行中的中国农业发展银行，商业银行中的中国农业银行和中国邮政储蓄银行，农村合作金融机构中的农村信用社、农村商业银行和农村合作银行，新型农村金融机构中的村镇银行，以及开办涉农业务的保险公司等非银行金融机构，还包括由地方金融监管部门批准发放经营牌照的农村贷款公司、农村资金互助社、民间担保公司、农村保险互助社等。

相较于发达经济体，目前我国间接融资的比例仍然偏高。截至 2017 年 11 月末，我国的社会融资规模存量为 173.67 万亿元，其中人民币贷款、外币贷款、委托贷款、信托贷款、未贴现的银行承兑汇票等间接融资余额占比为 85%；非金融企业境内股票融资余额和企业债券融资余额仅为 24.98 万亿元，占比 15% 左右。但在发达经济体，间接融资的占比普遍远超过 50%。间接融

资偏好期限较短、风险水平较低、流动性较强的投资，直接融资的风险偏好则与期限较长、风险较高、流动性较差的投资相匹配。而从整个社会的角度来看，长期投资总是占据主导地位，并且也是促成经济增长的关键。因此，大力发展资本市场，借以拓展直接融资在社会融资总规模当中的占比，应为我国金融市场发展的基本战略目标。

不过目前有一个错误的倾向，就是一提及直接融资，许多人便认为指的就是发行股票和债券。但其实除了这些典型的资本市场之外，直接融资市场还应包括风险投资市场、基金市场等。并且即便都是发行股票和债券，也存在公募发行和私募发行的区别。这些直接融资方式间的差异其实也是主要基于投资者风险偏好的不同，从而投资者在权益获得方式与占有比例等方面的待遇也不同。

从金融市场参与者之间的法律关系角度，可以把多层次的金融市场体系分解成多层次的直接融资市场体系与多层次的间接融资市场体系两大部分。而从金融市场的地理影响范围角度，则可以把多层次的金融市场体系划分成全国性金融市场体系与地方性金融市场体系两个层次。就"三农"领域的资金供给来说，应把工作的重点放在多层次地方性金融市场体系的建设上。尤其是多层次地方性直接融资市场体系的建设更是农村金融市场体系建设的重点方向。

一、大力发展多层次的直接融资市场体系

目前银行信贷是我国企业和农户融资的主渠道。这一状况很不正常。因为就银行来说，无论是其所吸收的活期存款还是定期存款，实际上都具有到期债务的性质。因此，商业银行最为关心的是其信贷资产的安全性和流动性。基于此，国债是其最心仪的资产，有担保的短期贷款则是其最佳的信贷资金投放方式。许多人指责银行偏爱国营大型企业，不愿意满足广大中小企业或农户的资金需求。其实这都源于对商业银行本质的不了解，是对商业银行的过分指责。

我们不能对商业银行的要求太高，勉为其难地要求其增加长期信贷投放，增加面向中小企业、高科技企业或农户的信贷投放，甚或增加无担保信用贷款的投放。这样做的后果会很严重：一则会增加商业银行的不良资产，二则

会将整个社会的市场经济风险集聚到商业银行系统中去，从而大大提高爆发金融危机的可能性。我们必须建立多层次的金融市场体系，以匹配不同风险偏好的资金需求者，从而尽可能地满足社会各方面不同性质的融资需求。尤其是要大力发展以股权融资和长期债务融资为主体的资本市场，尽可能地扩展直接融资在社会融资总量当中的比例。

正是基于这一思路，在 2016 年 6 月 20 日召开的金融机构座谈会中，李克强总理要求深入推进金融领域简政放权、放管结合、优化服务，有序发展民营银行、消费金融公司等中小金融机构，丰富金融服务主体。与此同时，还要多渠道推动股权融资，探索建立多层次资本市场转板机制，发展服务中小企业的区域性股权市场，促进债券市场健康发展，提高直接融资比重。

就目前我国资本市场体系的发展现状来看，主要存在层次不完整、功能区隔不清晰、对区域资本市场的重视程度不够高等问题。

所谓层次不完整，就是尚未建立起风险偏好相近的资金供求者之间的一一匹配关系。目前一些资金需求之所以不能满足，就是由于不存在相匹配的金融市场，从而未能将风险偏好相近的资金供给者聚拢过来。政府应调整监管心态，逐步实现金融市场的开放与自由化。政府相关部门的工作重点应逐步调整到及时搜集发布资金供求信息，建立规章制度，引导资金供求有序成交。与此同时，应继续采取得力措施，完善民事与刑事法律制度，切实保证司法制度运行的公开、公平、公正与高效，以保障各方的合法权益。

所谓功能区隔不清晰，就是政府相关部门对尽可能细分金融市场体系的重视程度不够。不同风险偏好的资金供求者聚集在银行存贷款市场以及屈指可数的几个股票市场和债券市场中。并且几个股票市场的市场定位也不清楚，主要体现为上市公司的品质并无显著的差异。由此，一方面造成资金需求难以满足的后果，另一方面却又造成资金供给无门、投资途径匮乏的窘境。与此同时，风险偏好差异极大的投资者聚集于同一个市场还带来了市场动荡、监管困难的问题。

我国应将全国性资本市场明确界定为国内全区域合格企业的公共融资平台。本书认为，在电信交易网络迅捷方便的当下，就全国性资本市场的数量而言，现有的三个市场已经足够了，没必要再增设新的全国性市场或板块。现在的关键是要进一步地区隔三个全国性市场间的功能。例如可以令沪市专司主板；将深市的主板剥离归并到沪市，并将中小企业板分流归并到主板或创业板，深市专司创业板。沪市主板主要用于满足那些大型、成熟企业的融资需求；深市的创业板主要用于满足那些相对成熟的中小企业、高科技企业的直接融资需求；新三板市场则主要用于满足那些远未成熟甚或尚待孵化的创业企业、高科技企业的直接融资需求，并应以撮合战略性投资协议为主要目的。与此同时，在三个板块之间建立清晰可预期的转板机制。在此基础上，再大力支持全国性风投、创投等场外金融市场的发展，以作为新三板的前置市场。

近年来，沪市有意推出战略新兴产业板（注：目前沪市已确定正式推出科创板）。本书认为沪市没必要推出这一板块。因为它很难区隔深市的创业板，从而必定与之形成竞争关系。而作为两个全国性资本市场，它们的经营都应秉持全国一盘棋的思想与相互协同意识，不得重复提供公共服务。这两个市场的发展理念与决策更不能被地方利益甚或交易所本身的利益所绑架。

我国应把多层次资本市场体系建设的重点放在区域性资本市场的建立与完善上。因为相较于全国性资本市场，区域性资本市场可以有效克服信息不对称的问题，并且显著提高政府对于金融系统性风险的管控能力。注册制的推行也应以区域性资本市场为主体。而为防止出现全国性金融动荡，从而危及整个国民经济与社会的稳定，全国性资本市场仍应继续采取核准制。

我国区域性金融市场的建立应以现有的省级行政区划为界限。各区域性资本市场的上市企业应仅限于本区域的企业，但投资者不必局限于本省的居民。

许多人之所以忽略区域性资本市场的建设，主要是由于我们在考虑国家发展战略的时候习惯于从全国着眼。许多人误认为我国各省（自治区、直辖市）太小，因此基于省（自治区、直辖市）的视角看问题会太偏颇、太局部。但其实我国的整体经济实力与国土面积近似于欧盟，人口则要远超过欧盟。我国许多省（自治区、直辖市）的综合实力堪比世界中等国家。因此，我们在规划各省（自治区、直辖市）金融市场的发展前景时，完全可以以世界上较为发达的中等国家为参照。

以山东省为例，其陆地面积约 15.7 万平方公里，人口已超过 1 亿。韩国与山东省隔海相望，其国土面积约 10 万平方公里，人口约 0.5 亿。山东省

2018 年度的 GDP 总量约 7.64 万亿元人民币，经济增速为 6.4%。韩国 2017 年度的经济总量为 1.53 万亿美元，2018 年的经济增速为 2.7% 左右。因此，山东省的经济总量很快就会超过韩国。基于此，山东省金融市场发展的中近程目标有理由以韩国为参照。

目前韩国已逐步建立起多层次的资本市场体系。其中既有主板市场，也有创业板市场；既有场内市场，也有场外市场；既有传统市场，也有衍生品市场。韩国资本市场的市值与交易量稳居全球的前 15 名之内。与之相比，山东省金融市场的建设尚处在起步的阶段，几无可比性。不难理解，二者间的差距其实正是山东省区域金融市场发展的潜力之所在。

农村资本市场是多层次直接融资市场体系的重要组成部分。早在 1924 年，美国学者伊万·怀特就认为由于农业具有的长期性、分散性、低利性和季节性等特点，与商业银行经营的营利性、安全性、流动性三原则相矛盾，因此纯粹的商业信贷不能满足农村对资本的需求。马克·德拉本斯托特和马雷·米克（Mark Drabenstott 和 Larry Meeker，1997）针对美国农村创业资本有限、农村资本来源渠道狭窄等问题提出了进一步发展农村资本市场的建议（张幼芳，2015）。近年来，诸如朱衍强（2004）、王磊荣和王选庆（2007）、张幼芳（2015）等国内一些学者也相继提出建立农村资本市场的必要性和可行性。本书认为，为建立与完善农村资本市场，需要着重做好如下两个方面的工作。

（一）顺利完成农村产权制度改革，积极推进农村资产资本化改革

所谓农村资产资本化，是指农村土地、房屋、山林等农村资产的产权（或使用权）拥有者将其拥有的资产通过转让、出租、抵押、合作合伙入股等方式，将资产转化为资本来经营，从而获取经济利益的过程。

产权制度改革是实现农民资产资本化的前提。2014 年 10 月，中共中央政治局常委会会议审议通过《积极发展农民股份合作赋予农民对集体资产股份权能改革试点方案》。2016 年 12 月，中共中央、国务院发布《关于稳步推进农村集体产权制度改革的意见》。该意见要求在继续按照党中央、国务院已有部署抓好集体土地等资源性资产确权登记颁证、建立健全集体公益设施等非经营性资产统一运行管护机制的基础上，针对一些地方集体经营性资产归属

不明、经营收益不清、分配不公开、成员的集体收益分配权缺乏保障等突出问题,力争用5年时间基本完成经营性资产确权到户和股份合作制改革。截至2017年年底,我国已有超过13万个村组完成产权制度改革,并将农村集体资产折股量化,从而建立股份经济合作社。2018年年初,农业农村部、中央农办按照"扩面、提速、集成"的改革总体要求,实施吉林、江苏、山东3个整省试点,并在河北省石家庄市等全国50个地级市开展整市试点,天津市武清区等150个县级行政单位开展整县试点。第三批试点总共涉及县级行政单位1000个左右,约占全国总数的1/3。此外,另有18个省份自主确定了266个省级地方试点县。按照预定计划,我国截至2019年年底之前要基本完成农村集体经济组织的清产核资工作;截至2021年年底之前要基本完成农村集体经营性资产的股份合作制改革。目前,北京、上海、浙江3个省(直辖市)已经基本完成这项改革工作。

在完成农村集体产权制度改革之后,应尽早着手建立农村产权流通变现市场。

（二）构建并完善农村资本市场的相关信息中介服务系统

目前我国农村集体土地抵押担保制度等相关法律制度尚不健全,农村金融中介市场（例如农村资产评估）很不完善,农村信用评估机构以及农村资本市场信息电子传输平台尚不健全。这些方面的工作都亟待加强。

二、大力发展多层次的间接融资市场体系

直接融资与间接融资各自匹配于不同性质的投融资需求,二者之间并非呈现完全可相互替代的关系。此外也不能指望所有的资金需求者都通过发行股票、基金券或债券等债权凭证之类的直接融资方式来筹措资金,向金融机构借贷融资这一途径具有简便灵活等无可替代的优点。因此,不能将健全金融市场体系这一战略目标片面理解为以股权融资或债券等直接融资来替代信贷等间接融资,从而忽视了多层次信贷市场的建立与完善。

目前我国信贷市场的主要问题就是类型过于单一,主要为商业银行信贷市场。然而受制于其资金来源的性质,商业银行承受信贷风险的能力很低。因此不能指望商业银行满足整个社会对于信贷资金的需求。尤其是不能指望

商业银行满足中小企业以及农户等违约风险及经营成本都相对较高的信贷需求。可以说，信贷产品服务的总量不足、结构单一，从而不能满足不同程度投资风险领域对信贷资金的需求，是造成目前非法集资案件频发的重要原因。

因此，我国应依照违约风险程度的差异区隔不同性质的信贷供求，细分信贷市场。例如，为针对不同性质的信贷需求建立起相匹配的信贷市场，可考虑发放特定信贷业务经营牌照，允许组建专门的信贷金融机构，允许这些金融机构吸收与其信贷业务性质相匹配的资金（包括吸收特定性质的存款）。这样一来，一方面由于不同性质的信贷投放机构具有不同的风险偏好（因为其资金来源不同），因此可以满足不同风险性质的信贷融资需求；另一方面由于不同性质的信贷投放机构吸收不同风险偏好的资金（包括存款），因此这些信贷金融机构的存在也能够满足具有不同风险偏好的投资者的投资需求。

实际上，从 2005 年起我国便允许组建诸如小贷公司之类的金融机构。但问题是对此类金融机构的融资渠道卡得太严，不允许其对外吸收债务性资金。这就使得小额贷款公司的资金供给局限于直接融资的范畴。现阶段除了商业银行外，有资格吸收存款的仅有财务公司、金融租赁公司、汽车金融公司、消费金融公司等少数几种金融机构。且其存款的来源也受到严格的限制。财务公司仅限于企业集团成员的存款和股东存款；金融租赁公司仅可吸收非银行股东三个月以上的定期存款以及承租人的保证金；汽车金融公司仅可吸收股东及其在华股东全资子公司三个月以上的存款以及保证金；消费金融公司也只能吸收股东存款。

目前我国已放开存款利率上限，因此利率管制基本废止。今后可考虑允许诸如小贷公司这样经营特定类型信贷业务的金融机构发行与其贷款业务性质相匹配的融资凭证，以吸收与其风险偏好相匹配的社会资金，扩大自己的信贷业务规模。例如可考虑开放定期存单市场，允许小贷公司等经营信贷业务的非银行金融机构筹措资金以满足其信贷投放的需求。

通过细分信贷市场，健全信贷市场的种类或层级，既可以有效减少非法融资、变相吸收公众存款案件的发生，又能有效区隔不同风险偏好的资金供给者。具体地，对于那些风险承受能力很低的普通老百姓，可以选择把钱存入商业银行。国家依据相关法规，通过建立商业银行的存款保险金制度等，可以很好地限制其投资风险。而对于那些风险偏好较高的投资者来说，可以允许他们把钱存入诸如小贷公司之类的非银行信贷机构。但对于这一部分投资者，应签署风险自担民事合同，国家只强制要求相关各方的市场行为必须合法合规，以保障相关各方的合法权益（例如投资相关信息的知晓权等），并依法处理此类投资失败所引发的民事纠纷乃至于刑事案件，但不必像银行储户那样承诺兜底保障他们所投资本金的安全。

总而言之，相较于资本市场，信贷市场本质上属于区域性市场，因此应该更加重视区域信贷市场体系的建立与完善。本书认为，区域资本市场（主要包括股权市场、债券市场以及风投、创投等场外市场）的发展应以省级区域资本市场的建设为核心；而区域借贷市场的发展则应以县、镇或乡级借贷市场的建设为重点。

2005 年联合国为倡导小额贷款首次提出"普惠金融"的理念。2006 年年末原中国银监会发布《关于调整放宽农村地区银行业金融机构准入政策更好支持社会主义新农村建设的若干意见》。此后我国农村涌现大批新型农村金融机构，主要包括农村资金互助社、小贷公司以及村镇银行三种类型。其中，农村资金互助社和小贷公司属于直接融资的范畴；村镇银行则属于间接融资的范畴。截至 2018 年 6 月末，全国共组建村镇银行 1605 家，县市覆盖率67%，覆盖了 415 个国定贫困县和连片特困地区县。但目前村镇银行的总体发展并不尽如人意，主要表现在如下三个方面。

一是对村镇银行发起人的要求过于严苛。依据现行规定，只有达到一定条件的正规银行性金融机构才能申请开办村镇银行，这不仅极大地抑制了村镇银行的产生，而且造成村镇银行的业务流程与企业文化和现有商业银行雷同，只能办理传统金融业务，无法形成自己的业务特色，从而难以实现细分市场、满足特定市场需求的目的。而大多数农村群众又不了解村镇银行开办人的实际情况，所以普遍不信任村镇银行，许多人宁愿跑远路将钱存入农村信用社、中国邮政储蓄银行等熟面孔的金融机构，也不就近存入村镇银行，从而导致村镇银行吸储能力普遍不足。

二是村镇银行的营业网点太少。目前大多数村镇银行都只设一个网点，且没有加入银联体系，难以满足农户对于金融支付服务便捷性的需求。

三是一些村镇银行背离了国家鼓励创办村镇银行的本意，将信贷资源抽离农村，用之于城镇工商业甚至房地产等明令禁止的领域。2018 年中国银保监会对村镇银行开出的罚单案由就包括信贷资金违规流入股市和楼市、贷款三查（贷前调查、贷时审查和贷后检查）严重不尽职、办理无真实贸易背景银行承兑汇票业务等。

本书认为，有必要放松对村镇银行发起人的限制，并彻底革新村镇银行的企业文化，恪守储蓄资金来自地方、用之于地方的理念，从而将村镇银行真正打造成扎根地方、服务地方的区域性间接融资机构。

第二节　完善农村信用担保制度与体系

从第三章的分析可以看出，设若资金需求者拥有足额的担保，则无论信贷资金的供求双方是否具有理性，信贷资金供给者都会选择同意提供资金，而信贷资金需求者都会选择按期还本付息。

实际上，除了资金供给不足或者投资项目不符合金融机构的风险管理偏好，资信等级偏低是存款性金融机构不愿意提供贷款的基本原因，于是提高其资信水平也就成为化解中小企业或农户融资难的基本途径。正是基于这一思路，在2016年6月召开的国务院常务会议上，李克强总理要求积极推进政府主导的省级再担保机构基本实现全覆盖，并探索发展新型融资担保业。要求引导金融机构运用大数据等新技术，创新适合民营企业、小微企业的融资模式，尤其是要推动大型商业银行扩大服务中小企业业务。

本书认为，近年来频发的网络借贷、P2P以及民间借贷违约或"跑路"案件与社会信用担保机制不完善有着极大的关系。而完善的信用制度与体系包含三个方面的内容：一是落实合同法、民事诉讼法等民事（乃至于刑事）法规制度，做到法规的管辖全方位覆盖于社会经济活动的各个环节，并且司法要公正透明，任何人任何经济行为的法律后果都可预期，当事各方的合法权益都能得到切实的保障。二是完善征信制度。三是建立完善诸如担保市场等市场化增信机制。其中第一与第二个方面的建设具有社会经济生活公共服务或社会经济生活环境基础性建设的意义。此外，发挥好诸如农村集体经济组织之类农村地区经济与社会团体组织的作用，协助融资双方建立起持久稳定的资金供求关系，也具有显著的增信作用。

一、完善农村征信体系

（一）我国征信体系发展的现状

目前我国已初步建立起金融征信体系、行政管理征信体系和商业征信体系三个层次的社会信用体系。

所谓金融征信体系（中央银行贷款登记结算系统），指的是以金融业主管部门中国人民银行为主导建设，以金融机构为主要用户，以授信申请人为主要征信对象，以信用信息在金融业内互通互联、共同防范信用交易风险为主要目的的金融业征信系统及信用管理运行机制。目前金融征信体系主要采集金融机构生成的信用相关信息，主要的服务对象也是金融机构。这就是所谓的行业征信属性，亦即征信在行业内部进行，征信的结果也主要为本行业服务。不过在不影响金融行业安全的前提下金融征信体系也有选择地以有偿或者无偿的方式对外公开一些信息。这就使得金融征信体系也具有了准公共征信的特点。

所谓行政管理征信体系，指的是政府一些职能部门建立的社会信用信息数据系统。是以政府及其主要职能部门为主导建设，以政府及其各职能部门为主要用户，以企业和个人为主要征信对象，以信用信息在政府及其各部门间互通互联、实现统一的信用惩戒与预警监管为主要目的的政府行政管理征信系统及运行机制。例如，国家工商总局建立的企业注册信息数据库"市场主体不良行为警示记录系统"、税务部门建立的信用等级信息系统、商务部建立的外贸企业数据库等。此外，诸如法院、商务部、海关等也都各自建立起自己的信息数据库等。

目前我国尚未建立起完整统一的行政管理征信体系。因此今后有必要尽早实现政府各职能部门的数据互联互通，并建立统一的失信惩戒与守信奖励制度。

所谓商业征信体系，指的是由市场化运作的专业征信机构提供的征信服务。亦即由市场化运作的专业征信机构、信用评级机构等信用服务中介机构对企业或个人的信用信息进行采集、筛选和评估，提供信用信息服务。1992年11月，新中国第一家专门从事企业征信的公司"北京新华信商业风险管理有限责任公司"（其相关业务于 2001 年改制为"北京新华信商业信息咨询有限公司"）成立，并于 1993 年 2 月开始正式对外提供服务。从 2001 年开始，许多政府和民间投资的企业征信机构如雨后春笋般出现。如上海资信有限公司、北京信用管理有限公司、金城国际信用管理有限公司、广东信用管理有限公司等。此前从事资信评级业务的中国诚信证券评估有限公司为涉足征信领域，也把名称改为中国诚信信用管理有限公司。目前我国的企业征信市场主要分布在北京、上海和广东地区，约占全国市场的 80% 以上。其中新华信、华夏信用集团和邓白氏是三家主要的征信机构。

不过直到 2012 年以前，我国尚无凭以开展征信业务的法律依据。2012 年 12 月 26 日召开的国务院常务会议指出征信服务可以为防范信用风险、保障交易安全创造条件，有助于促成诚信者受益、失信者受惩戒的社会环境。因此审议通过《征信业管理条例（草案）》。对采集、整理、保存、加工个人或企业信用信息、并向信息使用者提供征信业务活动作出了严格的规范。明确了征信机构采集、保存、提供信用信息的范围和行为规范，明确了信息主体的权利。并规定征信业由中国人民银行及其派出机构依法监督管理。2013 年，中国人民银行先后发布实施《征信业管理条例》和《征信机构管理办法》。2014 年，中国人民银行又先后发布实施《金融信用信息基础数据库用户管理规范》和《征信机构信息安全规范》。并印发《关于做好个人征信业务准备工作的通知》，要求芝麻信用管理有限公司、腾讯征信有限公司等 8 家民营征信机构做好个人征信业务的准备工作。

目前，我国个人征信机构已包含基于电商平台、社交平台、金融平台、支付端、公共服务平台的征信机构五大类。其中，电商平台中最有代表性的就是阿里旗下 2015 年 1 月 28 日正式开始试运行的芝麻信用。另一个典型的机构是京东金融。而基于社交平台的典型征信机构则是腾讯旗下的全资子公司腾讯信用。基于金融和保险平台的典型征信机构是中国平安集团旗下的前海征信。基于支付端的典型征信机构是拉卡拉旗下的考拉征信，还有一个典型的机构就是华道征信。不过尽管基于公共服务平台的征信机构也是民营的个人征信，但与国企的关系比其他征信机构密切得多，因此官方色彩更浓些，如中诚信征信、鹏元征信和中智诚征信等。

（二）我国农村征信体系的发展

长期以来我国忽视了农村征信制度与体系的建立。但近年来我国各级政府逐步加强了农村征信制度与体系的建设。以山东省为例，目前各地市普遍由地方政府牵头，成立信用体系建设工作领导小组，中国人民银行地市支行抽调业务骨干成立工作指导组，有计划有步骤地制定与落实农村信用制度与体系建设规划。例如各地市普遍开展信用乡镇、信用村（社区）、信用户、农村青年信用示范户评定等工作，建立"守信激励、失信惩戒"的激励约束机制。部分地市（例如荣成市）为"信用户""信用企业"量身定制了支农贷、助农贷、个人荣誉贷、财政增信优惠贷、阳光贷等特色金融产品，让农户和企业实实在在地感受到了诚实守信的好处，从而激发了农户和地方企业参与信用建设的积极性。

不过总起来看，我国农村征信制度建设这一相对薄弱的短板迄今仍未补齐。主要存在如下三个问题。

一是农村社会的信用观念普遍不强。由于农民收入水平普遍比较低，经济往来仍多以现金支付方式结算，因此信用关系微弱，民众对信用体系建设的认知度普遍较低。例如，我们在聊城市的调研发现，居民个人对信用报告制度及其意义普遍不了解。许多居民在办理消费信贷等事宜时才知道我国存在个人信用报告制度，而知道如何查询个人信用报告的居民人数更是寥寥。我们在东营市的调研还发现，部分金融组织对信用体系建设的认识尚未达到"利人又利己"的层面，误认为信用体系建设与自己的经营业务关系不大，徒增费用，因此对信用信息系统的建设与使用缺乏主动性。

二是存在人民银行征信系统接入难的问题。目前山东省多数地方的征信管理平台尚无法与中国人民银行的征信系统对接。例如，威海市征信管理平台无法与中国人民银行征信系统实现对接，地方金融机构与银行无法实现征信数据共享。而诸如德州、泰安等地市的征信系统则尚未实现对小贷公司、融资性担保公司的接入全覆盖。在个别已对接的地区，真正接入中国人民银行征信系统的民间金融机构数量很少。已接入公司的使用频率也较低，向征信中心报送业务的数据较少，查询使用量也不多。一些机构担心自己的业务被征信系统记录后，会影响到自己今后业务的开展，因此不愿接入中国人民银行征信系统。此外，征信中心对接入机构的条件也有着严格的规定，对数据报送质量审核非常严格，而且接入后将按照规定收取查询费用。大部分小贷公司和融资性担保公司因为难以接受这种严格的要求以及收费标准，所以选择不接入。

三是中国人民银行征信查询时间过长，时效性不足，不利于地方金融组织发挥其经营优势。以山东省德州市为例，按现行规定接入中国人民银行征信系统的地方金融组织需提交查询申请，通过中国人民银行工作人员间接查询客户信用报告。有时直到客户提交申请之后的1—3天才能拿到结果。这种状况与地方金融组织追求快捷高效的经营理念相背离，不利于地方金融组织发挥其经营优势。

综合上述三个问题可以看出，今后农村征信体系的建设尚须从观念转变、制度完善、技术配套、使用高效与尽可能降低成本费用等方面入手，下更大的力气才能切实收到成效。

二、创新担保市场的组织与经营模式

如前所述，尽管担保制度可以促成信贷供给，从而有效化解融资难的问题，但由于土地承包权是当前我国多数农户赖以谋生的基础，而农村住房则通常是农户唯一的不动产，因此在其抵押贷款违约后，一旦进入拍卖农户土地承包权或者自住房的法律程序，该农户的生存便会陷入绝境，金融机构难以承受由此带来的社会风险。因此在农村地区这种传统意义上的抵押贷款业务不足以有效解决农户贷款难的问题。

建立担保市场，由第三方（担保机构）提供担保，是一个有效化解农户无抵押或抵押品价值不足的可行思路，称之为"农银担"合作模式。不过，担保公司也会面临追偿难的问题，从而也有可能陷入困境。这就是造成农村担保市场发展缓慢的重要原因。这时便出现了引入保险公司为担保公司甚或直接为贷款银行提供保险的创新模式，可称之为"农银担保"合作模式或"农银保"合作模式。

上述担保市场组织与经营模式的创新均属于担保市场供给侧的创新。当然也可以尝试担保市场需求侧的创新。"联贷联保"模式和农业供应链金融模式便是两种有益的尝试。

（一）推广"农银保"或"农银担"合作模式

所谓"农银保"合作模式，简单地说，就是"农业＋银行＋保险公司"的合作机制。而所谓"农银担"合作模式，就是"农业＋银行＋担保机构"的合作机制。

例如，2015年山东省青岛农商银行与华安保险青岛分公司合作推出的专门针对家庭农场、农民合作社及社员、种植养殖户、个体工商户及小微企业等发放的，由借款人作为投保人，由保险机构提供履约保证保险的人民币贷款业务"助农履约保证保险贷款"，就是"农银保"合作模式的一个具体案例。

相较于"联贷联保"模式，"农银保"或"农银担"模式的最大好处是担保的可靠性大大增强，从而有利于增强金融机构投放贷款的信心。不过"农银保"或"农银担"模式也存在一个问题。这就是在理赔之后或者履行连带责任之后，保险公司或担保公司很有可能同样面临追偿困难的问题，从而抑制了保险公司或担保机构参与"农银保"或"农银担"合作模式的积极性。对此，除了加强农村信用体制建设之外，还可以考虑保险公司组团或担保公司组团参与"农银保"或"农银担"合作模式，凭以分散风险。

政府也可以考虑以适当的方式参与"农银保"或"农银担"合作模式，例如通过设立项目扶持风险补偿基金等方式，构造"农业＋银行＋保险公司＋政府"或"农业＋银行＋担保机构＋政府"模式（以下简称"政银保"模式或"政银担"模式），以提高保险公司或担保机构对该模式的兴趣。

例如，2009年广东佛山市三水区政府、三水区农村信用合作联社和中国人民财产保险公司三水支公司签订三方协议，联合推出"政银保"合作农业贷款，探索政府设立农业贷款担保基金、并引入商业保险公司低费率开展农业贷款保证保险，合作银行灵活低息发放免抵押贷款，构筑农户贷款融资平台的新途径。这是全国首例由政府、银行和保险公司合作推出的农业贷款新模式。实践效果良好。

（二）推广"联贷联保"模式

所谓"联贷联保"业务，是指若干借款人组成一个联合体，联合体成员间协商分配贷款额度，共同向金融机构联合申请贷款；联合体中的成员彼此互保，责任共担，每个成员均对其他成员的债务本息提供连带保证责任，金融机构借此建立授信机制，向联合体发放一定额度的贷款。

"联贷联保"模式有两个好处：一是可以有效规避抵押物拍卖执行难的问题，最大限度地减少违约风险，从而消弭逆向选择的问题；二是金融机构可以适当放宽贷款审核条件，减少贷款审查与事后监督成本，从而增加贷款供应。

在"联贷联保"模式下，政府可以建立风险补偿基金，以便在联合体内各成员间互保的基础上，再为金融机构提供一道保障机制。此外，政府也可以协助将所有金融机构联网，共享贷款人的信用信息，以彻底杜绝违约联合体所有成员的融资渠道。这对任何违约企图来说，都会产生强大的震慑力，相当于为金融机构提供了第三道履约保障机制。

近年来，"联贷联保"模式在我国各地逐步展开。例如陕西省洛川县推行"电商协会＋会员联贷联保"和"核心企业担保＋农户联保"信用担保模式。并且相关经营主体可通过网络平台申请贷款，银行实时在线开展信用审查、调查、审批等工作，合格客户可与银行在线签约。与此同时，中国人民银行当地支行综合运用定向降准、差别化存款准备金率等措施，制定《支农再贷款管理实施细则》，加强再贷款投向的监测和评估，引导涉农金融机构积极调整信贷政策，优化信贷结构，有效增加信贷投放，为银行支持农村经济发展提供充裕的资金支持。实践效果良好。

不过，"联贷联保"模式的顺利实施必须处理好如下几个方面的问题。

一是必须确保联合体内各成员间在经济利益与法律关系上相互独立，不得相互间直接或间接存在拥有或控制关系，或者被第三方所直接或间接拥有或控制，从而防止联合体成员合谋诈骗贷款。

二是必须确保所有拟申请贷款的自然人或法人均依照自愿原则组织联合体。联合体既可以经由各成员自主结合的方式成立，也可以经由政府相关机构或部门牵头组建的方式成立，但绝对不允许金融机构牵头或参与组建联合体。

三是联合体的成员数量不能太多。尽管联合体的成员数量太少不利于转嫁分摊违约损失，但成员的数目太多也不利于成员间相互监督。并且在联合体过于庞大的情况下，成员间的情感链接单薄，一旦发生违约，连带责任的执行会更加困难。

四是联合体中最好能囊括一些财务状况明显相对较好的成员，发挥主心骨带头大哥的作用。

五是不能忽略贷后管理。任何担保增信机制都不构成金融机构麻痹大意忽视信贷风险的理由，相反，金融机构应一如既往地加强贷后管理，强化风险预警控制，定期开展客户评价，掌握联合体成员间的真实关系，按规程要求的频率及时现场或非现场检查，从而将风险管理渗透落实到贷前调查、贷中审查、贷后检查等各个环节。

（三）推广农业供应链金融模式

所谓农业供应链，就是农产品从投入到生产，再到加工、销售，最后到消费者的全环节完整系列或过程，也即农产品"从田间到餐桌"的完整流程。农业供应链这个概念强调围绕核心企业，对农业物流、信息流、资金流实施控制，从采购农业原材料开始，到中间产品以及最终产品，最后由分销网络把产品输送到消费者手中，将全过程所涉及的农户、购销商、加工商、零售商、消费者串联起来，形成一个利益共同体性质的网链结构。

所谓农业供应链金融模式，就是金融机构改变与农户一对一的传统授信方式，转而着眼于整个农业供应链，把产业链上的农户、农业企业、合作组织整合到一起，利用产业链上的核心农业企业的信用以及合作组织的担保，提高资金需求者的信用水平，从而以产业链中的农业企业为中心，以农业合作组织为依托，从农业生产资料的采购到农产品生产、加工、销售各环节，为产业链的各个环节提供金融支持。这种模式具体包括"公司＋农户""公司＋专业合作社/基地/专业大户＋农户""专业合作社＋农户"等模式。

农业供应链金融模式的实质就是将农业核心企业或合作组织的较高信用向上下游中小型农业企业及相关农户延伸，从而将中小微企业或农户单个主体的不可控风险转变为产业链整体的可控风险，进而提高中小型农业企业以及相关农户的信用，以此满足产业链各环节（尤其是资信等级较低的中小型农业企业和农户）的融资需求。

不过由于农业产业的特殊性，农业企业的经营风险普遍高于其他产业企业。因此农业供应链金融模式仍未完全消除信贷违约风险。这就需要进一步完善农业供应链企业的信用评价体系，继续创新农业供应链金融的信用风险分散机制，提升农业供应链金融机构的信用风险管理水平。

从理论的层面上看，农业供应链金融模式与"联贷联保"模式实质上都是团体贷款的一个具体模式。团体贷款这个概念最早由孟加拉国尤努斯乡村银行提出，其核心思想就是通过连带责任激励借款者之间的横向监督，以克服金融机构与借款农户之间的纵向监督在处理信息不对称问题上的局限性，从而实现控制信贷风险的目的。并且这种模式也能降低金融机构的信息搜集与处理费用，从而提高农村信贷的效益。农村社会是一个典型的人情社会，宗亲乡里间的约束力很强。利用农村社会的这一特点继续探索，应该还能创新出农村金融的新模式来。

三、积极发挥农村集体经济组织与农民专业合作经济组织的作用

（一）村民自治组织与农村集体经济组织、农民专业合作经济组织

1. 农村集体经济组织与农民专业合作经济组织

现行法规对农村集体经济组织与农民专业合作经济组织之间的区隔很清晰。例如《中华人民共和国农业法》第二条规定："本法所称农业生产经营组织，是指农村集体经济组织、农民专业合作经济组织、农业企业和其他从事农业生产经营的组织。"而根据《中华人民共和国农民专业合作社法》第二条，农民专业合作社是指在农村家庭承包经营基础上，农产品的生产经营者或者农业生产经营服务的提供者、利用者，自愿联合、民主管理的互助性经济组织。

不过，我国尚未就农村集体经济组织制定专门法律（相关工作已启动），在现有全国性法规中也找不到农村集体经济组织的适用定义。但近年来一些省区市陆续颁布了适用本地区的农村集体经济组织专门地方性（行政）法规。其中对农村集体经济组织作出了明确的界定。例如根据广东省政府2013年颁布的《广东省农村集体经济组织管理规定》第三条，所谓农村集体经济组织，是指原人民公社、生产大队、生产队建制经过改革、改造、改组形成的合作经济组织，包括经济联合总社、经济联合社、经济合作社和股份合作经济联合总社、股份合作经济联合社、股份合作经济社等。若以广东省的这个规定为

依据，则农村集体经济组织与农民专业合作经济组织之间的法律关系很明确。简单地说，农村集体经济组织拥有集体土地所有权；承包集体土地使用权的农村集体经济组织成员可自愿与他人依法组建各种类型的专业合作经济组织。农民专业合作经济组织以其成员所拥有的集体土地使用权或其他自有资产承担民事责任，但不得抵押转让集体土地所有权。

许多人混淆了（股份）经济合作社与专业合作社之间的区别。实质上（股份）经济合作社是农村集体经济组织的具体称呼；专业合作社则是农村集体经济组织的成员基于自愿原则成立的特别法人组织。（股份）经济合作社成员资格的认定有严格的规范；专业合作社的加入或退出则完全出于自愿的原则。农村集体经济组织的收益归农村集体经济组织的全体成员共同所有；专业合作社的收入则由该专业合作社的成员依份额所有。（股份）经济合作社在县级农业主管部门登记，由县级农业主管部门对（股份）经济合作社发放组织证明书，（股份）经济合作社在取得证明书后才可以进行经营活动；农民专业合作社依照《中华人民共和国农民专业合作社法》的要求在工商部门注册登记，取得营业执照后才可以进行经营活动。

2. 农村集体经济组织与村民自治组织

仔细体会现有法律的立法本意，农村集体经济组织与村民自治组织具有不同的性质，分属不同的法律实体。

村民自治组织的执行机构叫作村委会。《中华人民共和国村民委员会组织法》对村民自治组织（村委会）作出了专门规范。根据该法第二条："村民委员会是村民自我管理、自我教育、自我服务的基层群众性自治组织，实行民主选举、民主决策、民主管理、民主监督。村民委员会办理本村的公共事务和公益事业，调解民间纠纷，协助维护社会治安，向人民政府反映村民的意见、要求和提出建议。村民委员会向村民会议、村民代表会议负责并报告工作。"显然依据该法律，村民自治组织并无经济职能，从而并非经济组织。

然而根据《中华人民共和国宪法》第八条的规定："农村集体经济组织实行家庭承包经营为基础、统分结合的双层经营体制。"又根据《中华人民共和国宪法》第一百一十一条："城市和农村按居民居住地区设立的居民委员会或者村民委员会是基层群众性自治组织。"因此，农村集体经济组织具有经济性，肯定不是群众性自治组织。

2017 年 3 月颁布的《中华人民共和国民法总则》第一章第二条将民事主体重新区分为自然人、法人和非法人组织三大类。其中，法人又细分为营利法人（包括有限责任公司、股份有限公司和其他企业法人）、非营利法人（包括事业单位、社会团体、基金会、社会服务机构等）和特别法人（机关法人、农村集体经济组织法人、城镇农村的合作经济组织法人、基层群众性自治组织法人）三类；非法人组织则包括个人独资企业、合伙企业、不具有法人资格的专业服务机构等。《中华人民共和国民法总则》第三章第四节的第九十九条规定，农村集体经济组织依法取得法人资格；其第一百零一条规定，居民委员会、村民委员会具有基层群众性自治组织法人资格，可以从事为履行职能所需要的民事活动。

由此，村民自治组织（行政村）、农村集体经济组织与农民合作经济组织正式被区隔成为三个相互独立的特别法人民事法律实体。其中，农村集体经济组织成为特别法人中的专门子类别；村民自治组织（行政村）则被归类于特别法人中的另一个专门子类别基层群众性自治组织法人；农民合作经济组织被归类于特别法人中的城镇农村合作经济组织法人。

2017 年的"中央一号文件"把推进农村集体资产股份合作制改革作为"深化农村集体产权制度改革"的重要内容，以达成农村集体资产从"共同共有"向"按份共有"的重大产权制度转变。2018 年 5 月 11 日，农业农村部、中国人民银行与国家市场监督管理总局联合发布《关于开展农村集体经济组织登记赋码工作的通知》。根据该通知，农村集体经济组织登记赋码的对象主要是农村集体产权制度改革后，将农村集体资产以股份或份额的形式量化到本集体成员而成立的新型农村集体经济组织，包括组、村、乡（镇）三级。农村集体经济组织的名称应含有"经济合作（经济联合）"或"股份经济合作"字样，且只能使用一个名称。组、村、乡（镇）农村集体经济组织名称可以分别称为经济合作社、经济联合社、经济联合总社，或者股份经济合作社、股份经济合作联合社、股份经济合作联合总社。仅有村级农村集体经济组织的，名称可以称为经济合作社或股份经济合作社。由此，"农村集体经济组织"被赋予了相对具体且更能体现其经济性质的名称。

不过，现有法律仍存在将农村集体经济组织与村民自治组织合二为一的混同问题。例如《中华人民共和国物权法》第六十条第一款规定，属于村农民集体所有的土地和森林、山岭、草原、荒地、滩涂等，由村集体经济组织或者村民委员会代表集体行使所有权。第六十二条又规定："集体经济组织或者村民委员会、村民小组应当依照法律、行政法规以及章程、村规民约向本集体成员公布集体财产的状况。"可见，依据该法律，村委会也具有经济职能。这就与《中华人民共和国村民委员会组织法》的立法精神不一致。

从实际情况来看，目前农村集体经济组织与村民自治组织普遍实行"一班人马、两个牌子"的做法。本书认为，这种将村民自治组织（行政村）与农村集体经济组织混淆的做法既不利于村民自治组织正常发挥作用，也不利于农村集体经济组织的稳健经营与发展。

（二）依托农村集体经济组织或农民专业合作经济组织构建长期稳定的信贷合作关系

就缓解金融机构的信息不对称、为农户增信以及在资金供求双方之间建立长期稳定的信贷合作关系而言，我国农村集体经济组织的作用不可忽视。总起来说，农村集体经济组织或农民专业合作经济组织的适当参与可起到显著提高农户信用水平的作用，从而降低金融机构的信贷风险，提高金融机构提供信贷支持的意愿，最终有助于缓解农户信贷配给。

正如我们在第三章的论述，在单一的农户与金融机构之间不可能建立起长期稳定的信贷合作关系。不过，如果我们把农户置于农村集体经济组织或农民专业合作经济组织的约束之下，然后再引入地方金融机构，则很容易构造起农村集体经济组织（或农民专业合作经济组织）与金融机构间的长期信贷供求合作关系。让农村集体经济组织或农民专业合作经济组织成为监督甚或担保借款农户履约的中间人，从而间接搭建起农户与金融机构间的长期信贷供求合作关系。在这个过程中，农村集体经济组织或农民专业合作经济组织可以充分调动资源，利用其对农户的经济约束力以及调动社会关系网络或邻里熟人社会间的道德约束力，激励农户间横向监督，借以克服金融机构与单一借款农户间纵向监督力不足的局限，从而控制信贷风险，在很大程度上解决信贷市场中所惯见的逆向选择和道德风险问题，最终达成增加农村地区资金供给、有效化解农户融资难的目的。

第三章已证明：只要农村集体经济组织或农民专业合作经济组织与金融

机构签署合作协议，其中内嵌类似于触发战略的条款，便可确立金融机构与农户间的长期信贷供求合作关系。不过触发战略过于严苛。因为依据该战略只要一方违约，双方间就永不相往来。这在实践中会显得太不近人情。而之所以要依托农村集体经济组织或农民专业合作经济组织维持金融机构与农户间的信贷合作关系，其中一个重要的思路就是要利用农村社会强大的人情世故道德监督力量来督促农户切实履约。触发战略实质上也未能充分地挖掘利用农村集体经济组织或农民专业合作经济组织的价值。基于此，可以考虑适当修正触发战略，以便为金融机构、农村集体经济组织或农民专业合作经济组织以及农户间信贷合作关系的延续留下回旋余地。

例如，可以在金融机构与农村集体经济组织或农民专业合作经济组织的协议中设置两期战略条款。具体内容如下。

金融机构：其在第一个信贷合作期向经筛选确认符合条件的农户发放贷款。自第二个信贷合作期开始，如果此前借款农户按期还本付息，则本期继续向其投放贷款（这对双方来说是一个帕累托最优策略组合）；如果在紧邻着的前一个合作期借款农户未还本付息，则本期拒绝向其投放贷款（这对双方来说是一个纳什均衡策略组合）；若借款客户在上一个合作期因不符合条件而被拒绝贷款，但在本期筛选合格，则向其投放贷款；自第三个信贷合作期开始，如果借款农户在紧邻着的前一个合作期因违约而被拒绝投放贷款，但本期经筛选确认符合条件，则可向其发放贷款。

农村集体经济组织或农民专业合作经济组织：在第一个信贷合作期确保每一个农户都按期还本付息。自第二个信贷合作期开始，如果上一期双方合作愉快（金融机构发放贷款，农户按时还本付息），或者农户只是因为不符合条件而被拒绝贷款，则农村集体经济组织或农民专业合作经济组织应继续维持与金融机构间的合作关系，协助并督促金融机构和农户履行合同。自第三个信贷合作期开始，如果借款农户在紧邻着的前一个合作期因违约而被拒绝投放贷款，但本期经筛选确认符合条件后金融机构如约向其投放了贷款，则农村集体经济组织或农民专业合作经济组织应继续维持与金融机构间的合作关系，协助并督促金融机构和农户履行合同；否则，亦即那些在紧邻着的前一个合作期因违约而被拒绝投放贷款的农户尽管在本期符合条件，但金融机构仍拒绝向其投放贷款，则农村集体经济组织或农民专业合作经济组织应终止与金融机构所签署的长期信贷合作协议。

可见，与触发战略相比，两期战略对金融机构、农户以及农村集体经济组织或农民专业合作经济组织未履行协议的处罚相对宽容些。体现在惩罚期最短只有一期，因此借贷双方有机会重新精诚合作，而不像触发战略那样从此不再与违约方往来。

在两期战略下，双方间的永久信贷合作关系存在两种类型的子博弈。一种类型是双方在上一个信贷合作期合作愉快，或者因农户不符合条件而被拒绝贷款，或者因其在紧邻着的上一期未按期还本付息而被拒绝贷款，于是金融机构继续向符合条件的农户发放贷款；另一种类型是在上一期某一方违约，例如金融机构未向符合条件的农户发放贷款，或者农户拒绝按期还本付息，于是双方进入不合作的惩罚型子博弈。

假设金融机构始终遵守协议。再假设农户在第一类子博弈下的最大收益现值为 v_1，在第二类子博弈下的最大收益现值为 v_2，贴现因子为 δ。为简便起见，假设农户拟投资项目的经济寿命仅为一期（期初投资，期末收益），且项目投资总额为 1；假设该项目的预期收益率为 r，项目负债融资占比为 w（$0 < w < 1$）；假设金融机构的一年期贷款利率为 i。假设农户要么完全履约，亦即按时足额还本付息；要么完全违约，亦即不返还和支付任何本金和利息。

现在考虑第一类子博弈。假若农户的选择偏离了两期战略，则博弈进入第二类子博弈。这时农户的收益现值为 $r + w + \delta v_2$。假若农户继续遵循两期战略，则博弈进入另一个第一类子博弈。这时农户的收益现值为 $r - wi + \delta v_1$。显然有：

$$v_1 = \max\{r + w + \delta v_2, r - wi + \delta v_1\} \qquad (式4.1)$$

显然在假设金融机构始终遵守两期战略的前提下，只有当下式成立时农户才不会偏离两期战略：

$$\begin{cases} r - wi + \delta v_1 > r + w + \delta v_2 \\ v_1 = r - wi + \delta v_1 \end{cases} \qquad (式4.2)$$

然后考虑第二类子博弈。由于基于两期战略，金融机构在本期将拒绝发放贷款，因此农村集体经济组织在本期也将采取不合作的态度，于是博弈进入第一类子博弈。这时农户的最大收益现值为 $v_2 = \delta v_1$。

联立求解这三个方程式，便可求得足以保证农户（在第一个借贷合作期的期初）不偏离两期战略的折现因子 δ： $\delta > \dfrac{w(1+i)}{(r-wi)}$。当这个条件满足时两期策略是第一个借贷合作期初（第一类子博弈）的纳什均衡战略。另已知两期策略是第二类子博弈的纳什均衡战略，因此两期战略构成金融机构与农村集体经济组织或农民专业合作经济组织的子博弈精炼纳什均衡解。

对比第三章第二节中触发战略作为子博弈精炼纳什均衡解的贴现因子，可以看出两期战略作为子博弈精炼纳什均衡解所要求的贴现因子较高。一般地说，相较于触发战略，为确保两期战略成为无限期博弈的子博弈精炼纳什均衡解，其所要求的折现因子都要更高一些。这就意味着两期战略适用于那些对合作有较高期待的金融机构、农村集体经济组织与农户。

无论触发战略还是两期战略，都只是我们展示农村集体经济组织协助建立持久稳定农村信贷市场的可能性。实际上根据博弈理论（Folk Theorem），对于任意一个可行的帕累托效率改进收益组合，只要博弈双方的贴现因子足够大，亦即对持久稳定合作关系足够重视，就一定能协商构造出相对应的子博弈精炼纳什均衡战略组合来。因此有足够多的协商谈判空间供农村集体经济组织与金融机构构建持久稳定的借贷合作关系，关键是双方要有足够的合作意愿以及谈判耐心。

近年来已陆续出现一些足以印证上述思路可行且有效的案例。例如自2011年起江苏姜堰农村商业银行推出的"金阳光富民担保"模式就是一个有益的尝试。在这一模式下，通过采取政府引导，村干部参与，吸纳部分法人和私营业主共同入股的方式组建担保公司。担保公司的担保对象仅限于镇行政区域内的农户、小微企业以及农民专业合作社。

在这个案例中，政府的出资相当于为社会资本提供了一道风险隔离墙，从而提高了民间资本入股担保公司的积极性。村干部的入股则有效降低了信贷资金供求主体之间的信息不对称程度以及贷款农户违约的概率。由于担保风险显著降低，担保公司就有勇气降低反担保要求。因此"金阳光富民担保"的管理办法规定"注册资本500万元以下的担保公司对10万元以下农户担保对象不要求提供反担保；注册资本1000万元以下的担保公司对20万元以下农户担保对象不要求提供反担保"。这就极大地提高了农户贷款的通过率。

与此同时，"金阳光富民担保"模式的管理办法还规定了两道贷款审批关卡。首先，贷款客户必须直接向担保公司提出担保申请，由担保公司派员调查、评审是否提供担保；然后，姜堰农村商业银行对于担保公司同意提供担保的客户实施再调查、评审，确认合格之后才同意发放贷款。而在姜堰农村商业银行承贷支行办理贷款发放手续时，一并按照借款期限和富民担保的优惠费率代为收取担保公司的保费，担保公司不再另行向担保申请人收取任何费用。这种做法不仅有效遏制了既往农村小额贷款业务中经常发生的冒名贷款现象，降低了信贷风险，而且还确保了担保公司的保费收益。与此同时，信贷资金的投放量明显增加，从而使得更多的农户获得了实惠。

根据《中华人民共和国宪法》第十七条："集体经济组织在遵守有关法律的前提下有独立进行经济活动的自主权。"因此农村集体经济组织为农户信贷提供担保并不存在法律障碍。只是根据《中华人民共和国宪法》第十条："任何组织或者个人不得侵占、买卖或者以其他形式非法转让土地。土地的使用权可以依照法律的规定转让。"因此农村集体经济组织不得以集体土地所有权担保，但可依法将集体土地的使用权抵押担保。

不过，目前农村集体经济组织可用于担保的资产仍普遍不足。根据农业农村部的统计，截至 2016 年年末，我国农村集体的账面资产总额达 3.1 万亿元（不包括土地等资源性资产）。这些资产分布于 50 多万个村和 490 多万个村民小组，村均 555.4 万元。其中东部地区村均集体资产总额 1027.6 万元，中部地区村均 271.4 万元，西部地区村均 175 万元。截至 2016 年年末，我国共有 23.8 万个村、75.9 万个村民小组建立了集体经济组织，占总村数的40.7%，村民小组占比超过 15%。在纳入统计的 55.9 万个村中，经营收益在 5 万元以上的村达到 14 万个，占总数的 25%。集体没有经营收益或者经营收益在 5 万元以下的村有 41.8 万个，占总数的 74.9%。因此，不能单纯依靠农村集体经济组织所拥有的资产作抵押，而应主要依靠其对农户的综合约束力，对贷款农户发挥独有的监督、催促作用，间接提供信用担保。这应是一个更为可行的方法。

（三）各级政府或村民自治组织不得作为农户信贷的担保人

《中华人民共和国担保法》第八条明确规定，除非经国务院批准为使用外国政府或者国际经济组织的贷款进行转贷，国家机关不得为保证人。因此，乡镇等各级政府都不得以信用中间担保人的身份参与构造金融机构与农户间的长期稳定信贷供求合作关系。

除此之外，尽管现行法规并未明确禁止，但村民委员会也不宜作为农户借贷的担保人。因为根据《中华人民共和国村民委员会组织法》第三十六条的规定："村民委员会或者村民委员会成员作出的决定侵害村民合法权益的，受侵害的村民可以申请人民法院予以撤销，责任人依法承担法律责任。"这就意味着当村民委员会作出侵害村民合法权益的决定时，应由责任人而非村民委员会承担相应的法律责任。此外，根据《公安部关于村民委员会可否构成单位犯罪主体问题的批复》，村民委员会是村民自我管理、自我教育、自我服务的基层群众性自治组织，不属于《中华人民共和国刑法》第三十条列举的范围。因此，对以村民委员会名义实施犯罪的，不应以单位犯罪论，可以依法追究直接负责的主管人员和其他直接责任人员的刑事责任。这就意味着，基于现行法规，村民委员会不能对外独立承担民事责任。不过，也有与之相矛盾的规定。根据 2015 年 2 月 4 日起施行的《最高人民法院关于适用〈中华人民共和国民事诉讼法〉的解释》第五十二条，可作为诉讼主体的其他组织，是指合法成立、有一定的组织机构和财产，但又不具备法人资格的组织。这又意味着村民委员会可成为诉讼主体。

由此可见，现行法规对村委会的法律定位并不完善，不能排除一些村干部恶意借壳村民委员会，谋取非法利益，逃避违法责任的现象。而一旦发生了这种情况，金融机构很容易陷入困境。所以金融机构不能把村委会纳入担保系统。

江苏姜堰农村商业银行推出的"金阳光富民担保"模式以村干部个人的名义入股，而不是以村委会的名义入股组建担保公司，为农户贷款提供担保，确实很好地规避了相关法律风险。这个经验值得推广。不过，也要切实约束村干部履行担保义务的方式，防止滋生违法乱纪的问题。

第三节 大力培育地方金融市场

一、地方金融市场

以地域范围为依据，本书将我国的金融市场体系划分为地方金融市场体系和全国性金融市场体系两个层级。

地方金融市场又可进一步细分为省（自治区、直辖市）、地级市、县、乡（镇）、村五个层级。例如，农村资金互助社是乡（镇）、村两个层级地方金融市场的一个典型金融机构。2007年，原中国银监会发布《农村资金互助社管理暂行规定》。根据该规定，农村资金互助社是指经银行业监督管理机构批准，由乡（镇）、行政村农民和农村小企业自愿入股组成，为社员提供存款、贷款、结算等业务的社区互助性银行业金融机构。农村资金互助社应在农村地区的乡（镇）和行政村以发起方式设立。

县（区）级金融市场与地级市（地区）金融市场是发育较好的两个层级地方金融市场。目前我国各省区的地级市普遍建立农村商业银行或农村信用合作社。而村镇银行则是县（区）级金融市场的一个典型金融机构。

2007年，原中国银监会发布《关于加强村镇银行监管的意见》。作为银行业一级法人金融机构，村镇银行须经中国银监会批准，由境内外金融机构、境内非金融机构企业法人、境内自然人出资，在农村地区设立并服务于"三农"。目前我国村镇银行的业务涵盖了吸收公众存款、发放短中长期贷款、办理国内结算、办理票据承兑与贴现、从事同业拆借、办理银行卡业务、代理发行兑付及承销政府债券等银行业金融机构的常规主要业务。有些村镇银行甚至还代理政策性银行、商业银行、保险公司、证券公司等金融机构的业务。但不允许村镇银行跨县（市）开展发放贷款和吸收存款的业务。不过2018年1月发布的《中国银监会关于开展投资管理型村镇银行和"多县一行"制村镇银行试点工作的通知》放松了这一限制，允许在中西部和老少边穷地区特别是国定贫困县相对集中的区域，可以在同一省份内相邻的多个县（市、旗）中选择1个县（市、旗）设立1家村镇银行，并在其邻近的县（市、旗）设立支行，即实施"多县一行"制村镇银行模式。本书认为，"多县一行"模式只能是特例，且村镇银行跨县（市）发展业务的最大范围不得超过本行政地级市（地区）的范围。

目前我国各省（自治区、直辖市）都设立地方金融监管局，统筹本省（自治区、直辖市）地方金融市场体系的发展，并负责构建本省（自治区、直辖市）地方金融市场。例如山东产权交易中心便是山东省级金融市场的一个典型例子。

于是，省（自治区、直辖市）、地级市、县、乡（镇）、村五个层级的地方金融市场便构成了一个相应省（自治区、直辖市）完整的地方金融市场体系。而全国性金融市场体系与所有省（自治区、直辖市）的地方金融市场体系又构成了我国完整的金融市场体系。

二、地方金融市场的发展道路

严格基于逻辑说来，大力培育地方金融市场这一建议已经包含在本章第一节"建立多层次的金融市场体系，以满足不同风险性质的融资需求"之中。换句话说，农村金融市场绝对不能由正规金融机构的分支机构唱主角，农村社会必须有自己的地方金融机构，并且地方金融机构必须成为农村金融市场的主导力量。

地方金融机构做大做强的目的不是要跨出本土，走向全国，而是要更好地扎根本土，动员本土资金，吸引外来资金，投资于本乡土。即便一个全国性的金融机构进入农村地区，该分支机构的经营也必须在地化，亦即其所吸收的本地资金必须应用于本地，并鼓励其调动外来资金投资于该分支机构的所在地项目；其职员也应以本地乡民为主体。

地方金融机构扎根本土的目的有二：一是使得农村金融市场基本生成资金供给与需求的闭环路，只有这样才有可能解决农村资金严重外流的问题；二是凭借掌握本地社会人情网络、信息流通网络的优势缓解信息不对称性。

根据我们在第三章的分析，设若在两个给定的信贷供求双方之间潜在可能发生无穷多次信贷行为（亦即博弈论中的无限重复博弈，本书称之为信贷关系稳定持久），或者尽管借贷次数有限（但多于 1 次），但在资金供求双方之间建立起可信的协作关系，则理性的信贷资金供给者会同意提供资金，而理性的信贷资金需求者会按期还本付息。这就意味着持久稳定的信贷供求合作关系能克服信息不对称的问题，从而有效化解"三农"融资难。而这正是本书推崇地方金融机构与地方金融市场的重要原因，因为地方金融机构与地方金融市场最适宜于建立持久稳定的信贷供求合作关系。并且地方金融机构的职员与借款农户之间原本相邻，知根知底，相互熟悉，能有效克服信息不对称的问题。人情世故关系的约束也能在很大程度上降低信贷风险。

依照借贷配给理论的逻辑，事前信息的不对称可能造成逆向选择的后果；而事后信息的不对称则可能造成道德风险的问题。就信贷市场而言，由于金融机构无法准确判定贷款客户的资信条件，所以它只能根据其潜在贷款客户的平均信用风险程度来确定贷款的利率水平。这一贷款利率水平自然要高于那些信用风险程度较低的借款人所能接受的水平，使得这些优良客户不愿意借贷，从而退出信贷市场。而金融机构所设定的这一贷款利率水平一定会低于那些信用风险程度较高的借款人所能接受的水平，使得这些劣质客户产生追加申请贷款的冲动。其结果是真正拿到贷款或者更多地获得贷款的恰恰是金融机构本来并不愿意贷出的那些劣质借款人。这就是信贷市场的逆向选择问题。在逆向选择严重的情境下，信贷市场上将只剩下那些信用风险很高的贷款客户，从而导致金融机构的信贷风险上升，呆账增加，净现金流入减少。另外，由于金融机构无法完全跟踪监控那些已经获得贷款的客户的资金使用效率及其风险管理决策，这就使得贷款客户有机会采取不利于金融机构顺利收回其贷款本息的行为，徒增信贷风险。这就是金融机构所面临着的道德风险问题。在道德风险严重的情境下，金融机构的信贷风险上升，呆账增加，净现金流入也会减少。同时在逆向选择和道德风险严重的情境下，由于金融机构的风险增加，其所适用的均衡市场期望收益率将相应提高。这样一来，伴随着净现金流量的萎缩，金融机构的企业价值势必减少。地方金融机构扎根熟人社会，知根知底，能最大限度地克服信息不对称的不良影响，从而有效避免信贷市场的逆向选择与道德风险问题。

三、关系贷款应作为地方金融市场的主要信贷投放模式

在贷款实践中，为克服逆向选择或道德风险，金融机构自觉不自觉地采取了一些有效的经营策略。例如金融机构特别乐于向信用历史记录良好的借

款人贷款。这就可以理解为金融机构基于弥补信息不对称而采取的对策。另外，对贷款设置担保也是一种克服逆向选择和道德风险问题的有效手段。但其最大的问题是：假若金融机构的担保条件过于苛刻，则也有可能进一步地加剧逆向选择的程度。而且担保的另外一个缺点是金融机构并不能因为担保的设置而减轻对贷款客户资金使用情况的监管力度，因为担保的质量同样会由于不当的决策而发生变化。这就属于道德风险的范畴了。因此担保的效能在很大的程度上取决于银行和企业间的亲近程度。在这方面，与大型金融机构相比，具有草根特性的地方中小金融机构相对更有优势。

在克服信息不对称所造成的危害方面，建立"关系贷款客户"的模式要明显地优于设置贷款担保的模式。金融机构可以主动地向新客户表达建立长期资金合作关系的愿望，并在其第一次贷款合同中就主动地提供优惠的贷款条件。然后再根据第一期合同完成的情况来修正对该新客户的风险判断，从而确定其第二期贷款合同的信贷条件。具体地说，如果企业的第一期贷款能够按时还本付息，则在第二期贷款合同中就允许该新客户继续享受较低的贷款利率和抵押要求；反之，则将承担较高的贷款利率和贷款抵押，甚或排除继续合作的可能性。由于第一期贷款合同的执行情况将要决定以后各期的信贷条件，所以贷款企业就很有可能不会采取损害其资信条件的行为，从而有效地克服逆向选择和道德风险的问题。

关系贷款客户模式的内在逻辑可以用博弈理论来解释。根据博弈理论，所谓无限重复博弈的子博弈纳什均衡解既可以帕累托优于完全信息静态博弈的纳什均衡解，也可以帕累托优于有限次完全信息动态博弈的子博弈纳什均衡解。这说明在金融机构资金充裕的前提下假若金融机构通过某种形式的制度创新有效地解决了逆向选择以及道德风险的问题，则可吸引优良客户重新返回信贷市场，从而明显增加信贷资金的投放规模，增加金融机构的贷款利息收入，并相应降低加权均衡期望收益率的水平，最终提高其企业价值。

无论是金融机构对于借款客户资信情况的了解，还是担保物的设定以及关系贷款客户的建立，都离不开相关信息的收集以及金融机构与客户间良好人情关系的建立。所有这些最容易在地方金融市场中达成。因此本书认为，应把村镇银行作为地方金融市场的主要金融机构，并辅以农村信用合作组织、小贷公司、农村资金互助社等民间金融机构，积极推进地方金融市场的发育。

基于上述逻辑，原则上不应允许地方金融机构跨县区经营，甚至不允许跨镇乡经营。

四、践行普惠金融理念：孟加拉国乡村银行模式值得切实推广

金融供给天性嫌贫爱富。其中的道理很简单：贫困借款人的投资收益率普遍不高、投资风险较大、抵押担保阙如。金融的这个属性势必加剧马太效应，强化市场机制下财富分配两极分化的趋势。为扭转全球贫富分化日趋严重的趋势，2005 年联合国提出普惠金融的理念，鼓励各国增加面向社会弱势群体的小额信贷投放。

所谓普惠金融，意在共享融资的效用，实质上就是设法让穷人分享资金供给，从而有机会改变自己未来的命运。1976 年孟加拉国经济学教授穆罕默德·尤努斯成立了一家专门对穷人发放商业性小额信贷的"穷人银行"——格莱珉银行（意即"乡村银行"），大获成功。

孟加拉国格莱珉银行的运作模式大致如下：每 5 人组成一个贷款小组，10—12 个小组组成一个中心，60—80 个中心组成一个支行。资金需求者首先必须自行找到和自己的背景及需求相似的其他四个资金需求者，自发成立 5 人小组，任命 5 人中的最后一个加入者为小组长。然后在小组全体成员接受短期培训并全部考试合格后，其中的两名成员（组长除外）便可申领贷款。在每次偿还贷款时，借款人必须向银行存入一定比例的存款。根据先前两名成员的还款情况，另两名成员再申领贷款。组长只能在最后获得贷款，并负责监督组员还款情况。如果小组全体成员还款记录良好，该小组的信用额度就会提高，从而有资格获得更多的贷款。在这一模式下所有成员无须抵押担保。小组成员间也无须组成团体担保或承担连带责任。但贷款金额不多，且期限通常不超过 1 年。

孟加拉国格莱珉银行的实际经营状况良好，贷款客户的履约率远高于孟加拉国银行信贷的平均水平。"穷人的诚信"一炮打响。于是作为普惠金融的典型案例，格莱珉银行模式被推广到 40 多个国家和地区。尤努斯教授也因此获得 2006 年度的诺贝尔和平奖。

普惠金融理念和格莱珉银行模式的成功也引起我国政府的高度关注，相关工作很快就在我国展开。相较于国外，政府高度重视是我国践行普惠金融

理念的独特优势。2013 年，我国成为全球普惠金融合作伙伴组织（GPFI）的主席国。2015 年，国务院颁布《推进普惠金融发展规划（2016—2020 年）》。目前我国政府既投入大量资源，又注重政策引导，鼓励金融机构和社会各界参与普惠金融事业。

相较于国外，我国多以项目的形式践行普惠金融的理念，但总起来说绩效不彰。我国也曾尝试复制格莱珉银行模式。其中最著名的就是号称"中国小额信贷之父"的杜晓山团队。但该项目目前也无疾而终。

笔者认为，推行普惠金融是克服信贷"不公"的必然要求，因此必须下大力气持之以恒地坚持下去，以求在实践中逐步探索出适合中国国情民风的普惠金融之路。其实，格莱珉银行模式在本质上仍未脱离关系借贷模式的范畴。依靠社会人情网络和社会道德的约束力缓解信息不对称、预防违约，再辅以较少的贷款本金和较短的贷款期限，凭以降低信贷风险，这是格莱珉银行模式的要诀。而这最适宜生存于地方金融市场。因此普惠金融的推行应依托于地方金融市场，并且主要由村镇银行、农村资金互助组、小额贷款公司来担当主办方。

第四节 主要金融机构应承担更多的社会责任

我国的主要金融机构有能力、有义务为"三农"问题的解决作出超出普通企业本分的贡献。

首先，我国的主要金融机构有能力承担更多的社会责任。根据美国《财富》杂志最新公布的 2018 年度世界 500 强企业排名，中国大陆（含香港地区但不包括台湾地区）有 111 家企业上榜。其中稳居利润榜前 10 位的四家中国公司依旧是工建农中四大银行。而榜上有名的中国 10 家银行的平均利润高达 179 亿美元，不仅远远高于全部入榜中国公司的利润平均水平（31 亿美元），这 10 家银行的总利润更是占 111 家中国大陆上榜企业总利润的 50.7%；作为对比，美国上榜银行的总利润仅占 126 家入榜美国公司的 11.7%。享有如此巨额的利润，我国的这 10 家银行当然有能力承担更多的社会责任。

其次，我国的主要金融机构也有义务承担更多的社会责任。我国现有的主要商业银行均源于国有商业银行或集体所有制性质的合作金融组织。尽管这些银行目前多已改制成为股份制公司，从而转变成社会公众企业，但国家或集体组织仍居控股地位，因此它们的国有或集体所有属性并未发生根本性的变化。更为重要的是，这些金融机构的超额利润主要源于其所享有的行业垄断地位。国家目前对银行业务牌照发放的管控仍很严格，这无形中令既有的金融机构获得了免受后来者竞争之苦的垄断保护。因此，现有商业银行有义务承担更多的社会责任，以报答政府与社会的偏爱。

近年来，在国家相关政策的鼓励与督促下，我国各主要商业银行逐步增加农村金融服务业务的规模与质量。例如自 2007 年起我国启动村镇银行试点工作，一些合格商业银行陆续发起组建村镇银行。此外，一些商业银行还专门组建涉农金融服务部门或分支机构，例如中国农业银行和中国邮政储蓄银行均成立"三农"金融事业部。但总起来说，相较于农村经济与社会发展的需求以及这些金融机构自身的能力，目前其涉农金融服务的规模仍然偏低，服务质量也不高。

因此，国家监管部门应强制要求各商业银行（尤其是 10 家世界 500 强银行）必须进一步增加农村金融服务机构的设置与人员配备，进一步强化涉农金融服务的相关投入。政府有必要基于各金融机构的主要财务指标，强制规定其农村金融服务业务的规模与质量所必须达到的最低水平。

各金融机构也应该秉持感恩之心，积极回馈社会，主动承担更多的社会责任。2018 年年末，中泰证券和山东国惠两家省属金融机构协同其他金融机构联手组建上市公司纾困基金，便是一个很好的尝试。希望能延续这一思路，政府配合以财税政策，尝试引导财力雄厚的金融机构组建"三农"纾困基金。

此外，各金融机构还应主动调整修订其涉农金融业务的管理规程与管理要求，赋予涉农业务部门或机构更大的决策自治权，并适当降低其收益、成本费用以及风险管控等指标要求。依据笔者的调研，目前大型正规金融机构农村地区分支机构的业务自主性太低。上级行对其规定了严格的经营风险管控要求与信贷指引政策，业务审批权限一再被紧缩上收，业务审核流程逐步延长滞缓。应该说，金融机构的这种做法尚属理性，基于风险管理与成本控制的需要，其行为本无可厚非。但这些严格的业务规程和目标要求脱离了涉农业务的实际，其结果必定会打击涉农业务部门或机构的工作积极性，阻碍涉农业务的拓展。因此考虑到普遍享受垄断经营利益，又考虑到其国营或集体企业的属性，这些金融机构有义务承担更多的社会责任，主动限缩自己的利润空间。基于这一思路，大型正规金融机构对其涉农业务部门或农村地区分支机构经营风险与成本费用的管控应适当放宽，适当降低利润目标要求，显著提高涉农服务业务规模和质量的要求，并适当下放业务审批权限。

第五节　政府应积极发挥引导作用

农户融资难问题的解决，当然重在农村金融市场体系与机制的构建与完善，重在充分发挥市场机制的基础性作用。但政府也应积极参与，发挥建设性作用：在宏观层面上，应积极推进相关市场经济制度与机制以及相关法律法规的制定与完善，并使之尽快得到落实；在微观层面上，应设法引导金融机构服务"三农"，刺激其服务"三农"的积极性。

所谓政府的引导与刺激，无非涉及政策支持与财力支持两个方面的内容。前者包括市场准入政策、市场监管政策、相关财税政策等方面的政策调整与创新；后者主要包括相关财政支出与补贴政策的倾斜照顾。

就农村金融机构而言，影响其稳健运营的主要不利因素来自两个方面：一是经营成本费用方面的压力，其中包括应缴纳的税费负担；二是信贷资产的风险载荷。基于此，为增强农村金融机构的活力，提高金融机构服务"三农"的积极性，政府应积极探索减免农村金融机构税费与提供财政奖补的可能性。

一、提高普惠金融发展专项资金的使用效率，加大支持力度

2016 年 9 月，财政部发布《普惠金融发展专项资金管理办法》，决定设立普惠金融发展专项资金。该项政策措施的目的就是要通过业务奖励、费用补贴、贷款贴息、以奖代补等方式，引导地方各级政府、金融机构以及社会

资金支持普惠金融发展，弥补市场失灵，从而切实保障农民、小微企业、城镇低收入人群、贫困人群、残疾人、老年人等普惠金融重点服务对象的金融服务可获得性与适用性。

自该普惠金融发展专项资金设立以来，国家财政投入逐年增加。例如2018年专项拨款100亿元，比2017年增加23亿元，增长29.85%。但尽管如此，总起来看，目前财政资金的支持手段过于偏重间接调控，支持力度仍显不足，着力点太分散，对金融机构的吸引力不足。例如，目前对金融机构小微企业及"三农"信贷的税收优惠政策不仅力度太小、时限也太短。而且根据现行法规，财政奖补资金必须计入营业外收入，这就需要缴纳所得税。此外，专项资金的监管规程也存在漏洞，相关管理制度和办法尚未落实到位，从而对专项资金的调拨与使用未能做到全程、全方位监控。

因此，建议普惠金融发展专项资金继续加大扶助支持力度，进一步细化奖补对象，实施贷款增量奖补、新增客户首贷奖补、金融专项债券奖补，允许豁免相关税费，从而切实降低金融机构小微信贷或涉农信贷的成本费用，增加收益，降低信贷风险。

与此同时，要加强专项资金使用的绩效管理，不断提高政策发力的精准性和时效性，巩固和提升政策效果。政府相关部门应考虑开发普惠金融专项资金管理信息系统，凭以实现相关职能部门、金融机构与农户间的信息共享，形成监管合力。另外，还要充分发挥第三方社会监督的作用，实现财政政策形成、财政预算制定、财政资金拨付、财政资金使用全过程的公开、公平与公正。

此外，要高度重视财政政策与货币金融政策之间的协调配合问题。中国人民银行应综合运用差别化准备金率、再贷款、再贴现、抵押补充贷款和宏观审慎等政策工具，创设扶贫再贷款，引导金融机构加大对"三农"的金融支持力度。2017年10月，中国人民银行为支持金融机构发展普惠金融业务，专门发布《关于对普惠金融实施定向降准的通知》，就是一个很好的案例。2018年6月，中国人民银行又决定适当扩大中期借贷便利（MLF）担保品范围，将不低于AA级的"三农"金融债券和绿色贷款都纳入了MLF担保品的范围。这些精准货币政策的实施为金融机构开展涉农业务提供了信贷资金的来源，而诸如普惠金融发展专项资金之类精准财政政策的实施则为金融机构开展涉农业务节省了费用、增加了收益。两厢协同，再配合以中国银保监会的监管创新，就能为金融机构的小微信贷或涉农信贷降低风险，并拓展出盈利的空间。

二、建立财政风险保证基金

除了向金融机构的涉农业务提供业务奖励、费用补贴、贷款贴息、以奖代补等优惠之外，政府也可考虑使用财政资金建立信贷风险保证基金，凭以缓解农户缺乏担保的问题。

江西省赣州市 2013 年 11 月推出的"小微信贷通"就是一个很好的案例。赣州市财政与辖区各县市区财政按 1∶1 的比率安排财政资金，建立小微企业贷款风险保证金。该基金以其资本金为限承担有限责任，专门向金融机构的小微企业贷款项目提供保证。但签约银行须按不低于财政保证金 8 倍的额度向小微企业提供贷款，申请贷款的小微企业则无须提供任何抵押担保。

本书建议该模式可考虑进行如下两点优化：一是将适用贷款申请人扩大到农户；二是适当扩充签约金融机构的范围，纳入合格民间金融机构，例如小贷公司等，并适当降低民间金融机构的放贷倍数。

三、激发农业实体经济发展的活力，凭以刺激金融机构增加供给

在本章第一节至第四节，我们重点论述了农村金融供给侧改革的基本思路。将这些思路归结浓缩成一句话，就是要着力推进农村金融市场体系创新、金融机制与制度创新、金融服务与产品创新。但正如我们在第一章中所论述的一个观点，资本天性逐利，实体经济富有活力从而投资意愿浓厚，是刺激相关金融创新从而增加金融供给的基本前提。考虑到农业总体属于弱势产业，却又是攸关国计民生的基础性产业，因此政府的干预与助力不可或缺。政府应充分发挥其宏观调控职能，充分发挥财政资金的引导作用，撬动社会资本更多投向乡村振兴事业。

除了调动尽可能多的资源投入农业之外，政策创新与监管体制机制创新也是鼓励社会资源投入农业的手段。一方面，政府应充分发挥政策引导作用，设法激发实体经济发展的活力，催生投资融资需求，从而调动起金融机构产

品与服务创新的积极性，刺激金融市场繁荣，最终达成增加金融供给的目标。这就相当于金融需求侧改革。另一方面，政府也应调整农村金融监管思路，重新思考农村金融供给侧监管的宗旨与原则，适当放宽针对农村金融活动的束缚，从而增强农村金融供给的活力。实质上，只有金融供给侧改革与金融需求侧改革协同并进、配套实施、相辅相成，才有可能最终达成金融发展与经济增长互为前提、相互促进、良性循环的总目标。

为尽早解决"三农"问题，在 2017 年 10 月 18 日党的十九大报告中，习近平总书记提出乡村振兴战略。2018 年 1 月，发布《中共中央 国务院关于实施乡村振兴战略的意见》。2019 年 1 月，又发布《中共中央 国务院关于坚持农业农村优先发展做好"三农"工作的若干意见》。我国农村社会发展与农业经济增长迎来了重大的历史机遇。根据党的十九大报告，乡村振兴战略的核心就是构建现代农业产业体系、生产体系、经营体系，完善农业支持保护制度，发展多种形式适度规模经营，培育新型农业经营主体，健全农业社会化服务体系，实现小农户与现代农业发展的有机衔接。遵循这一精神，各级政府陆续推出了具体实施方案。

可以预期，乡村振兴战略的实施势必催生大量的投资项目，自然就会产生相应的融资需求。这对农村金融机构与金融市场的发展来说可谓空前的历史机遇。设法满足相关融资需求，力求经济效益与社会效益双丰收，相关的金融产品与金融服务创新极有可能成为农村金融机构的一片新天地，从而为我国农村金融业的可持续发展开拓出前景广阔的新路。

四、拿捏好政府支持金融涉农业务发展的方式和力度

如前所述，股权融资须以相关投资项目拥有足以与风险相匹配的收益为前提，这样的投资项目在涉农经济领域相对稀少。而信贷融资另外还需要融资者提供足够的担保，但农户却恰恰缺乏能令金融机构满意的担保品。考虑到农业经济是国民经济的基础产业，粮食生产攸关国计民生，因此政府有责任引导和鼓励金融机构积极开展涉农融资业务，凭以促进农业经济增长，提高农民的收入水平，从而最终实现全社会共同富裕的战略目标。正是基于上述逻辑，国务院于 2016 年年初颁布《推进普惠金融发展规划（2016—2020年)》，明确提出到 2020 年我们将建立与全面建成小康社会相适应的普惠金融

体系，使我国普惠金融发展水平居于国际中上游水平。

不过，政府也必须拿捏好支持金融涉农业务发展的方式和力度。为此，必须着重处理好如下三个方面的问题。

首先，要厘清引导和干预之间的区别。政府在推进农村金融事业发展的过程中一定要充分尊重市场机制在金融资源配置过程中的基础性作用，恪守"政府引导、市场主导"的原则，绝对不能越俎代庖，包办那些本应由金融机构去做的事情；政府政策更不能取代市场机制，或者扭曲市场机制，凭借行政力强行配置金融资源。政府的政策或措施必须着眼于培育市场机制，彰显市场机制的效能，弥补市场机制失灵，而不是取代市场机制。

其次，要厘清金融支持"三农"与涉农转移支付或者扶贫之间的区别。一则涉农转移支付或者扶贫支出不存在还本付息问题；而涉农金融服务则是有偿的，相关农户必须还本，只是在特定条件下才能享受优惠利率甚或无息的待遇。二则涉农转移支付或者扶贫仅限于面向特定群体，并不具有普惠性；而涉农金融服务具有普遍性，适用于"三农"领域所有的群体。当然了，在实际操作过程中，针对贫困农户或者微利薄收的传统农业（粮食作物）生产经营者，政府可引导和鼓励金融机构提供相对优惠的金融服务。

最后，金融支持"三农"问题的解决并不意味着涉农贷款可以不考虑风险，不意味着不再要求农户满足基本的贷款条件。相反，政府（金融监管机构）必须切实监控农村金融的系统性风险。政府的农村金融政策要坚持规范与发展并举、创新与防范风险并重。要全面实施宏观审慎管理和微观审慎监管，创新监管模式，健全风险监测、预警、应急处理机制。要建立健全风险分担机制。要督促金融机构健全风险管理机制，理性控制风险，增强抵御风险能力。要培育公众的金融风险意识。要建立健全相关信息披露和风险提示制度。要教导农户关注自身的风险承受能力，理性制定融资计划。

本章小结

　　为切实增加农业资金供给，应着重建立与完善多层次的地方金融市场。这里的地方金融市场又可划分为多种类的直接融资市场体系和多种类的信贷市场体系两大部分。要鼓励创建地方金融机构，例如农村资金互助社、村镇银行等。

　　通过细分信贷市场，健全信贷市场的种类或层级，既可以有效减少非法融资、变相吸收公众存款案件的发生，又能有效区隔不同风险偏好的资金供给者。

　　要健全农村信用制度与信用体系。而完善的信用制度与信用体系包含三个方面的内容：一是落实合同法、民事诉讼法等民事（乃至于刑事）法规制度，做到法规的管辖全方位覆盖于社会经济活动的各个环节，并且司法要公正透明，任何人任何经济行为的法律后果都可预期，当事各方的合法权益都能得到切实的保障。二是完善征信制度。三是建立完善诸如担保市场等市场化增信机制。要积极推广"联保联贷"模式、"农银保"或"农银担"模式以及农业供应链金融模式，创新团体信贷思想。

　　要重视农村集体经济组织或农民专业经济合作组织在培育农村金融市场中的积极作用。但各级政府或村民自治组织不得作为农户信贷的担保人。

　　要鼓励探索农村金融机构或组织的组建与经营模式创新。

　　要积极发挥政府财税政策以及财政资金投入的鼓励引导作用，积极开拓与培育农村经济增长点，辅助农户创业，凭以吸引或刺激金融供给的增加。

第五章 金融支持农民收入增长研究的主要结论与政策建议

第一节 主要结论

金融发展是促进农民收入稳定增长的重要条件。关于金融发展促进农民收入可持续增长的机理可以从宏观与微观两个层面来理解。从宏观经济的层面来理解，金融发展促进经济增长，进而经由至少四个途径提高农民收入水平；从微观经济的层面来理解，金融机构与金融市场所提供的具体金融产品或服务有助于农户拓展投资、合理配置资产，从而增加收入，最终提高其福利。

借贷既可增加农民自有资本的投资收益率，又有融资简便的优点，因此是农户最喜爱的融资方式。合伙投资既可解决资金不足的问题，又可降低农户的投资风险，因此成为农户第二偏爱的投融资方式。

历史地考察，金融发展与农民增收之间并非呈线性的关系，而是呈非线性的关系，门槛效应鲜明。以山东省各地市为例，当衡量金融发展水平的指标低于第一个门槛值（即小于 1.031）时，金融发展对农民人均纯收入的影响在 1% 的置信度下显著为负；但当金融发展水平高于第二个门槛值（即大于 1.367）时，金融发展对农民纯收入增加的影响在 1% 的置信度下显著为正。总起来说，目前山东省金融发展对农民收入的影响已进入具有显著促进作用的阶段。究其原因，主要是由于早期国家重视工业的发展，并且第二、三产业的投资收益率远高于第一产业，所以造成资金从农村地区大量外流到城镇地区，从而抑制了农村经济增长，使得农民收入增长缓慢。这就形成了金融发展与农民增收负相关的局面。但随着国家对"三农"问题的重视，持续加大涉农投资，不断推出有利于"三农"问题解决的政策措施，再加上三个产业发展的联动效应，使得农村地区的投资机会增多，高附加值经济作物的市场需求相对增加，涉农投资项目的收益率显著提高，从而导致资金逐渐回流农村，农村经济持续增长。尤其随着整个国民经济的持续增长，农村劳动人口大量流向第二、第三产业，农村地区人口的社会保障制度也逐步完善，这些因素综合作用的结果最终使得农民收入水平持续提高。由此促成现今金融发展与农民增收趋于正相关的局面。

不过，目前我国农村地区的融资缺口仍很严重，以山东省为例，本书估计未来三年的农村融资缺口不低于500亿元。而全国的缺口则接近1万亿元。目前山东省的民间借贷仍是农户融资的主要渠道，并且农村地区民间金融的供给效率明显高于正规金融。

农户以及中小企业融资难是一个痼疾。经典经济学把信贷供求视作利率的函数。但这必须在满足诸多严格的假设前提之下才能成立。在实践中金融机构并未把利率当作其决定贷款与否的主要因素。并且在不确定性投资环境下，无论是期望收益率，还是收益率的方差，都既不是一个投资项目较优的必要条件，也不是充分条件。这就意味着投资需求不宜表示成利率的函数。既如此，信贷配给理论所谓"向后弯曲的商业银行信贷供给曲线"也就无从谈起了。

由于存款类金融机构的风险偏好低于其他投资者，因此尽管商业银行信贷投资的效用函数也应该具有一次导数大于零、二次导数小于零的特性，但应不具有"伴随着随机投资收益率的提高，其厌恶风险的程度越来越低"的特点。亦即商业银行的 Arrow – Pratt 风险厌恶系数应该递增，而不是递减，这就意味着商业银行的信贷决策不适用第三等随机优势策略。由于相较于其他投资者，商业银行的投资决策更为谨慎，投资心态相对保守，因此在面对同一个投资项目的时候，容易给人留下"惜贷"的印象，于是其他投资者形成了"融资困难"的心理感受。

正是由于相较于其他投资者，商业银行的投资决策更为谨慎，投资心态相对保守，因此单靠存款性金融机构不可能满足整个社会的融资需求。只有建立多层次的金融市场体系，设法令资金供求双方的风险偏好相匹配，从而拟投资项目能同时出现在资金供求双方的最佳选择范围之内，才有可能彻底解决融资难的问题。

设若商业银行与农户均具有理性，并假设商业银行的信贷资金充裕，且对资金需求者的拟投资项目也很感兴趣，则基于经典博弈理论，信贷合作关系过于短暂以及缺乏健全的信用保证制度这两种情景仍会造成商业银行惜贷的问题。因此建立健全可信的信用担保制度，并且尽可能地建立稳定持久的信贷供求关系，是克服农村信贷配给的基本途径。

只要存款性金融机构不能准确地判断申请贷款客户拟投资项目的真实情况，它就只能基于经验判断。最终这种信息的不对称会造成逆向选择乃至于道德风险等问题。这对商业银行来说相当于风险水平的提高，其对贷款项目的效用评价就会降低，从而造成信贷配给。提高利率可以提高商业银行对贷款项目的效用评价，但只要不能抵消信息不对称对效用评价的损害，商业银行就不可能同意发放贷款。

设若商业银行与农户均不具有理性，且观望跟风是影响其决策的重要因素，则商业银行惜贷是其演化稳定解。不过如果能建立起具有足够威慑力的违约惩戒制度，则金融机构发放贷款、农户按期还本付息便能成为唯一的演化稳定解。由此可见，即使基于演化博弈分析，建立健全可信的信用担保制度仍是克服农村信贷配给的基本途径。

第二节　主要政策建议

综括本书的论证，造成农户（以及中小企业）融资难的根源主要有三个：资金供求双方的风险偏好不匹配、信用保证制度（包括违约惩戒制度例如担保等）不健全、未能建立起稳定持久的信贷供求关系。因此为了最大程度地缓解农户融资难的问题，关键是做好如下几个方面的制度与机制的建设。

一是在宏观层面上应进一步完善多层次的金融市场体系，具体包括多层次的直接融资市场体系以及多层次的信贷市场体系。鼓励创建地方金融机构，积极培育地方金融市场。建立地方资本市场，构建并完善农村资本市场的相关信息中介服务系统。

二是建立健全农村信用制度与信用体系。重视农村集体经济组织、农民专业经济合作组织或家族宗亲在完善农村信用制度与信用体系中的作用。积极推广"联保联贷"模式、"农银保"或"农银担"模式以及农业供应链金融模式，创新团体信贷思想与模式。但各级政府或村民自治组织不得作为农户信贷的担保人。

三是鼓励探索农村金融机构或组织的组建与经营模式创新。放松对村镇银行发起人的限制。鼓励村镇银行、农村资金互助组等地方金融机构的发展。推广关系型贷款模式。原则上不允许村镇银行、农村资金互助组等地方金融机构跨地区（在本乡土之外）设立分支机构。具体地，农村资金互助组的业务拓展应立足于本村，原则上不能超过乡镇的范围。村镇银行的业务拓展应立足于本乡镇，原则上不能超过本县区。地方金融机构所筹措的资金原则上只能应用于本地涉农项目。

四是强制要求那些享有垄断利润的正规金融机构承担更多的社会责任。例如强制规定其涉农金融业务（主要指涉农贷款业务）应达到的最低标准等。

五是发挥政府财税政策和财政资金投入的鼓励引导作用，积极开拓与培育农村经济增长点，辅助农户创业，凭以吸引或刺激金融供给的增加。

参考文献

[美] 爱德华·肖:《经济发展中的金融深化》，邵伏军等译，格致出版社、上海三联书店、上海人民出版社 2015 年版。

白当伟:《中国普惠金融取得的成就与面临的挑战》，《中国信用卡》2018 年第 7 期。

白俊、连立帅:《信贷资金配置差异：所有制歧视抑或禀赋差异?》，《管理世界》2012 年第 6 期。

蔡昉:《改革时期农业劳动力转移与重新配置》，《中国农村经济》2017 年第 10 期。

曹俊勇:《农村资金外流原因及其回流机制浅析》，《山东农业工程学院学报》2015 年第 4 期。

曾铮等:《中国的金融发展与经济增长：一个联立方程计量模型的经验解释》，《金融发展研究》2008 年第 7 期。

柴志宏:《中国金融发展与经济增长的关系研究》，《中国市场》2015 年第 3 期。

陈城:《我国农村社会保障体系存在的问题及完善策略》，《农村经济与科技》2017 年第 3 期。

陈平花:《中国农村社会保障体系的构建——基于马克思公共产品理论的视角》，《河北北方学院学报》（社会科学版）2016 年第 5 期。

陈收、蒋鹏飞:《信息对称、利率限制与信贷配给》，《暨南学报》（哲学社会科学版）2013 年第 12 期。

陈学庚:《我国主要经济作物机械化生产与展望》，《农机科技推广》2016 年第 12 期。

程卫红:《评述信贷配给论》，《金融研究》2003 年第 11 期。

程郁、罗丹:《信贷约束下中国农户信贷缺口的估计》，《世界经济文汇》2010 年第 2 期。

池小平:《地理大发现的基本动因与重大影响》，《集宁师专学报》2006 年第 1 期。

《邓小平文选》第二卷，人民出版社 1994 年版。

《邓小平文选》第三卷，人民出版社 1993 年版。

董晓林等:《贷款保证保险缓解农户信贷配给了吗?》，《农村经济》2018 年第 3 期。

杜兴端、杨少垒:《农村金融发展与农民收入增长关系的实证分析》，《统计与决策》

2011 年第 9 期。

方军雄：《民营上市公司，真的面临银行贷款歧视吗?》，《管理世界》2010 年第 11 期。

冯江涛：《中小企业联贷联保业务的问题与对策》，《中国市场》2015 年第 51 期。

苟琴等：《银行信贷配置真的存在所有制歧视吗?》，《管理世界》2014 年第 1 期。

苟琴、黄益平：《我国信贷配给决定因素分析——来自企业层面的证据》，《金融研究》2014 年第 8 期。

郭菊娥等：《4 万亿投资对中国经济的拉动效应测算分析》，《管理评论》2009 年第 2 期。

韩俊等：《中国农村金融调查》，上海远东出版社 2007 年版。

韩廷春：《金融发展与经济增长的内生机制》，《清华大学学报》（哲学社会科学版）2003 年第 S1 期。

何德旭、饶明：《我国农村金融市场供求失衡的成因分析：金融排斥性视角》，《经济社会体制比较》2008 年第 2 期。

何广文：《中国农村金融供求特征及均衡供求的路径选择》，《中国农村经济》2001 年第 10 期。

贺群：《农业供应链金融：动力机制及运作机理分析》，《农村经济与科技》2013 年第 9 期。

贾立、王红明：《西部地区农村金融发展与农民收入增长关系的实证分析》，《农业技术经济》2010 年第 10 期。

江春、苏志伟：《金融发展如何促进经济增长——一个文献综述》，《金融研究》2013 年第 9 期。

江美芳、朱冬梅：《农村金融发展对农村经济增长的影响——基于江苏省数据的实证分析》，《经济问题》2011 年第 12 期。

姜海川：《从世界强国崛起看金融革命对经济的引领作用》，《中国金融》2006 年第 9 期。

蒋殿春编著：《高级微观经济学》，经济管理出版社 2000 年版。

蒋景华：《科学实验与产业化生产相结合，促成了蒸汽机的发明——瓦特发明蒸汽机过程的启迪》，《实验技术与管理》2010 年第 1 期。

［美］蒋中一：《动态最优化基础》，王永宏译，商务印书馆 1999 年版。

［英］凯恩斯：《货币论》（上、下卷），何瑞英、蔡谦等译，商务印书馆 1996 年版。

阚晓西等：《政府在普惠金融中的职能边界与作用体现》，《财政科学》2018 年第

10 期。

匡银伟：《山东省金融发展对农民收入的影响》，山东财经大学硕士学位论文，2017 年。

雷和平等：《革命老区延安：金融服务向电商倾斜》，《金融时报》2016 年 7 月 6 日。

［美］雷蒙德·W. 戈德史密斯：《金融结构与金融发展》，周朔等译，上海三联书店1990 年版。

李昌平：《一个乡党委书记的心里话》，《南方周末》2000 年第 8 期。

李翀：《促进科技创新的美国投融资机制》，《中国高新技术企业》2007 年第 7 期。

李德荃编著：《计量经济学》，对外经济贸易大学出版社 2014 年版。

李德荃编著：《金融经济学》，对外经济贸易大学出版社 2011 年版。

李富有、郭小叶：《我国农村信贷结构与农村经济增长关系研究》，《管理学刊》2016年第 1 期。

李国祥：《我国粮食价格形成机制沿革的历史回顾与探讨》，《北京工商大学学报》（社会科学版）2016 年第 4 期。

李海峰、龙超：《金融抑制、金融创新与农民资金互助社发展》，《云南财经大学学报》2018 年第 1 期。

李汉东：《一个金融和经济增长的两部门计量模型》，《北京师范大学学报》（自然科学版）2003 年第 6 期。

李浩：《让金色阳光洒向"三农"担保市场对江苏省姜堰农商行创新担保模式的调研》，《中国城乡金融报》2016 年 5 月 10 日。

李建华、景永平：《农村经济结构变化对农业能源效率的影响》，《农业经济问题》2011 年第 11 期。

李锐、朱喜：《农户金融抑制及其福利损失的计量分析》，《经济研究》2007 年第2 期。

李维：《信贷配给视角下中国货币政策非对称性及阀值效应研究》，宁波大学硕士学位论文，2013 年。

［英］李约瑟：《中国科学技术史》第四卷，科学出版社、上海古籍出版社 1999 年版。

李自磊：《美国量化宽松政策的理论基础、影响及其应对策略研究》，经济科学出版社2017 年版。

梁虎、罗剑朝：《供给型和需求型信贷配给及影响因素研究——基于农地抵押背景下4省 3459 户数据的经验考察》，《经济与管理研究》2019 年第 1 期。

梁爽、张海洋等：《财富、社会资本与农户的融资能力》，《金融研究》2014 年第

4 期。

林强：《我国农业信贷增长与农业经济增长的关系研究》，《福建论坛》（人文社会科学版）2008 年第 8 期。

林毅夫等：《中国的奇迹：发展战略与经济改革》（增订版），上海人民出版社 1999 年版。

林毅夫：《再论制度、技术与中国农业发展》，北京大学出版社 2000 年版。

刘立峰：《4 万亿投资计划回顾与评价》，《中国投资》2012 年第 12 期。

刘敏楼、宗颖：《中国农村金融发展的现状及地区差距——基于机构信贷的视角》，《经济经纬》2008 年第 3 期。

刘明：《信贷配给与货币政策效果非对称性及"阀值效应"分析》，《金融研究》2006 年第 2 期。

刘宁宁、翟婵：《富兰克林·罗斯福应对经济社会危机的改革与实践》，《管理学刊》2015 年第 4 期。

刘树成、李实：《对美国"新经济"的考察与研究》，《经济研究》2000 年第 8 期。

刘艳、范静、许彩丽：《农村信贷配给程度与贷款定价变动的关系分析——以吉林省为例》，《农村经济》2014 年第 10 期。

刘玉春、修长柏：《中国农村金融发展与经济增长关系的实证分析》，《商业时代》2014 年第 36 期。

龙荣、彭珊、张佳丽：《农村金融支持对农村经济增长的影响研究——以江西省为例》，《金融与经济》2018 年第 1 期。

娄永跃：《农村金融发展与农民收入增长问题研究》，《金融理论与实践》2010 年第 5 期。

罗超平、张梓榆、王志章：《金融发展与产业结构升级：长期均衡与短期动态关系》，《中国软科学》2016 年第 5 期。

罗浩杰：《解读中央一号文，P2P 农村金融服务探索新模式》，《中国战略新兴产业》2017 年第 10 期。

罗云峰主编：《博弈论教程》，清华大学出版社、北京交通大学出版社 2007 年版。

［美］罗纳德·I. 麦金农：《经济发展中的货币与资本》，卢聪译，上海三联书店 1997 年版。

孟樱、王静：《农户信贷配给情况及影响因素分析》，《西北农林科技大学学报》（社会科学版）2017 年第 3 期。

孟玉红：《论日本经济萧条与金融制度变革》，对外经济贸易大学硕士学位论文，

2002 年。

米运生、石晓敏、廖祥乐：《农地确权、信贷配给释缓与农村金融的深度发展》，《经济理论与经济管理》2018 年第 7 期。

宓彬：《山东省农村金融供求的缺口及其成因分析》，山东财经大学硕士学位论文，2017 年。

倪旭：《基于农业供应链金融的农村金融生态环境研究》，《荆楚学术论丛》2014 年第 1 期。

欧阳佳俊、罗荷花：《普惠金融发展的国际经验借鉴及启示》，《商业经济》2019 年第 1 期。

欧阳明：《告别"农民真苦，农村真穷，农业真危险"》，《中国税务报》2016 年 3 月 30 日。

裴辉儒：《我国农业信贷与农业经济增长的相关性研究——基于 1978—2007 年 31 个省份的 Panel Data 分析》，《农业技术经济》2010 年第 2 期。

彭澎、吴承尧、肖斌卿：《银保互联对中国农村正规信贷配给的影响——基于 4 省 1014 户农户调查数据的分析》，《中国农村经济》2018 年第 8 期。

彭澎、张龙耀、李心丹：《农村正规金融市场中信贷配给的改进研究——基于"政银保"模式的实证分析》，《经济学家》2018 年第 5 期。

齐鲁财富网：《山东再增 2 家村镇银行 2017 年达 127 家数量仍居全国前列》，见 http://www. qlmoney. com/content/20171212 - 305181. html。

《全国金融工作会议在京召开》，中华人民共和国中央人民政府网站，见 http://www. gov. cn/xinwen/2017 - 07/15/content_ 5210774. htm。

人民网：《在十二届全国人大四次会议记者会上李克强总理答中外记者问》，见 http://cpc. people. com. cn/n1/2016/0317/c64094 - 28205080. html. 2016 - 03 - 17。

山东省金融办网站：《2017 年小额贷款公司经营情况》，见 http://www. sdjrb. gov. cn/267/9534. html。

山东省金融办网站：《新型农村合作金融试点工作 2018 年 1 月份进展情况》，见 http://www. sdjrb. gov. cn/271/10161. html。

邵国华、吴有云：《我国农村金融抑制成因及对策探讨》，《理论探讨》2015 年第 6 期。

邵汉华等：《金融结构与经济增长的非线性门槛效应：基于最优金融结构的视角》，《审计与经济研究》2018 年第 3 期。

宋亚敏、黄绪江：《对信贷配给模型的基层实证：咸宁个案》，《金融研究》2002 年第

3 期。

隋艳颖、马晓河：《西部农牧户受金融排斥的影响因素分析——基于内蒙古自治区 7 个旗（县）338 户农牧户的调查数据》，《中国农村观察》2011 年第 3 期。

孙彪：《文景县农村信用社农户贷款违约风险控制研究》，吉林大学硕士学位论文，2017 年。

谭燕芝、刘旋、赵迪：《农村金融网点扩张与县域资金外流——基于 2005—2012 年县域经验证据》，《中国经济问题》2018 年第 2 期。

田杰、陶建平：《农村金融密度对农村经济增长的影响——来自我国 1883 个县（市）面板数据的实证研究》，《经济经纬》2012 年第 1 期。

仝爱华等：《创业农户融资需求及金融支持建议》，《合作经济与科技》2018 年第 20 期。

汪小华：《农业供应链金融信用风险的评价及控制研究》，《农业经济》2015 年第 12 期。

王卉彤：《农村金融改革的难点与未来方向》，《国家治理》2018 年第 39 期。

王劲屹：《农村金融发展、资本存量提升与农村经济增长》，《数量经济技术经济研究》2018 年第 2 期。

王民业：《银行 + 保险，1 + 1 > 2　青岛农商银行探索银保合作新思路》，《走向世界》2017 年第 2 期。

王睿：《自我信贷配给、农村家庭财务能力与非正规借贷——基于江苏省 495 户农村家庭的调查》，《财经理论与实践》2016 年第 6 期。

王晓堃等：《助力中小企业发展的金融产品创新研究——以山西省忻州市为例》，《当代会计》2016 年第 4 期。

王永齐：《FDI 溢出、金融市场与经济增长》，《数量经济技术经济研究》2006 年第 1 期。

王志军：《金融排斥：英国的经验》，《世界经济研究》2007 年第 2 期。

《为什么要坚持18 亿亩耕地红线》，环球网，见 http://finance. huanqiu. com/roll/2016 - 06/9067700. html。

温涛、冉光和、熊德平：《中国金融发展与农民收入增长》，《经济研究》2005 年第 9 期。

谢美琳：《门槛效应下金融发展与实体经济增长关系研究》，《现代商业》2018 年第 12 期。

谢平、徐忠：《公共财政、金融支农与农村金融改革——基于贵州省及其样本县的调查分析》,《经济研究》2006 年第 4 期。

谢玉梅、胡基红:《农村信贷配给现状、成因及对策分析》,《商业研究》2013 年第 1 期。

新浪财经:《郭树清山东金融改革成绩单:金融业增加值两年增 39%》,见 http://finance. sina. com. cn/china/dfjj/20150812/135222945390. shtml. 2015 - 08 - 12。

徐少君、金雪军:《农户金融排除的影响因素分析——以浙江省为例》,《中国农村经济》2009 年第 6 期。

许崇正、高希武:《农村金融对增加农民收入支持状况的实证分析》,《金融研究》2005 年第 9 期。

许圣道、田霖:《我国农村地区金融排斥研究》,《金融研究》2008 年第 7 期。

薛晨、袁永智:《我国农村金融与农村经济发展关系剖析——基于河南省实证数据的结构方程模型》,《金融理论与实践》2018 年第 2 期。

阳小晓、包群、赖明勇:《银行发展与经济增长:基于动态两部门模型研究》,《财经研究》2004 年第 11 期。

杨良军:《农村信用社农户贷款违约影响因素及对策建议分析》,《科教导刊》(电子版)2015 年第 1 期。

杨涛:《知识经济与美国金融业的调整及对我国的启示》,《山东金融》1999 年第 7 期。

姚耀军、和丕禅:《中国农业信贷与农业 GDP (1978—2001):一个协整分析》,《上海经济研究》2004 年第 8 期。

姚玉琪:《变与不变:格莱珉模式中国化之路探索》,《经营管理者》2019 年第 1 期。

余新平、熊晶白等:《中国农村金融发展与农民收入增长》,《中国农村经济》2010 年第 6 期。

《玉米临时收储政策调整 助力农业供给侧改革》,中国投资咨询网,见 http://www. ocn. com. cn/chanjing/201609/qxxxd14140346. 2016 - 09 - 14 shtml. 。

[美] 约翰·G. 格利、爱德华·S. 肖:《金融理论中的货币》,贝多广译,上海三联书店、上海人民出版社 2006 年版。

[美] 约翰·希克斯:《经济史理论》,厉以平译,商务印书馆 1987 年版。

[美] 约瑟夫·阿洛伊斯·熊彼特:《经济发展理论》,叶华译,中国社会科学出版社 2009 年版。

岳超源编著:《决策理论与方法》,科学出版社 2003 年版。

张杰:《中国金融制度的结构与变迁 (1978—1998)》,山西经济出版社 1998 年版。

张晶、杨颖、崔小妹：《从金融抑制到高质量均衡——改革开放 40 年农村金融政策优化的中国逻辑》，《兰州大学学报》（社会科学版）2018 年第 5 期。

张丽娜、王静：《农村金融发展与经济增长关系的实证研究》，《西北农林科技大学学报》（社会科学版）2013 年第 3 期。

张萌：《农业供应链金融：农业金融服务的创新融资模式》，《当代经济》2013 年第 24 期。

张宁、张兵：《非正规高息借款：是被动接受还是主动选择？——基于江苏 1202 户农村家庭的调查》，《经济科学》2014 年第 5 期。

张启文、郑欣然：《农村信贷配给问题研究——基于非对称信息角度》，《东北农业大学学报》（社会科学版）2012 年第 5 期。

张幼芳：《直接融资：发展农村资本市场新引擎》，《江汉论坛》2015 年第 4 期。

张煜、陈捷、潘宏晶：《中国农村金融发展对农村经济的影响分析——基于 AK 理论的多变量误差修正模型》，《吉林金融研究》2014 年第 6 期。

张缘成：《政府引导金融机构支持普惠金融需健全政策传导机制》，《农村金融时报》2019 年 1 月 14 日。

张志扬：《农业产业结构调整与农民增收研究》，长江大学硕士学位论文，2015 年。

赵丙奇：《农户民间借贷信贷配给：来自 600 农户融资的实证考察》，《社会科学战线》2010 年第 4 期。

赵洪丹、朱显平：《农村金融规模、农村金融效率与农村经济增长——来自吉林省的证据》，《经济经纬》2015 年第 3 期。

赵洪丹：《中国农村金融发展与农村经济发展的关系——基于 1978—2009 年数据的实证研究》，《经济学家》2011 年第 11 期。

赵露璐：《论美国的金融导向型经济》，《现代商贸工业》2008 年第 6 期。

《中共中央 国务院关于实施乡村振兴战略的意见》，见 http：//www.farmer.com.cn/zt2018/1hao/tt/201802/t20180204_ 1354953. htm。

中国人民银行网站：《2017 年度社会融资规模增量统计表》，见 http：//www.pbc.gov.cn/diaochatongjisi/116219/116319/3245697/3245811/index. html。

周方：《中国的信贷配给、货币政策与经济增长——基于动态随机一般均衡的视角》，《上海金融》2015 年第 12 期。

周雷、方媛、陆界蓉：《科技型创业企业众筹融资现状与对策研究——基于苏州众创空间的调查》，《沿海企业与科技》2018 年第 6 期。

周一鹿、冉光和、钱太一：《经济转型期农村金融资源开发对农民收入影响效应研究》,《农业技术经济》2010 年第 10 期。

周昱衡:《村镇银行的定位困局与破解之道》,《银行家》2019 年第 1 期。

周振、伍振军、孔祥智:《中国农村资金净流出的机理、规模与趋势:1978—2012 年》,《管理世界》2015 年第 1 期。

朱力:《农户融资渠道选择及其影响因素分析——基于泰州市的调查数据》,《南方农业》2017 年第 23 期。

朱喜、李子奈:《我国农村正式金融机构对农户的信贷配给——一个联立离散选择模型的实证分析》,《数量经济技术经济研究》2006 年第 3 期。

朱永彬、刘昌新、王铮、史雅娟:《我国产业结构演变趋势及其减排潜力分析》,《中国软科学》2013 年第 2 期。

祝国平、郭连强:《农村金融改革的关键问题、深层原因与战略重点》,《江汉论坛》2018 年第 6 期。

黄亚茜、张目:《信贷配给的国外研究现状》,2018 5th International Conference on Key Engineering Materials and Computer Science (KEMCS 2018)。

Arrow K. J. and R. Lind, "Uncertainty and The Evaluation of Public Investment Decision", *American Economic Review*, No. 60 (1970).

Baltensperger E., "Credit Rationing Issues and Questions", *Journal of Money, Credit and Banking*, Vol. 10, No. 2 (1978).

Becchetti L., Castelli A. and Hasan I., "Investment Cash – flow Sensitivities, Credit Rationing and Financing Constraints in Small and Medium – sized firms", *Small Business Economics*, Vol. 35, No. 4 (2010).

Domeher, Daniel, Musah, et al., "Micro Determinants of the Extent of Credit Rationing Amongst SMEs in Ghana", *International Journal of Social Economics*, Vol. 44, No. 12 (2017).

Drakos K. and N. Giannakopoulos, "On the Determinants of Credit Rationing: Firm – level Evidence from Transition Countries", *Journal of International Money and Finance*, 2011 (30): 1773 – 1790.

Hashi I. and Toci V. Z., "Financing Constraints, Credit Rationing and Financing Obstacles: Evidence from Firm – level Data in South – Eastern Europ", *Economic and Business Review*, Vol. 12, No. 1 (2010).

J. Stiglitz, A. Weiss, "Credit Rationing in Markets with Imperfect Information", *American Economic Review*, Vol. 71, No. 3 (1981).

Jaffee D. and J. E. Stiglitz, "Credit Rationing", *in Handbook of Monetary Economics*

（1990）. Vol. II edited by Friedman and F. H. Hahn, Elsevier Science Publishers B. V. , North – Holland Amsterdam, New York, Oxford Tokyo.

LIR, LI Q. , HUANG S. , et al. , "The Credit Rationing of Chinese Rural Households and Its Welfare Loss: An Investigation Based on Panel Data", *China Economic Review*, No. 26 （September 2013） .

McCarthy, Scott, Oliver, et al. , " Bank Financing and Credit Rationing of Australian SMEs", *Australian Journal of Management*, Vol. 42, No. 1 （2017） .

McKinnon R. I. , *Money and Capital in Economic Development Washington*, D. C. : Brookings Institution Press, 1973.

S. Boucher, M. R. Carter, "Risk Rationing and Activity Choice Moral Hazard Constrained Credit Markets", *Wisconsin Maison Agricultural and Applied Economics Staff Papers*, 2001.

Shaw E. S. , *Financial Deepening in Economic Development*, Cambridge, M. A. : Havard University Press, 1973.

责任编辑：张　燕
封面设计：胡欣欣
责任校对：史伟伟

图书在版编目（CIP）数据

金融支持农民收入增长研究/李德荃著 . — 北京：人民出版社，2020. 6
ISBN 978 - 7 - 01 - 022100 - 7

Ⅰ.①金… Ⅱ.①李… Ⅲ.①农民收入—收入增长—金融支持—研究—中国
Ⅳ.①F323. 8

中国版本图书馆 CIP 数据核字（2020）第 077507 号

金融支持农民收入增长研究
JINRONG ZHICHI NONGMIN SHOURU ZENGZHANG YANJIU

李德荃　著

人民出版社 出版发行
（100706　北京市东城区隆福寺街 99 号）

中煤（北京）印务有限公司印刷　新华书店经销
2020 年 6 月第 1 版　2020 年 6 月北京第 1 次印刷
开本：710 毫米×1000 毫米 1/16　印张：14. 5
字数：230 千字

ISBN 978 - 7 - 01 - 022100 - 7　定价：49. 00 元

邮购地址　100706　北京市东城区隆福寺街 99 号
人民东方图书销售中心　电话（010）65250042　65289539